DAS HANDBUCH DER KÜNSTLERISCHEN TECHNIKEN

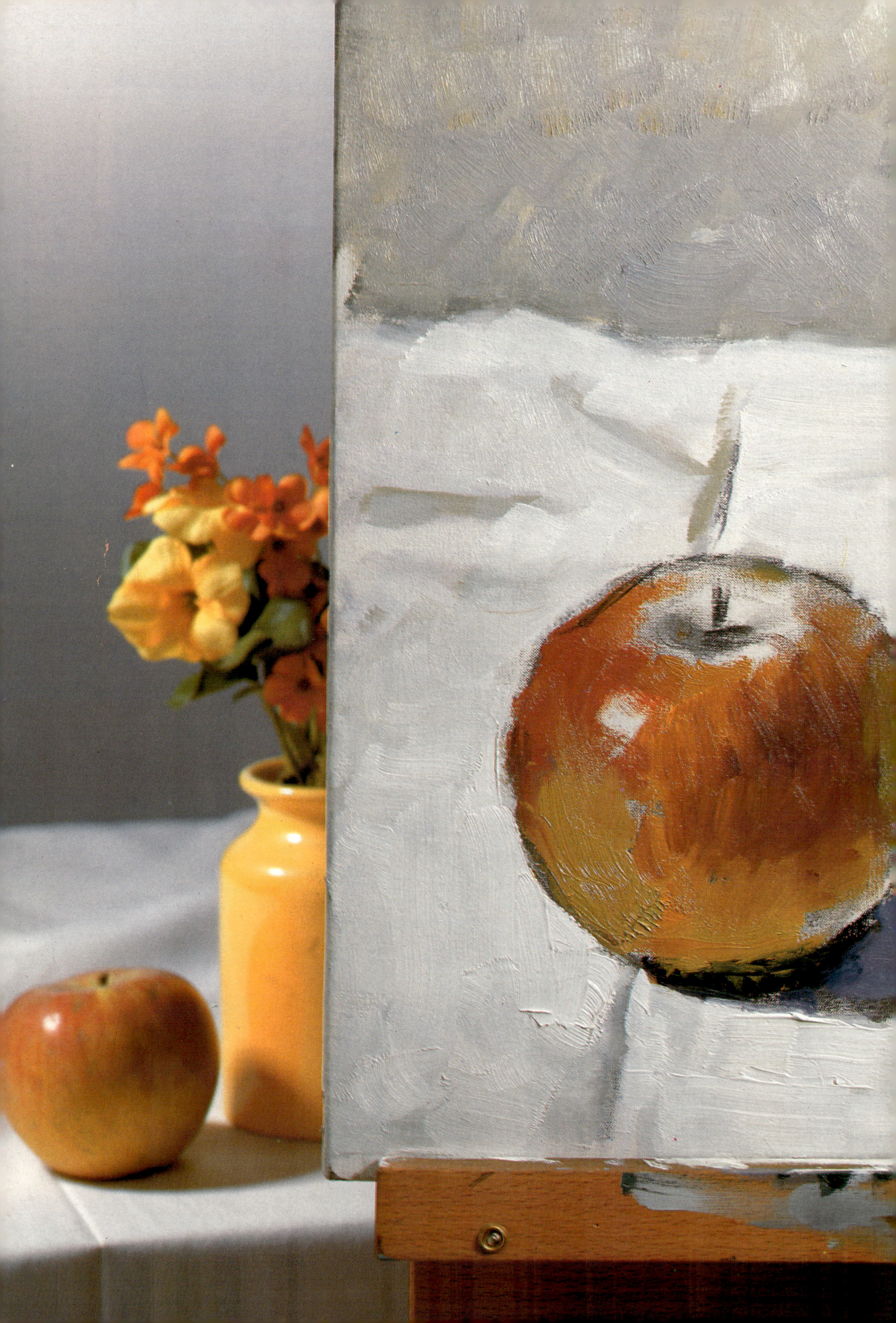

DAS HANDBUCH DER KÜNSTLERISCHEN TECHNIKEN

David Sanmiguel
José M. Parramón

Titel der Originalausgabe: „Primeros Pasos en Pintura artistico“
Aus dem Spanischen übertragen von Christa L. Cordes

1. Auflage 1991

Text: David Sanmiguel und José M. Parramón
Gastkünstler: Vicenç Ballestar

Herstellung und Satz:
Verlagsservice Henninger GmbH, Würzburg

Printed in Spain

Legal Deposit: B-16.878-91
ISBN 3-924433-72-0

Inhalt

1

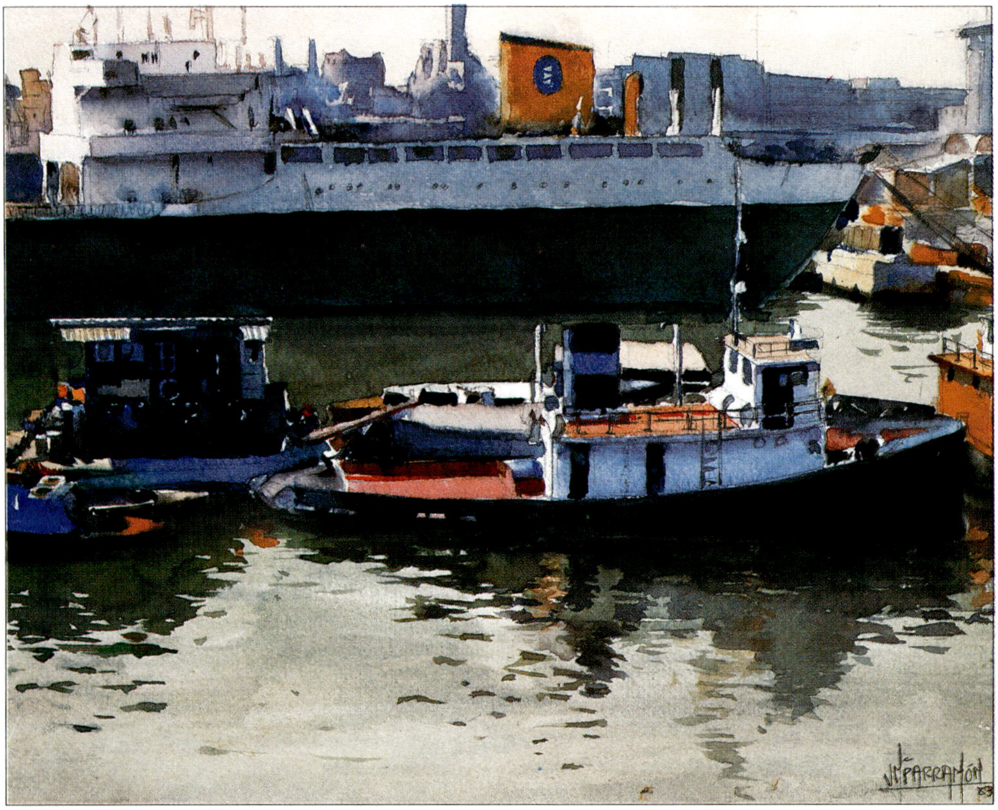

Abb. 1 bis 3: Maltechniken, Modelle und Motive, die sich zum Malen eignen, handwerkliche Verfahren und das Material des Künstlers: All das finden Sie in diesem Buch. Ausgestattet mit diesem Grundwissen, gelingen Ihnen eines Tages ebenfalls Bilder wie die hier abgebildeten.

2

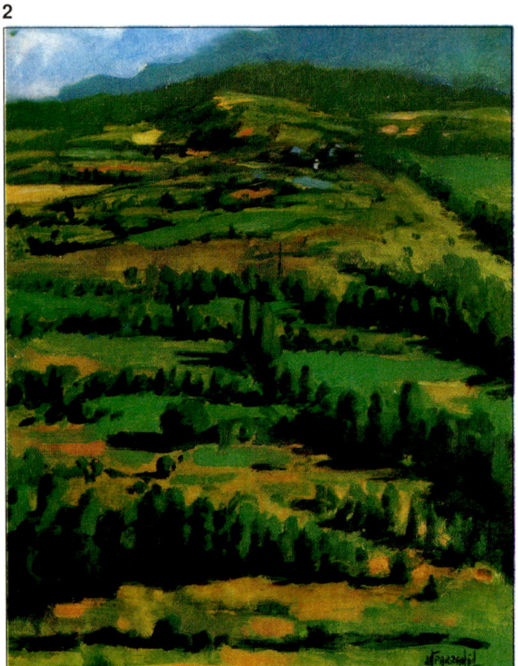

3

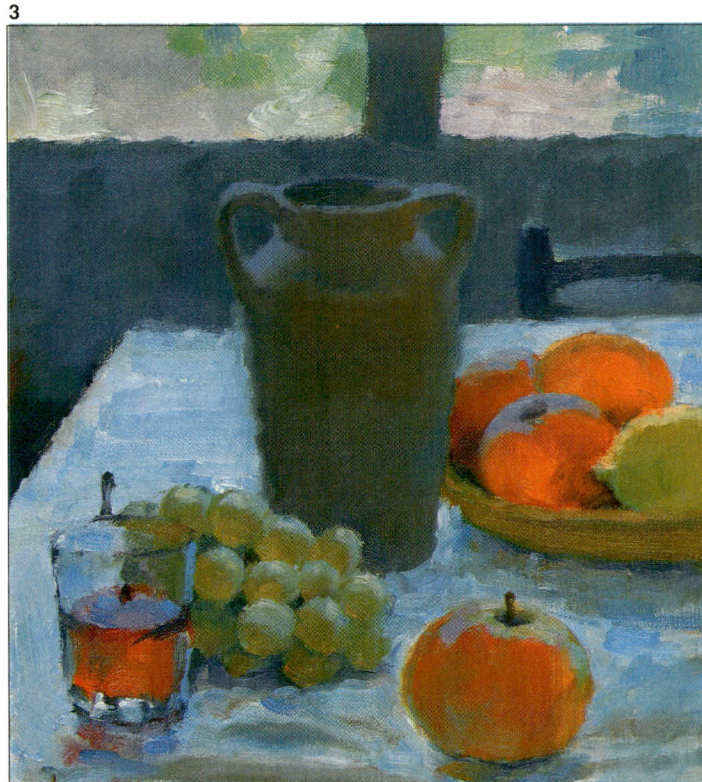

Einführung

Der bekannte deutsche Kunsthistoriker Hermann Grimm, Autor einer der besten Biografien über Michelangelo, sagte bei einer bestimmten Gelegenheit, daß man die Kunst niemanden beibringen könne und sie folglich auch nicht an den Kunstakademien und Kunsthochschulen gelehrt werden solle. Und er fügte hinzu: „Auf diesen Schulen sollte man nur einige Grundkenntnisse im Zeichnen und Malen erwerben, ohne die kein Künstler auskommt, und dabei nach der Natur mit einem Modell vor Augen arbeiten."

Das vorliegende Buch wurde in diesem Sinne konzipiert, geschrieben und bebildert: Wir wollen keinen Künstler aus Ihnen machen, sondern Ihnen zeigen, *womit* ein Künstler malt und zeichnet, *wie* er malt und zeichnet, *was* er malt und *wo* er dies tut.

Das erste Kapitel befaßt sich mit dem Material und dem Zubehör zum Zeichnen und Malen. Sie erfahren also, *womit* der professionelle Künstler arbeitet. Wir stellen Ihnen die einzelnen Medien vor und beschreiben insbesondere das Material und Zubehör zum Malen mit Aquarellfarben, Ölfarben, Pastellkreiden, Wachsmalkreiden und Filzstiften sowie alles, was man zum Zeichnen mit Bleistift, Kohle, Rötel und Kreiden benötigt. Mit Hilfe dieser Kenntnisse sind Sie in der Lage, das jeweils geeignetste Papier, die richtigen Pinsel und Farben etc. zu wählen.

Im zweiten Kapitel geht es um das *Wie*. Wir behandeln die Grundlagen der künstlerischen Zeichnung, also das Problem der drei Dimensionen, die Beleuchtung des Modells, das Studium der Tonwerte, den Aufbau der Körper und die Perspektive. Das *Wie* schließt darüber hinaus eine vollständige Erläuterung der Farbentheorie mit den Farbkontrasten und der Harmonisierung der Farben, die Maltechniken, die Farbmischungen, die Farbenkarten und die normalerweise verwendeten Farbsortimente ein. Es folgen eine Reihe von praktischen Übungen mit schrittweise steigendem Schwierigkeitsgrad mit Aquarell- und Ölfarben sowie Pastellkreiden. Wir beginnen mit zwei Farben, fahren fort mit drei Farben und malen schließlich mit dem gesamten Sortiment.

Das dritte Kapitel befaßt sich mit dem *Was*. Das heißt, wir untersuchen die Themen und die Modelle, die der Künstler darstellen kann. Im Haus: Stilleben, Interieurs, Porträts, Gestalten; außerhalb des Hauses: Landschaften, Stadtszenen, Seelandschaften etc. Gleichzeitig werden die speziellen Probleme des jeweiligen Themas behandelt: Komposition, intime Malerei, Spiegelungen im Wasser etc.

Zum Abschluß geht es um das *Wo*. Jedoch nicht darum, wo man malt, sondern *wo man zu malen lernt*, denn das gehört ebenfalls dazu. Neben dem Besuch von Kursen in Kunstakademien und künstlerischen Vereinigungen rate ich Ihnen, Museen und Kunstausstellungen zu besuchen, Kunstbücher mit guten Reproduktionen zu studieren, die Werke berühmter Maler zu kopieren und die Fotografie als Hilfsmittel zum Studium des Themas, der Beleuchtung, des Bildausschnitts, der Komposition etc. einzusetzen. Nicht zuletzt sollten Sie jeden Tag zeichnen und malen und immer wieder Skizzen anfertigen. Denn vergessen Sie niemals: *Malen lernt man durch malen.*

Genau das ist Inhalt und Philosophie dieses Buches. Dasselbe haben auch Professor Grimm und der berühmte Maler Whistler festgestellt.

Der englische Impressionist James Abbott McNeill Whistler, der gemeinsam mit Monet, Renoir, Cézanne, Pisarro etc. im Jahre 1863 seine Bilder im Salon der Refüsierten in Paris ausstellte, sagte zu einem seiner Schüler: „Ich lehre keine Kunst, in diesem Punkt kann ich Ihnen nicht helfen. Aber ich kann Ihnen beibringen, wie man die Pinsel handhabt und die Farbe aufträgt."

José M. Parramón

„Wenn ich kein Rot habe, nehme ich Schwarz.“
Diese Worte sprach Pablo Picasso am Ende seiner bewundernswerten künstlerischen Karriere. Er beherrschte das gesamte malerische Material derart, daß er sich mit allem ausdrücken konnte, was ihm in die Hände fiel.
Bevor er zu solch einer Beherrschung gelangte, mußte er allerdings seine Kenntnisse über die Techniken und das Material vertiefen, sonst hätte er nicht das Maximum aus ihnen herausholen können.
Im folgenden Kapitel erfahren Sie nicht, wie man ein Genie wird, denn das kann Ihnen niemand beibringen. Sie finden vielmehr die Beschreibung des Materials und des Zubehörs, das die Zeichner und Maler zu allen Zeiten in der künstlerischen Praxis verwendet haben. Die Rede ist von den Farben und Pinseln zum Malen mit Aquarell-, Öl- und Acrylfarben sowie von den Pastellkreiden. Studieren Sie die Beschreibungen und die Erklärungen aufmerksam, erhalten Sie eine klare Vorstellung von den Merkmalen sämtlicher im Handel erhältlichen Medien und können anschließend jene auswählen, die Ihren persönlichen Interessen am besten entsprechen.

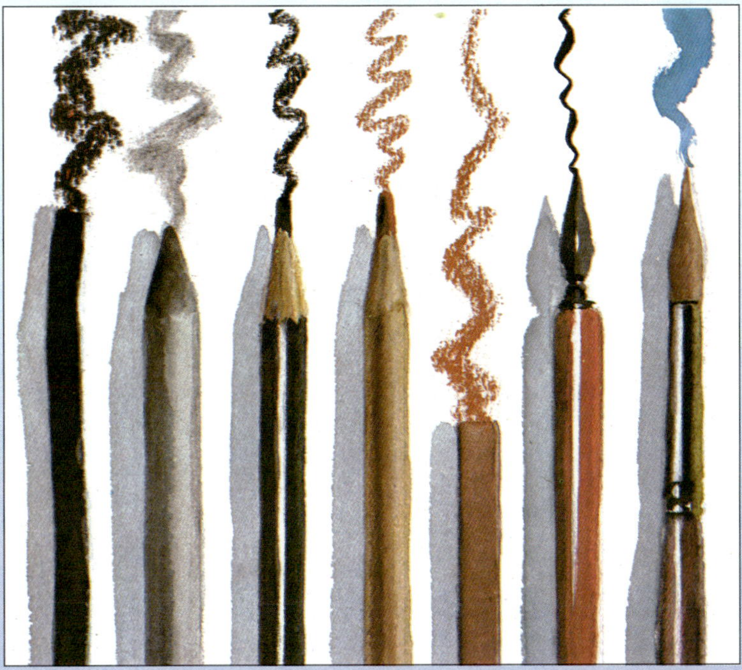

4

MIT WELCHEM MATERIAL UND ZUBEHÖR

Farben, Pinsel und Papier für die Aquarellmalerei

Die Aquarellmalerei ist eine uralte Technik. Ihre Praxis geht auf das alte Ägypten zurück. Bereits damals verwendeten die Künstler natürliche Pigmente und mischten sie mit Eiweiß und Gummiarabikum. Trotz der inzwischen verstrichenen Zeit hat sich die Zusammensetzung der Aquarellfarben nicht sehr verändert. Allerdings sind synthetische Pigmente zu den natürlichen hinzugekommen, die die Farbskalen erheblich erweitern. Aquarellfarben sind in folgender Form im Handel: in Näpfen in Schülerqualität für die Trockentechnik sowie als cremige Farben in Näpfen und Tuben in Künstlerqualität. Außerdem gibt es Feinsprüh-Pigmentfarben in Flaschen, die sich insbesondere für Illustratoren eignen. Die weißen Kunststoffnäpfe werden einzeln und in Metallkästen zu 6, 12, 24, 36 bis zu 48 Farben angeboten. Tubenfarben sind ebenfalls einzeln und in Metallkästen unterschiedlicher Größe erhältlich. Der Metallkasten mit den Näpfen und Tuben kann gleichzeitig als Palette verwendet werden. Für die cremigen Tubenfarben gibt es Spezialpaletten mit Vertiefungen für die Farbe. Zahlreiche Künstler verwenden gelegentlich auch einen Teller oder ein Steingutgefäß als Hilfspalette.
Universeller Malgrund für Aquarellfarben ist Papier. Gutes Zeichenpapier muß einen hohen prozentualen Anteil an Lumpen im Papierbrei enthalten und gut verleimt und dick sein, damit es sich aufgrund der Feuchtigkeit nicht wellt. Papier mit einem Gewicht unter 250 g sollte gespannt werden. Dazu feuchtet man es vor dem Malen an und befestigt es mit Reißzwecken oder Klebeband auf einem Zeichenbrett (siehe auch Abb. 5, 6 und 7 mit dem erklärenden Text). Aquarellpapier guter Qualität gibt es mit feinem, mittlerem, grobem und extragrobem Korn. Sowohl feinkörniges als auch grobkörniges Papier ist nicht sonderlich für den Anfänger geeignet. Ich rate Ihnen zu Qualitätspapier mit mittlerem Korn, das an seinem Wasserzeichen oder am trockengepreßten Markenzeichen am Rand zu erkennen ist (siehe Kasten gegenüber). Aquarellpapier ist als Einzelblätter und als an allen Seiten verleimter Block erhältlich, bei dem sich das Spannen erübrigt (Abb. 10).

Abb. 5 bis 7: Ist das Aquarellpapier zu dünn, muß es vorab angefeuchtet (Abb. 5) und auf einem Zeichenbrett mit Klebestreifen befestigt werden (Abb. 6 und 7). Auf dem getrockneten Papier läßt sich problemlos malen.

5

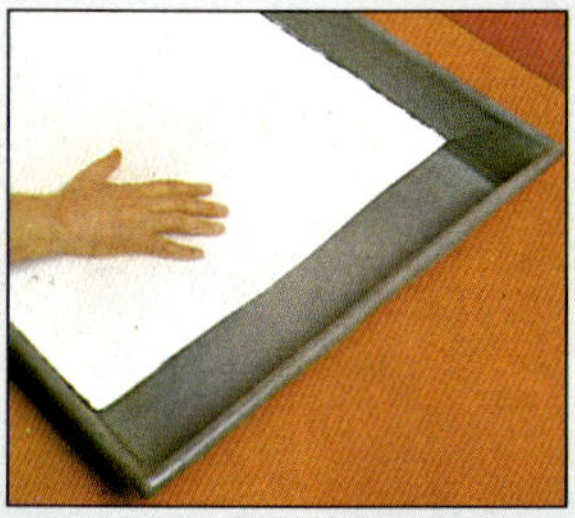

6

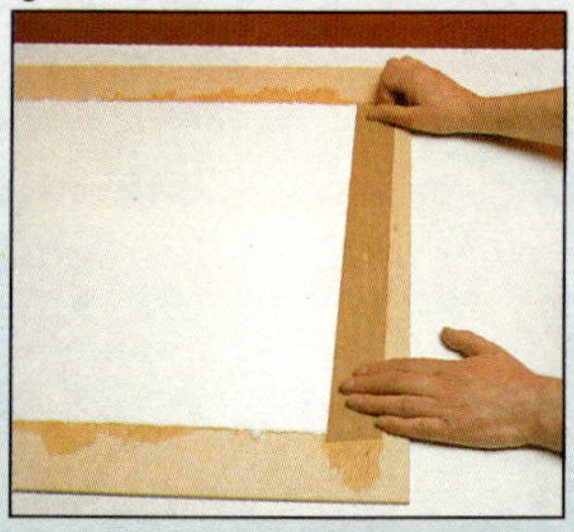

7

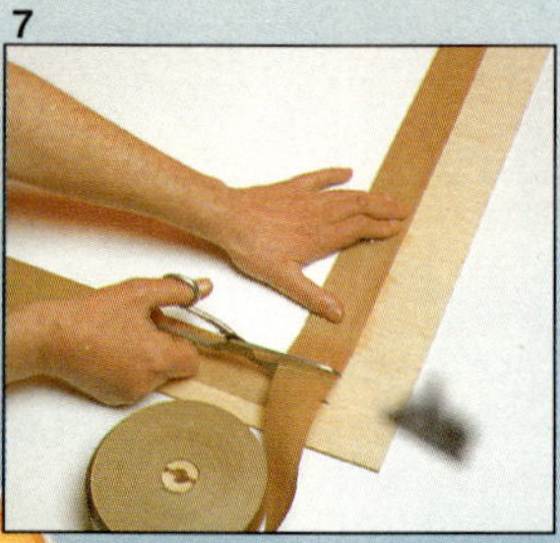

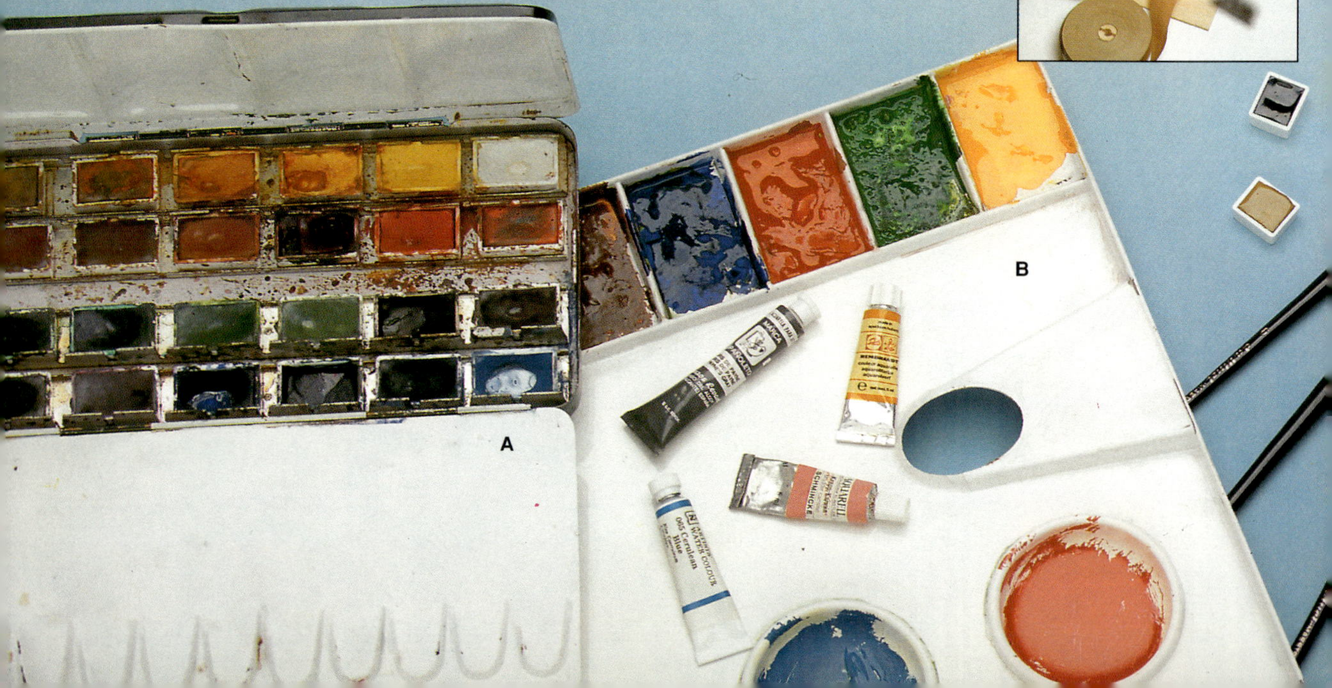

Die Qualität des Pinsels wird von seinem Haarkörper bestimmt. Für die Aquarellmalerei eignet sich der Rotmarderpinsel am besten. Er nimmt viel Farbe auf und hält sie, besitzt eine gute Spitze und richtet sich unmittelbar nach dem Malen wieder auf.

Allerdings sind diese Pinsel außerordentlich teuer, vor allem die dickeren mit den hohen Ziffern. Preiswerter und ebenfalls geeignet für die Praxis sind Rindshaar-, Fehhaar-, Rotwildhaar- und Kunstfaserpinsel. Beachten Sie beim Kauf Ihrer Pinsel neben der Qualität des Haarkörpers auch dessen Form und Größe. Profis arbeiten gern mit einem Pinsel in der sogenannten Katzenzungenfaçon, auch Filbertpinsel genannt, der flach ist und eine runde Spitze besitzt.

Normalerweise wechselt man zwischen Flachpinseln von etwa 2 cm Breite und mehr und Rundpinseln ab. Beide lassen sich gut füllen, so daß man sowohl große Flächen als auch Details damit anlegen kann. Letzteres aufgrund der ausgezeichneten Spitze vor allem mit dem Rundpinsel. Die Größe der Pinsel wird mit Ziffern im Zweierabstand von 00, 1, 2, 4 etc. bis 14 bei den Rotmarderpinseln und bis 24 bei den Rindshaarpinseln angegeben. Ich rate Ihnen zu zwei Flachpinseln von 1 cm und 2 cm Breite aus Rotmarder- oder Rindshaar, drei runden Rotmarderpinseln Nr. 8, 12 und 14 sowie einem Rindshaarpinsel Nr. 24.

Neben diesen Pinseln benötigen Sie ein Wassergefäß mit weitem Hals, einen Naturschwamm zum Verteilen und Absaugen der Farbe sowie einen Lappen zum Reinigen und Trocknen der Pinsel. Die Pinsel können ebenfalls mit Küchenpapier gesäubert und getrocknet werden. Auch ein Cutter, ein Stäbchen weiße Wachsmalkreide und Rubbelgummi können erforderlich werden. Davon wird später die Rede sein.

Abb. 8: Palettkasten mit cremigen Farben in Näpfen (A), eine Palette mit Vertiefungen und cremige Tubenfarben (B), verschiedene Aquarellpinsel sowie ein Naturschwamm, Einzelnäpfe, Rubbelgummi, weiße Wachsmalkreide, Saugpapier und ein Steingutteller für Mischungen (C).

Abb. 9: Wasserzeichen der Firmen Fabriano und Arche sowie Trockenprägung des Firmenzeichens von Schoeller. Solche Firmenzeichen finden sich in jedem Qualitäts-Aquarellpapier.

Abb. 10: Verleimter Aquarellblock auf fester Pappe.

9

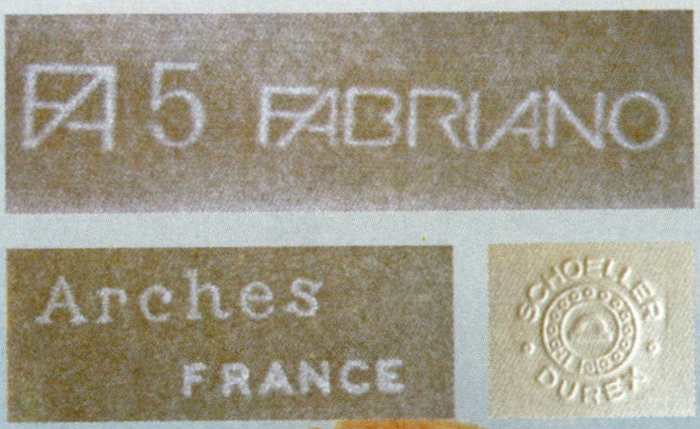

10

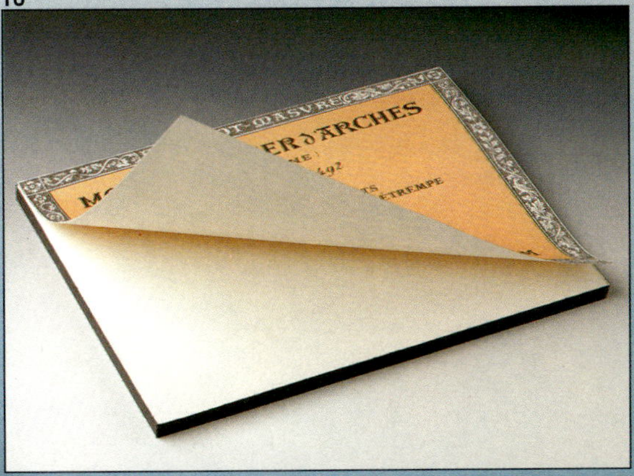

C

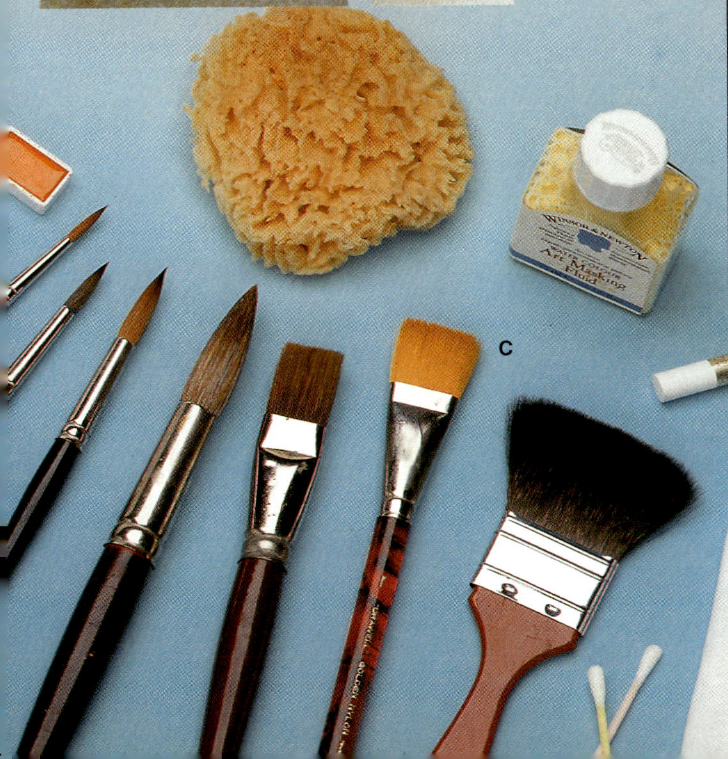

Die Lavierung, eine Vorstufe des Aquarells

Die Praxis der Aquarellmalerei gründet sich auf die Laviertechnik. Bei der Lavierung zeichnet und malt man gleichzeitig mit dem Pinsel und verwendet dafür eine einzige oder höchstens zwei Farben, die mit mehr oder weniger Wasser verdünnt werden. Es handelt sich also im wesentlichen um eine tonale Technik, die sich auf Tonwertvariationen der gewählten Farbe beschränkt. Da sie einfarbig ist, stellen sich keine Farbprobleme. Für eine Lavierung braucht man die Farben weder zu komponieren noch zu mischen; auch eine Harmonisierung der Farben entfällt. Der Künstler befaßt sich nur mit der Zeichnung und der Technik. Das heißt, er stellt Grauflächen oder Abstufungen her, öffnet Weiß etc.

Die Lavierung gibt sowohl das Volumen des Modells oder Motivs als auch die Beleuchtung wieder, der es ausgesetzt ist. Sie weist einen außerordentlichen Nuancen- und Tonwertreichtum auf.

Zum Malen von Lavierungen verwendet man gewöhnlich Aquarellfarbe. Man kann jedoch auch mit Chinatusche in Schwarz oder Sepia arbeiten, benötigt dafür jedoch destilliertes Wasser. Unten auf dieser Seite sehen Sie das Material, das Sie für eine Lavierung benötigen. Es ist praktisch dasselbe wie zum Malen eines Aquarells: Wasser, Rundpinsel, Flachpinsel, Schwamm und Saugpapier, weiße Wachsmalkreide für Aussparungen sowie als Zubehör ein kleiner Napf, Bleistifte, Wattestäbchen zum Absaugen der Farbe, Reißzwecken, Klemmen etc.

11

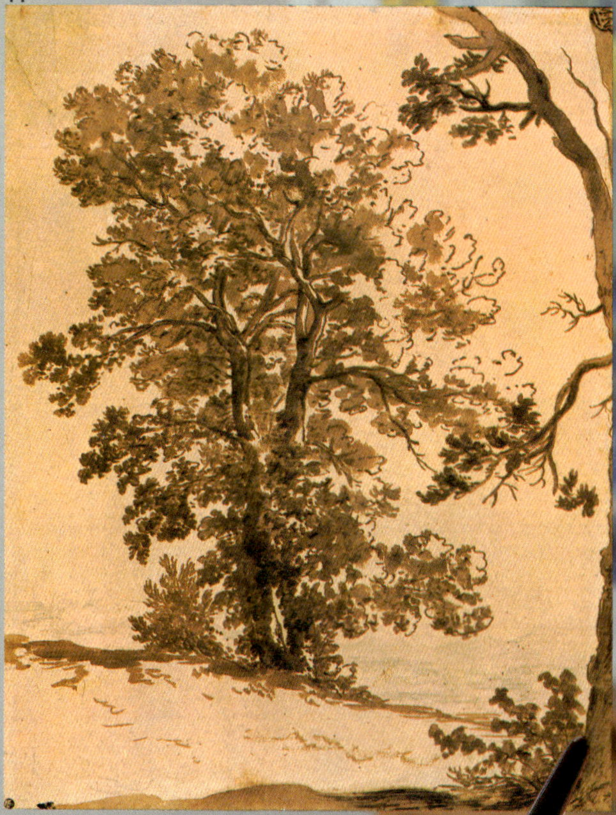

Abb. 11: Nicolas Poussin, *Der Baum*, Louvre, Paris. Lavierungen wurden von zahlreichen großen Malern zum Studium von Motiven nach der Natur angefertigt.

Abb. 12: Aquarellpinsel unterschiedlicher Größe, Tubenfarben und Napf für die Farbe.

12

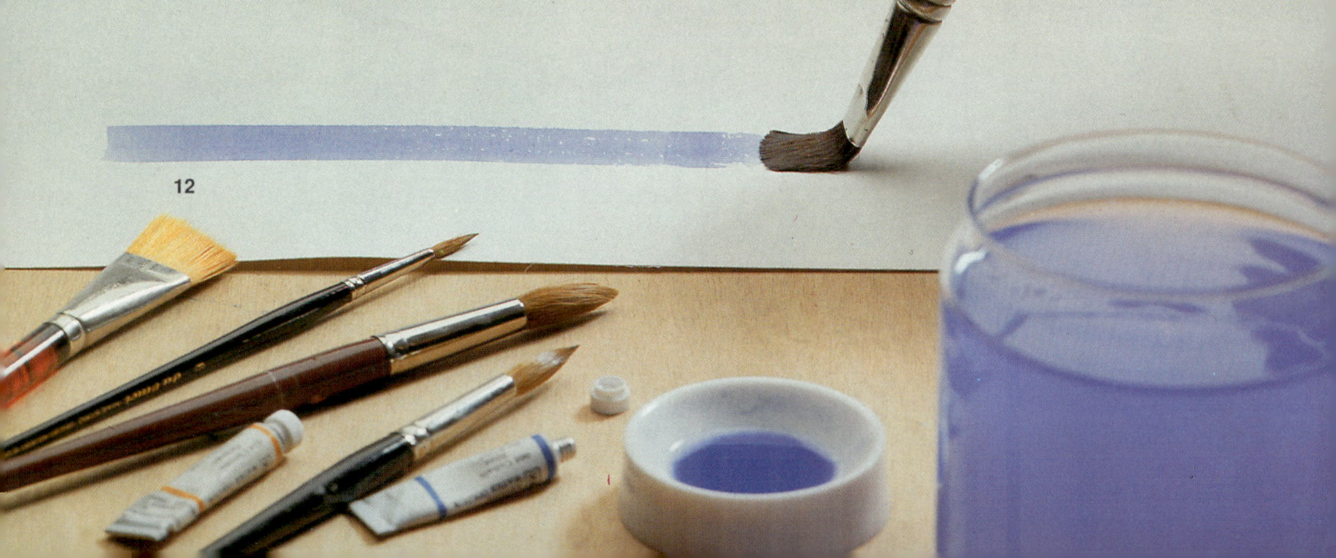

Die Staffelei

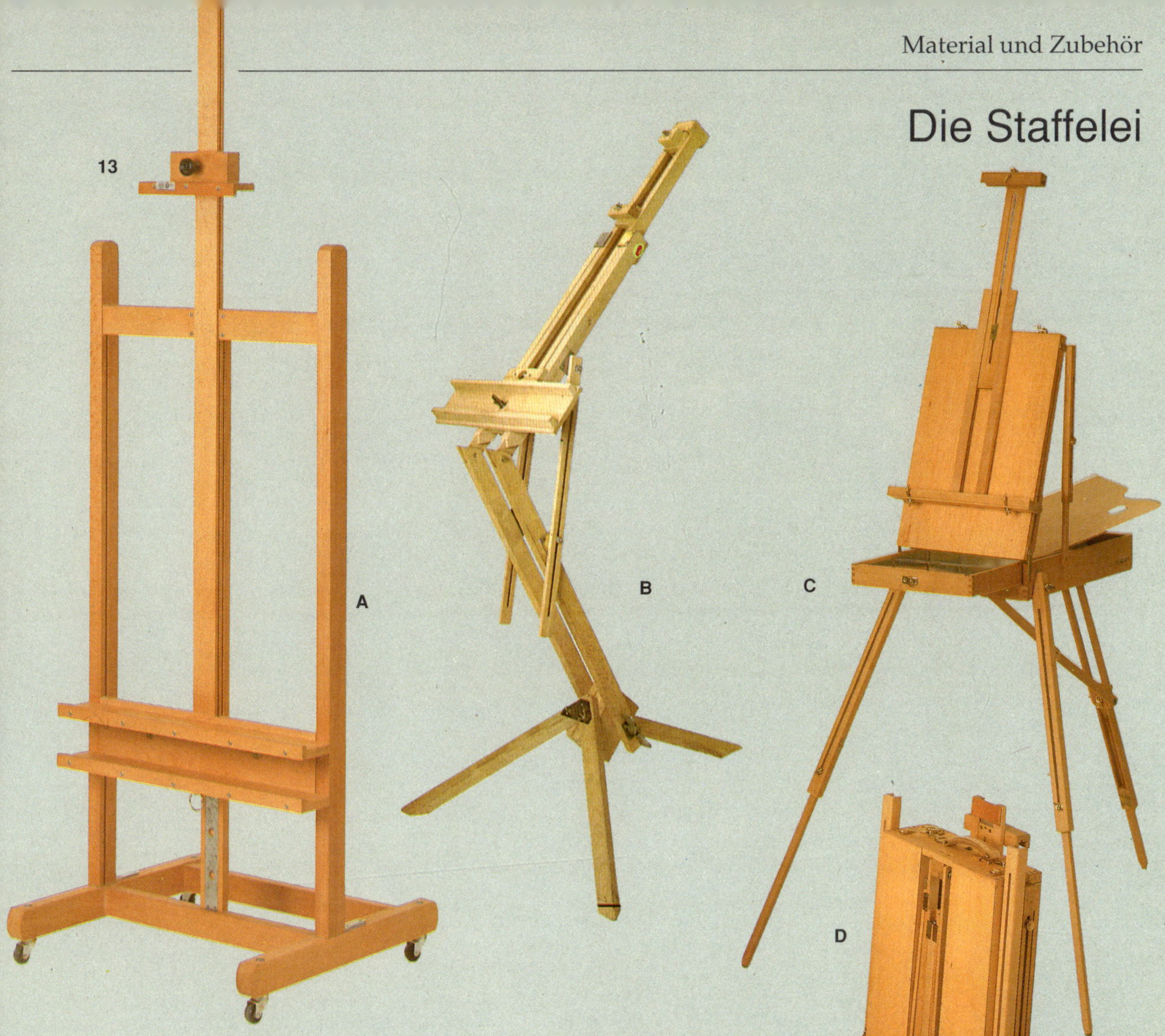

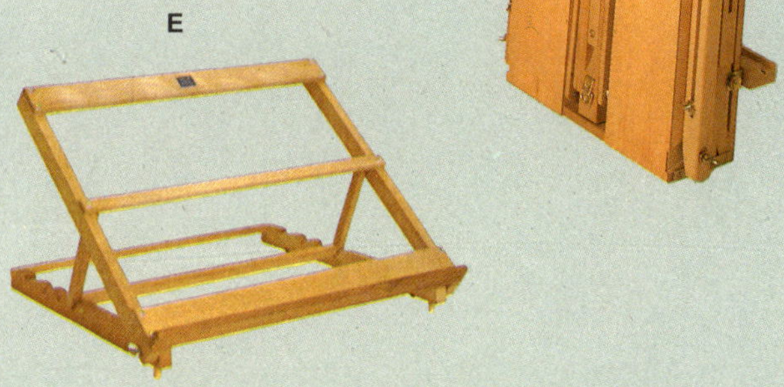

Abb. 13: Die wichtigsten Staffeleien für die Aquarell- und Ölmalerei: Studiostaffelei (Abb. A und B), Feldstaffelei mit integriertem Malkasten (C und D) sowie eine Pultstaffelei für kleine Formate (E).

Es gibt zahlreiche Modelle von Staffeleien. Alle sind im Grunde mehr oder weniger vervollkommnete Varianten der Feldstaffelei zum Malen im Freien und der Studiostaffelei für die Arbeit im Atelier.

Die Feldstaffelei besteht im wesentlichen aus einem Dreifuß aus Holz mit einer Haltevorrichtung und ist zusammenlegbar, damit man sie bequem transportieren kann. Sie muß folgende Bedingungen erfüllen: a) geringes Gewicht, b) Standfestigkeit, c) ausreichende Höhe, damit der Künstler im Stehen malen kann, d) Vorrichtung zum Halten des oberen Bildrands, e) Mechanismus zum Verstellen der Bildhöhe, f) Befestigungsmöglichkeit für die Unterlage des Zeichenpapiers.

Bei Kunstmalern weit verbreitet ist die Feldstaffelei mit integriertem Malkasten (Abb. 13, C und D), die folgende wichtigen Merkmale aufweist: Sie ist senkrecht und waagerecht verstellbar und für die Formate Landschaft 1 bis 30 geeignet (92 x 65 cm). Das Gerät ist durch Zusammenschieben der Beine in der Höhe verstellbar. Der Malkasten mit allen Farben und Tuben läßt sich halb herausziehen und bildet eine solide Unterlage für die Palette. Die Abbildungen A und B zeigen schließlich zwei Modelle von Studiostaffeleien mit Lochschienen zum Verstellen der Bildhöhe.

Material für die Ölmalerei

Verglichen mit der Aquarellmalerei ist die Ölmalerei noch relativ jung, so daß wir sogar ihren Erfinder kennen. Der berühmte holländische Maler Jan van Eyck begann im ersten Viertel des 15. Jahrhunderts mit einer Mischung aus Farbpigmenten, Leinöl und einem Lack zu malen, der unserem heutigen rektifizierten Balsamterpentin sehr ähnlich ist. Innerhalb kürzester Zeit wurde van Eycks Mischung von allen großen Malern übernommen. Heutzutage sind Ölfarben in Zinntuben unterschiedlicher Größe erhältlich. Die Zusammensetzung ist jedoch praktisch gleichgeblieben: pulverisierte Pigmente, die mit Lein-, Walnuß- oder Mohnöl gebunden werden. Allerdings fügt man Harze und Wachs hinzu, um die Homogenität und die Konsistenz zu verbessern. Einige Hersteller bieten ein Sortiment von 70, ja 90 unterschiedlichen Farben an, aus denen jeder Maler seine eigene Wahl trifft. Normalerweise malt er mit höchstens zehn bis zwölf Farben. Im Handel sind verschiedene Malkästen, in denen sich neben einem bestimmten Farbsortiment auch eine Palette, Pinsel, Firnisse und Verdünner befinden. Ohne den Kasten und die Palette geht es nicht. Die übrigen Dinge können Sie anhand der folgenden Ratschläge selber hinzufügen.

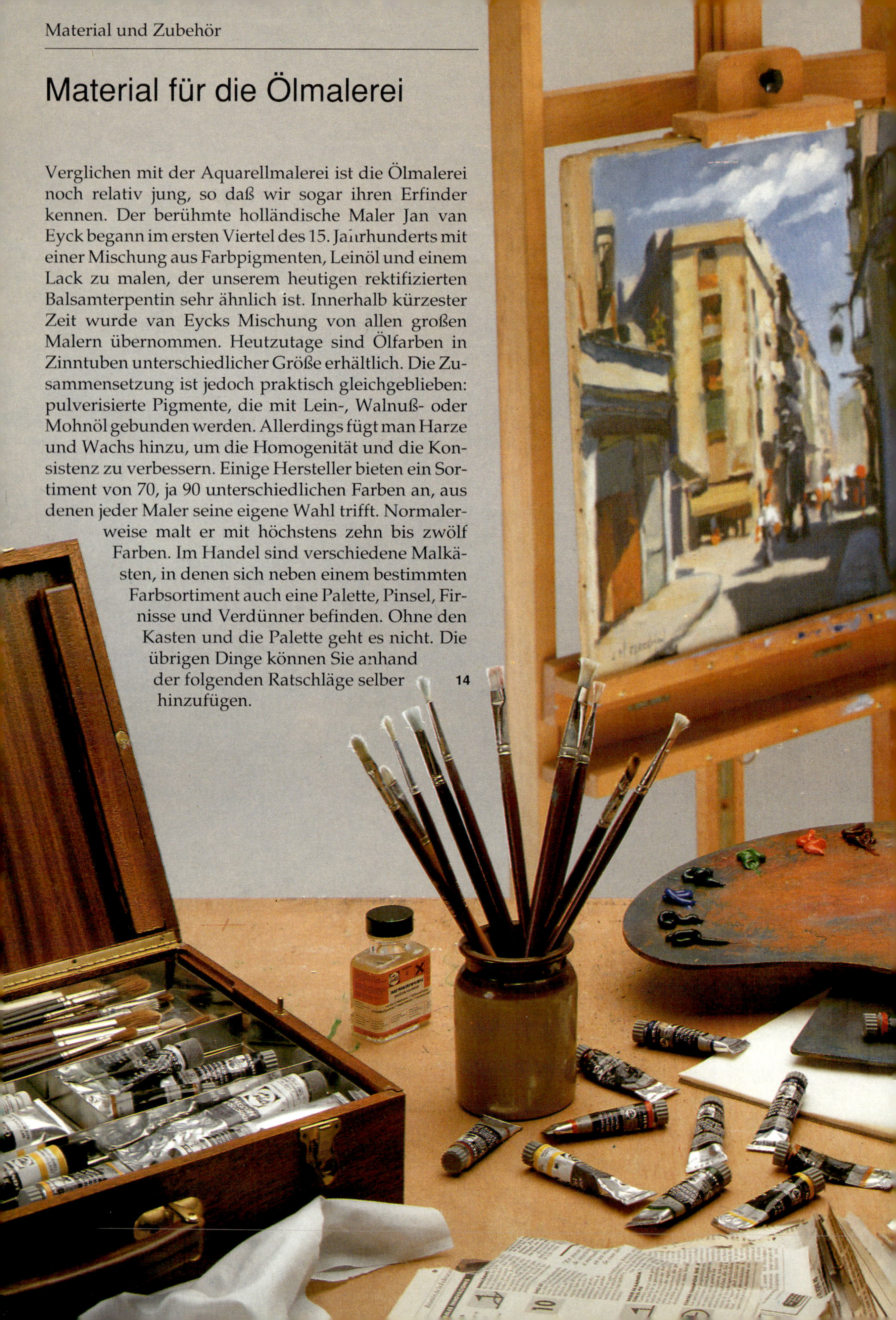

Material für die Ölmalerei

Zwar kann jede glatte, nicht zu poröse Fläche als Palette dienen, doch rate ich Ihnen zu einer rechteckigen oder ovalen Palette aus Holz. Ferner gibt es Kunststoffpaletten, die sehr leicht zu reinigen sind, und Paletten aus Papier. Letztere bestehen aus einem palettenförmigen Block, dessen Blätter nach Gebrauch abgerissen und vernichtet werden. Ich selbst arbeite grundsätzlich mit Holzpaletten, doch spricht nichts dagegen, daß Sie ein anderes Material wählen.

Für die Ölmalerei verwendet man meistens Schweinsborstenpinsel, die fest, widerstandsfähig und geschmeidig sind. Für feine Arbeiten, die besondere Sauberkeit erfordern, können Sie auch einen Fehhaarpinsel und in besonders heiklen Fällen einen Rotmarderpinsel hinzuziehen. Wie bei den Aquarellpinseln gibt es runde und flache Schweinsborstenpinsel sowie solche in der Katzenzungenfaçon. Am häufigsten verwendet man Rund- und Flachpinsel; letztere insbesondere in den höheren Nummern.

Mit Ölfarben kann man praktisch auf jeder Unterlage malen. Am geeignetsten sind Leinwand, Pappe, Holz und Papier. Jeder Malgrund benötigt eine vorherige Grundierung. Leinwand wird bereits gebrauchsfertig vom Hersteller geliefert. Bei Pappe und Holz muß man zuvor eine Leim- oder Latexschicht auftragen. Oder man wählt ein Fertigprodukt, das in Tuben erhältlich ist.

Format und Größe der auf Keilrahmen montierten Leinwände sind standardisiert (siehe Tabelle).

Abb. 14: Hier das benötigte Material zum Malen mit Ölfarben. Von links nach rechts: Malkasten mit Farben, Pinseln, Ölen und Verdünnern, Flasche mit Leinöl, Schweinsborstenpinsel unterschiedlicher Größe, Farbtuben, Spachtel, Holzpaletten und Papierpalette.

Abb. 15: Diverse Malgründe für Ölfarben: Leinwand mit (A) und ohne (B) Grundierung wird am häufigsten verwendet. Die Holzplatte vom Typ Tablex (B) ist ebenfalls geeignet, sofern sie mit einer guten Leim- oder Latexgrundierung versehen ist. Pappe (C) muß ebenfalls vorab grundiert werden. Papier (D) kann ohne Grundierung verwendet werden, könnte jedoch vergilben oder reißen.

15

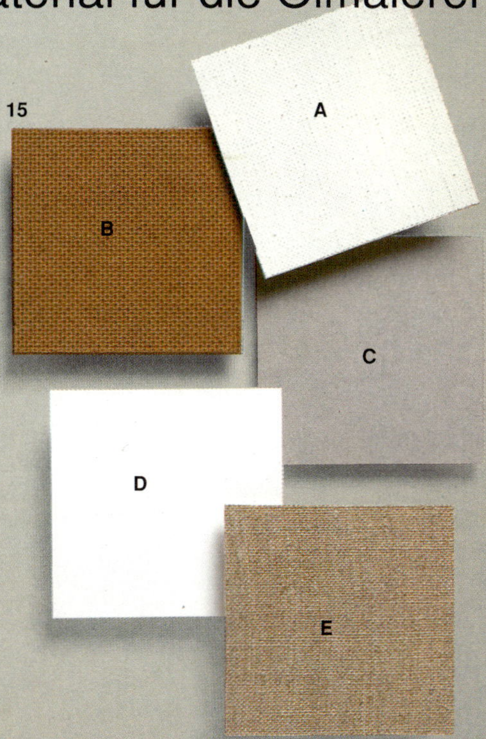

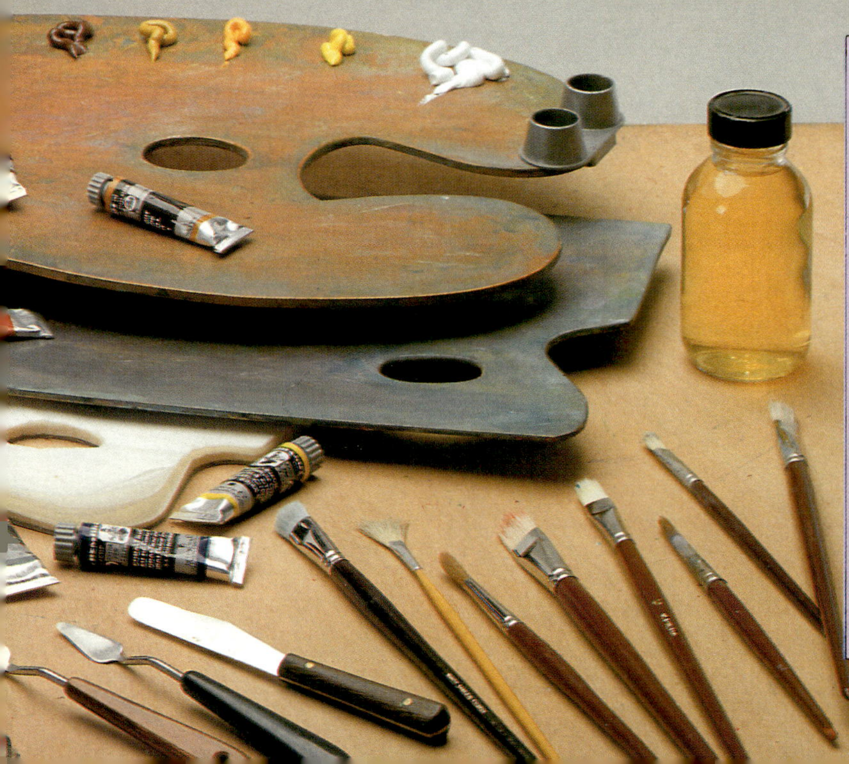

Internationale Standardmaße für Keilrahmen in cm

Nr.	*Gestalt*	*Landschaft*	*Seestück*
1	22 x 16	22 x 14	22 x 12
2	24 x 19	24 x 16	24 x 14
3	27 x 22	27 x 19	27 x 16
4	33 x 24	33 x 22	33 x 19
5	35 x 27	35 x 24	35 x 22
6	41 x 33	41 x 27	41 x 24
8	46 x 38	46 x 33	46 x 27
10	55 x 46	55 x 38	55 x 33
12	61 x 50	61 x 46	61 x 38
15	65 x 54	65 x 50	65 x 46
20	73 x 60	73 x 54	73 x 50
25	81 x 65	81 x 60	81 x 54
30	92 x 73	92 x 65	92 x 60
40	100 x 81	100 x 73	100 x 65
50	116 x 89	116 x 81	116 x 73
60	130 x 97	130 x 89	130 x 81
80	146 x 114	146 x 97	146 x 90
100	162 x 130	162 x 114	162 x 97

Verdünner, Malmittel und Zubehör

Die Konsistenz der Tubenfarbe wird manchmal kurz nach dem Ausdrücken zu fest. Um sie aufzuweichen und eine cremigere Farbe zu erhalten, verdünnt man sie mit Öl, gebrauchsfertigen Verdünnern und Malmitteln. Die Öle besitzen unterschiedliche Eigenschaften. Leinöl, das fett ist und langsam auftrocknet, sowie rektifiziertes Balsamterpentin, das mager ist und rasch trocknet, werden am meisten verwendet. Der bekannteste Verdünner besteht aus einer Mischung von Leinöl und Terpentin zu gleichen Teilen. Außerordentlich wichtig ist, daß man *stets fett auf mager* malt.

Daraus folgt, daß man die Farbe zu Beginn des Malens mit Balsamterpentin verdünnt und zum Abschluß Öl oder einen gebrauchsfertigen Verdünner verwendet. Eine fette Farbschicht mit viel Öl trocknet wesentlich langsamer als magere Farbe. Malte man irrtümlich mager auf fett, wäre die obere, magere, mit Balsamterpentin verdünnte Schicht schneller trocken als die untere fette (mit Öl oder gebrauchsfertigem Verdünner). Trocknet diese schließlich ebenfalls, zieht sie die obere Schicht zusammen, und mit der Zeit entstehen Risse.

Spachtel eignen sich sowohl zum Auftragen der Farbe als auch zum Reinigen der Palette, was regelmäßig erfolgen muß, auch während einer Arbeitssitzung. Der Spachtel kann die Form einer Maurerkelle besitzen oder messerförmig sein. Man sollte beide Arten zum Mischen und Auftragen der Farben besitzen. Bei der Arbeit mit Ölfarben wird man sehr leicht schmutzig. Ich rate Ihnen, immer reichlich Lappen und Zeitungspapier zur Hand zu haben, um das Material und sich selbst zu reinigen. So können Sie bequem arbeiten. Ein letzter Rat: Ein Pinsel mit getrockneter Farbe ist unbrauchbar geworden. Waschen Sie ihn stets nach dem Malen mit Wasser und Seife, oder bewahren Sie ihn bis zur Reinigung in einem Wassergefäß auf.

Abb. 16: Um die richtige Konsistenz der Farbe zu erreichen, benötigt man Öle und Verdünner. Am häufigsten werden Leinöl (fett) und rektifiziertes Balsamterpentin verwendet (mager). Die Mischung beider ist das gebräuchlichste Malmittel für Ölfarben. Mit Retuschierfirnis und Schlußfirnis kann man die Wirkung eines Werkes steigern, sollte deren Anwendung aber nicht übertreiben.

16

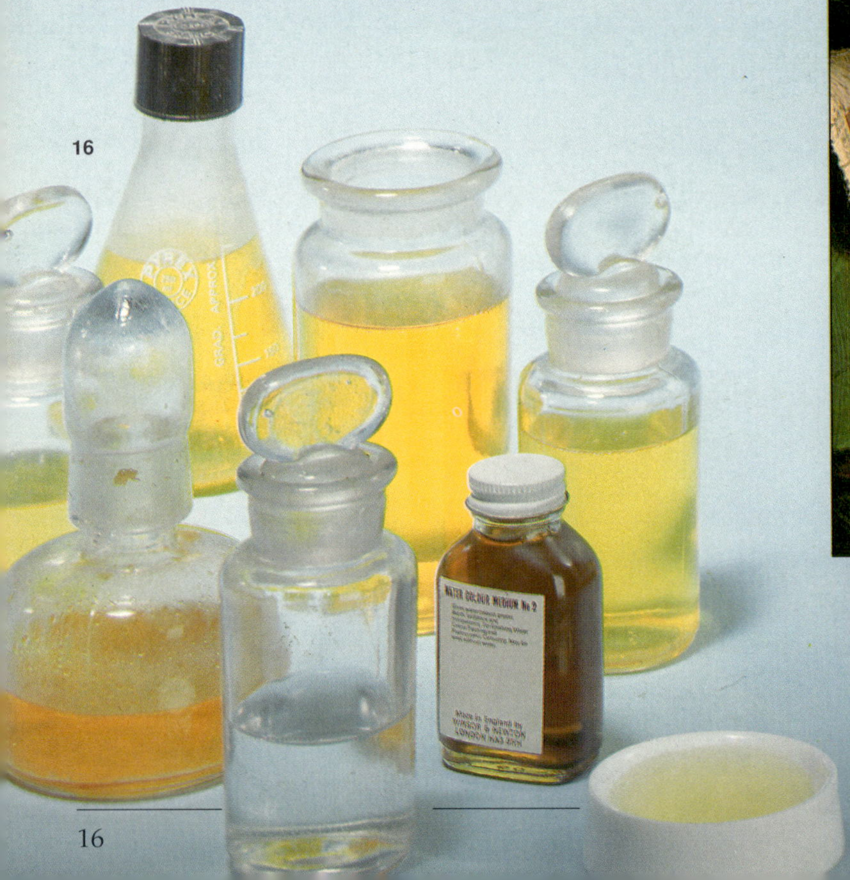

17

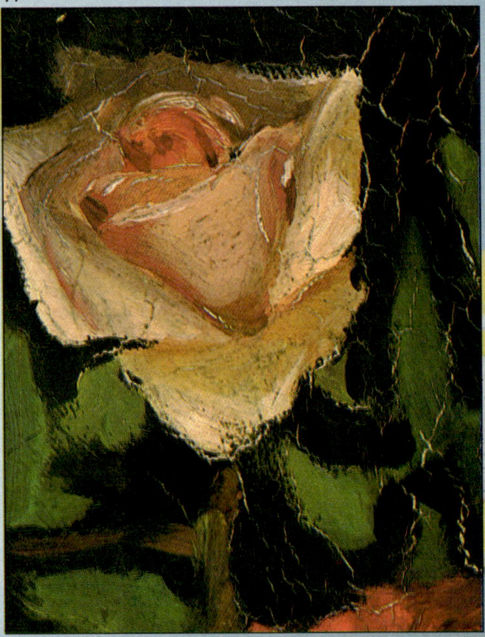

Abb. 17: Man malt stets fett auf mager. Im umgekehrten Fall würde die Farbfläche kurz nach dem Malen rissig.

Material für die Acrylmalerei

Von allen Malverfahren, die in diesem Buch behandelt werden, ist die Acrylmalerei die jüngste. Sie wurde in den sechziger Jahren in den Vereinigten Staaten entwickelt und eroberte im folgenden Jahrzehnt den ersten Platz in der Gunst der jüngeren Maler.

Acrylfarben bestehen aus Pigmenten, die mit einem synthetischen Harz gebunden werden. Man könnte sie beinahe als ideales Medium bezeichnen: Sie sind wasserlöslich wie Aquarellfarben, trocknen rasch und ermöglichen sowohl deckende Schichten als auch feine Lasuren. Die Farben sind lichtecht, leuchtend und unempfindlich und lassen sich auf jeden fettfreien Malgrund auftragen.

Acrylfarben werden in unterschiedlicher Form angeboten und sind in Aluminiumtuben und Kunststoffgefäßen sowie als Flüssigfarben erhältlich.

Die Paletten, Pinsel und Spachtel sind die gleichen wie bei der Ölmalerei. Allerdings sollte man bei den kleineren Pinseln möglichst Fehhaar-, Rotmarder- oder Kunsthaarkörper wählen, da Schweinsborsten sehr hart und für die weichere Konsistenz der Acrylfarbe nicht geschmeidig genug sind.

Als Untergrund für Acrylfarben eignen sich Papier, Malpappe, Kunststoff, Leinwand und Holz. Beim Malen auf einer Holztafel empfiehlt es sich, zunächst eine Grundierung auf Latexbasis oder eine weiße Spezialgrundierung aufzutragen, die von den meisten Herstellern angeboten wird. Auch Leinwand muß immer grundiert sein.

Die Malerei mit Acrylfarben vereint die Vorteile der Aquarellmalerei mit denen der Ölmalerei: Einerseits kann man Transparenzen und Lasuren anlegen, andererseits auch dicke Schichten bis hin zu Impastos auf bereits getrockneter Farbe damit herstellen. Aufgrund ihres raschen Trocknungsvermögens sind Verschmelzungen und Abstufungen allerdings schwierig. Sollen die Farben langsamer trocknen oder von dickerer Konsistenz sein, können Sie ein Malmittel hinzufügen, das das Trocknen verzögert und die Farbe pastoser werden läßt. Es wird ebenfalls von fast allen Herstellern angeboten.

Sauberkeit und Pflege des Materials sind bei diesem Malverfahren noch wichtiger als bei den übrigen, da die getrocknete Farbe wasserunlöslich ist. Schließen Sie daher die Farbgefäße sorgfältig, und waschen Sie die Pinsel rechtzeitig mit Wasser und Seife. Notfalls kann man versuchen, die getrocknete Farbe mit Azeton aufzulösen.

Abb. 18: Acrylfarben sind in Aluminiumtuben, in Kunststoffgefäßen sowie als Feinsprühfarben in Flaschen erhältlich. Zum Malen benötigt man dasselbe Material wie für Ölfarben, nur daß häufig Rotmarder-, Fehhaar- oder Kunsthaarpinsel erforderlich werden.

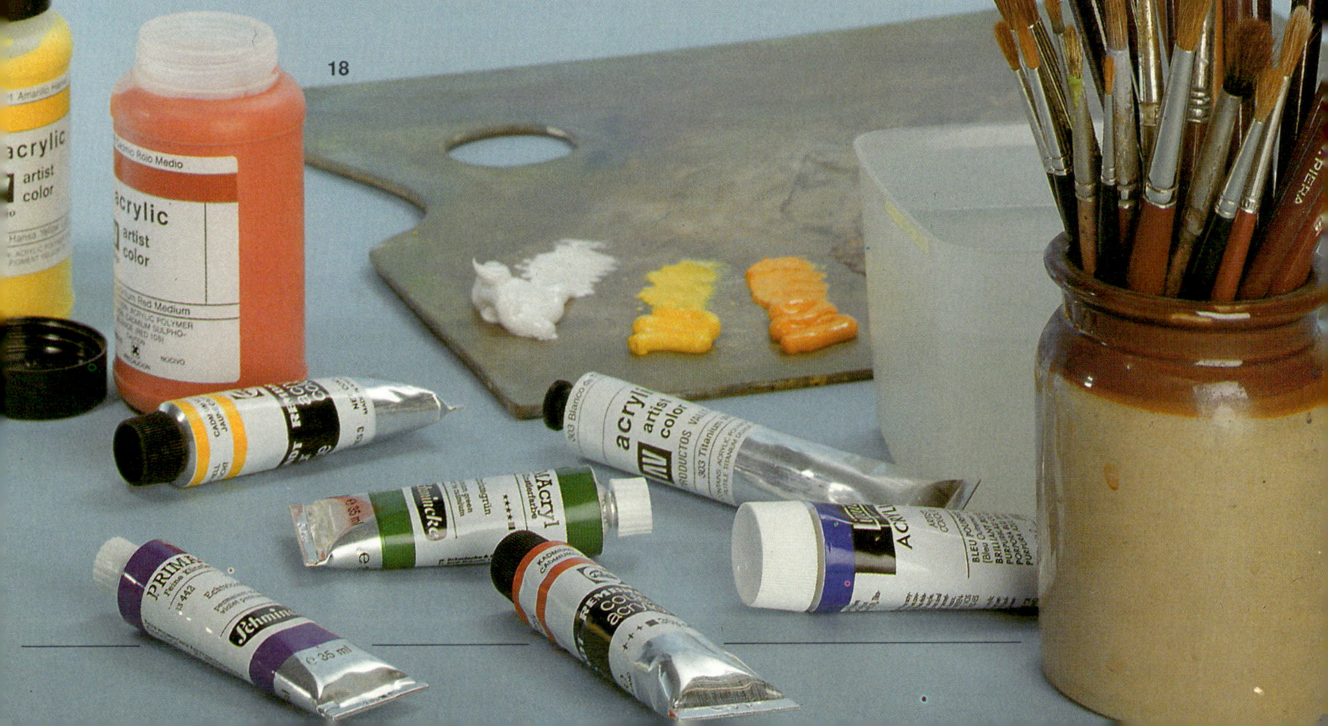

18

Malen mit Pastellfarben

Pastellbilder liegen hinsichtlich ihrer Technik etwa in der Mitte zwischen der Zeichnung und der Malerei. Das fertige Werk ist jedoch ebenso malerisch wie das mit jedem anderen Medium. Aus den Schriften von Leonardo da Vinci geht hervor, daß er die Pastellfarben bereits kannte. Doch erst im 18. Jahrhundert nutzten Maler wie Carriera, Perroneau, La Tour und Chardin die Möglichkeiten in ihren Meisterwerken voll aus. Diese fanden in den Pastellkreiden das geeignete Medium, die Spontanität und die Frische eines Motivs in äußerst nuancierten Werken festzuhalten. Ende des 19. Jahrhunderts erreichte das Pastell einen neuen Höhepunkt.

Pastellkreiden bestehen aus pulverisierten Pigmenten, die mit Gummiarabikum gebunden und zu Stäbchen geformt werden. Die Farben sind deckend. Man kann also hell auf dunkel malen und die Töne auf dem Malgrund mischen. Im Handel sind weiche Pastellkreiden, mit denen sich Impastos wie bei der Ölmalerei erzielen lassen, und harte Pastellkreiden, deren Konsistenz der von Kreiden ähnelt. Ferner sind Pastellstifte erhältlich, deren Mine der harten Pastellsorte entspricht.

Im Handel sind Grundsortimente mit zwölf Farben als auch Kästen mit 44, 180 und 336 verschiedenen Farben, so daß jeder Künstler seine eigene Skala zusammenstellen kann. Darüber hinaus gibt es Kästen mittlerer Größe mit 20 oder 30 Farben in zwei Spezialskalen: eine mit Tönen in Ocker, Rosa und Siena, die sich insbesondere für Gestalten eignet, und eine mit Grün, Blau und Braun, die eher für Landschaften bestimmt ist.

Abb. 19 bis 21: Die Abbildung zeigt unterschiedliche Kästen mit Pastellkreiden sowie einzelne Pastellstifte (Abb. 21). Das Sortiment in diesen Kästen reicht von 12 Farben (Abb. 20) bis zu 90 Stiften von Schmincke und 180 Farben von Talens. Es gibt sogar noch größere Sortimente für sehr spezielle Arbeiten, diese werden jedoch nicht so häufig verwendet.

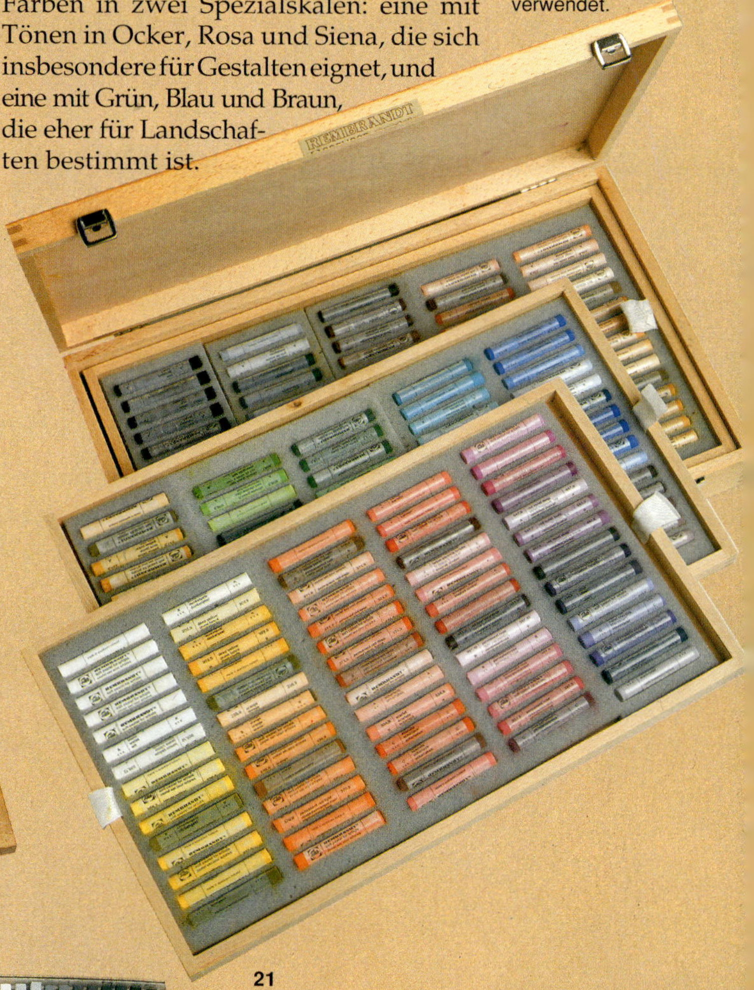

19

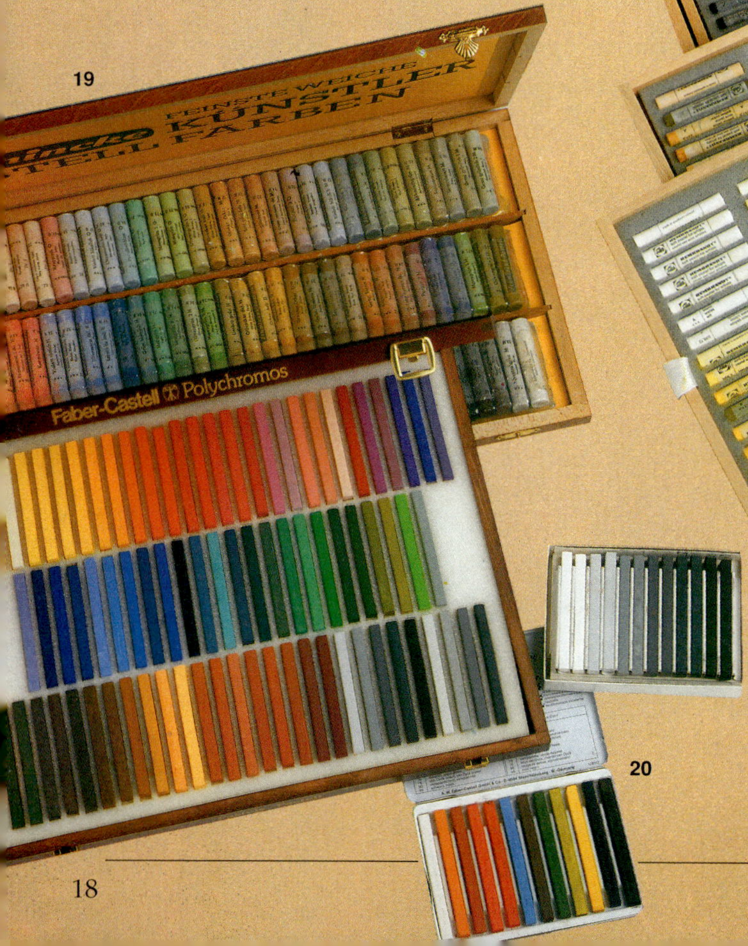

20

21

Als Malgrund verwendet man normalerweise farbiges Papier mit mittlerem Korn, zum Beispiel Büttenpapier oder Cansonpapier Mi-Teintes, das man auf einem Zeichenbrett o.ä. befestigt. Normalerweise kann man auf eine Staffelei nicht verzichten. Es gibt auch Spezialpapier, wie das „Sansfix" von Schmincke, auf dem die Farben besonders gut haften.
Verwischen und verschmelzen lassen sich Pastellfarben am besten mit den Fingern. Für Details sind Wischer sehr nützlich. Normalerweise reichen drei aus: ein dünner, ein mittlerer und ein dicker. Auch ein fächerförmiger Pinsel wird gerne verwendet, wenn größere Flächen retuschiert werden müssen. Unverzichtbar ist ein knetbarer Radiergummi, mit dem man zeichnerisch Striche oder Spitzlichter hervorholt, sowie ein Plastikradierer zum Säubern der Ränder und für schärfere Begrenzungen.
Für Vorskizzen sollte man Kreidestäbchen und -stifte in Weiß, Rötel und Siena gebrannt zur Verfügung haben.
Weiteres wichtiges Zubehör sind Klemmen unterschiedlicher Größe, mit denen man das Papier auf dem Zeichenbrett befestigt, sowie Lappen und Zellstoffpapier zum teilweisen Entfernen der Farbe und Säubern der Stäbchen.
Ein großes Problem der Pastellbilder ist deren Aufbewahrung. Am besten überzieht man das Werk mit einem hauchdünnen Fixativ, retuschiert die veränderten Farben und rahmt das Bild so ein, daß das Glas das Papier nicht berührt.

22

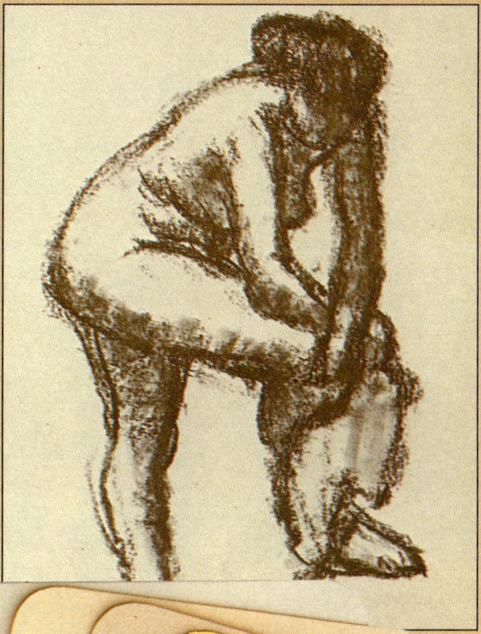

23

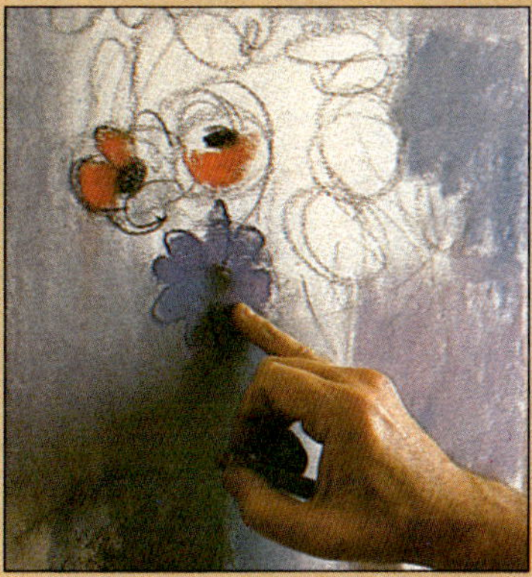

24

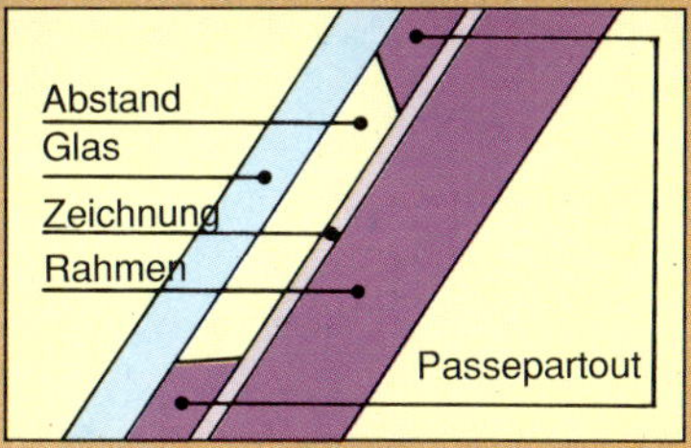

25

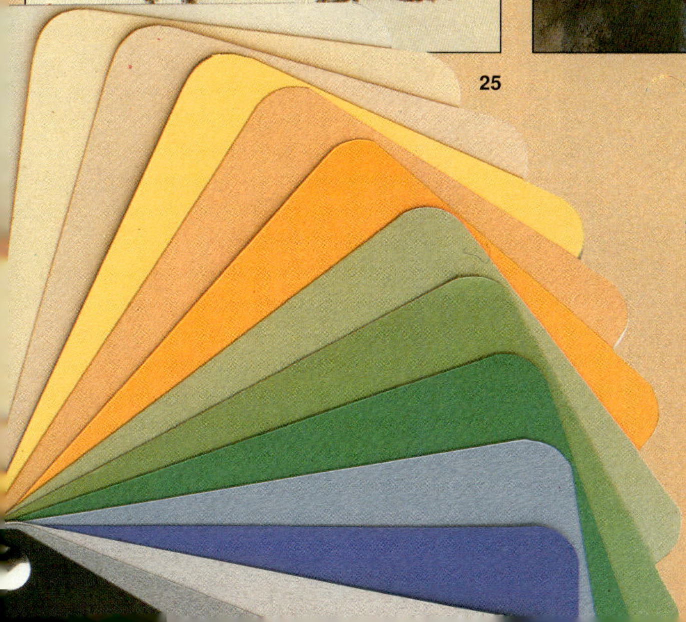

26

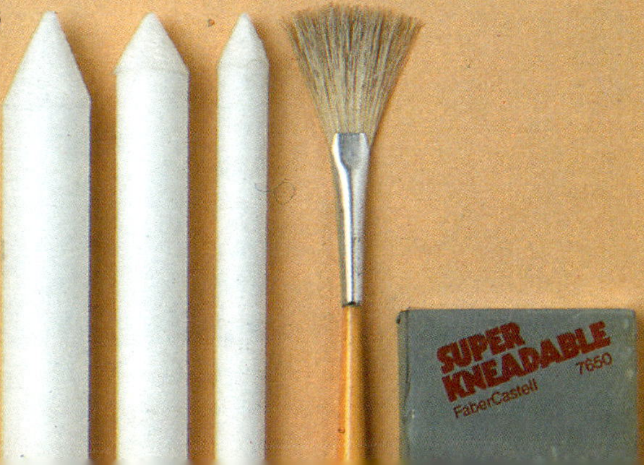

Abb. 22: Rötelzeichnung von Francesc Serra auf cremefarbenem Cansonpapier Mi-Teintes.

Abb. 23: Bei der Pastellmalerei benötigt man ständig die Finger zum Ausziehen und Verschmelzen der Farben.

Abb. 24: Pastellbilder sollten lieber nicht fixiert werden. Deshalb rahmt man die Werke mit einem Passepartout, welches das Papier vom Schutzglas trennt.

Abb. 25: Farbenmuster für Cansonpapier Mi-Teintes. Die Wahl der Farbe wird von der Farbtendenz bestimmt, die man für das Werk wünscht.

Abb. 26: Wischer unterschiedlicher Größe zum Ausziehen und Verschmelzen der Farbe, Fächerpinsel zum Verschmelzen und teilweisem Entfernen sowie knetbarer Radiergummi.

Die Zeichenkunst

Die Zeichenkunst bildet unausgesprochen die Grundlage aller künstlerischen Techniken und Verfahren. Das bezieht sich auf die gesamte Kunstgeschichte. Doch erst in der Renaissance begann man, den Wert der Zeichnung als solche zu erkennen. Seitdem ist Zeichnen in den Kunstakademien zum Pflichtfach geworden, und viele Techniken von damals werden noch heute eingesetzt. Leonardo da Vinci, Raffael und Michelangelo waren nicht nur große Maler und Bildhauer, sondern auch hervorragende Zeichner. Rubens und Rembrandt gelten als größte Maler des Barock und sind gleichzeitig zwei der profiliertesten und originellsten Zeichner aller Zeiten. Im 19. Jahrhundert erlangte die Zeichnung völlige Autonomie. Die Künstler betrachteten sie als eigenständiges Ausdrucksmittel, das an kein anderes gebunden war. Diese Tendenz setzte sich im 20. Jahrhundert fort. Heutzutage sind die Zeichnungen nicht weniger Künstler interessanter als deren Gemälde.

Die Zeichnung ist die spontanste aller künstlerischen Darstellungen. Alles, was Spuren auf einer Oberfläche hinterläßt, kann als Zeichenmaterial betrachtet werden. Hier wollen wir uns jedoch auf die geeignetsten Techniken und das dazu benötigte Material beschränken.

Abb. 28: Leonardo da Vinci, *Frauenkopf*, Rötel mit Zeichenkohle und weißer Kreide, Uffizien, Florenz.

Abb. 29 (gegenüber): Unterschiedlich starke Striche entsprechend dem jeweiligen Stift.

Abb. 30: Die Struktur des fertigen Werkes wird vom Papierkorn bestimmt. Papier mit grobem Korn (A) ergibt eine strukturiertere Ausarbeitung als solches mit mittlerem (B) oder feinem (C) Korn.

27

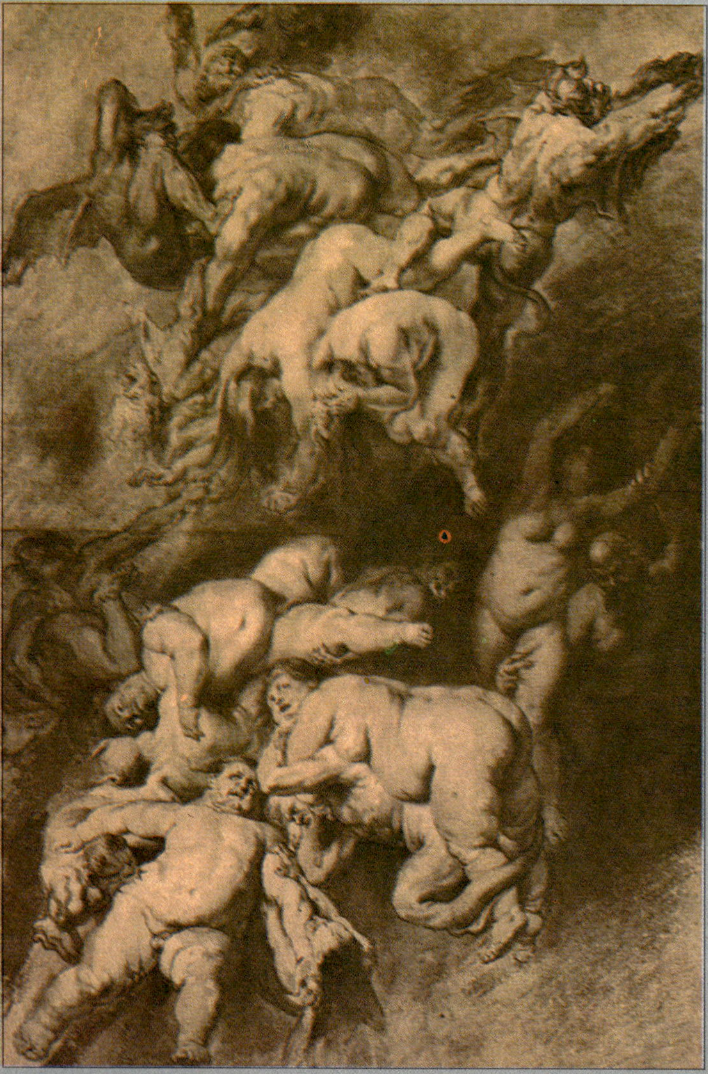

Abb. 27: Peter Paul Rubens, *Der Fall der Verdammten*, Kohlezeichnung, British Museum, London.

28

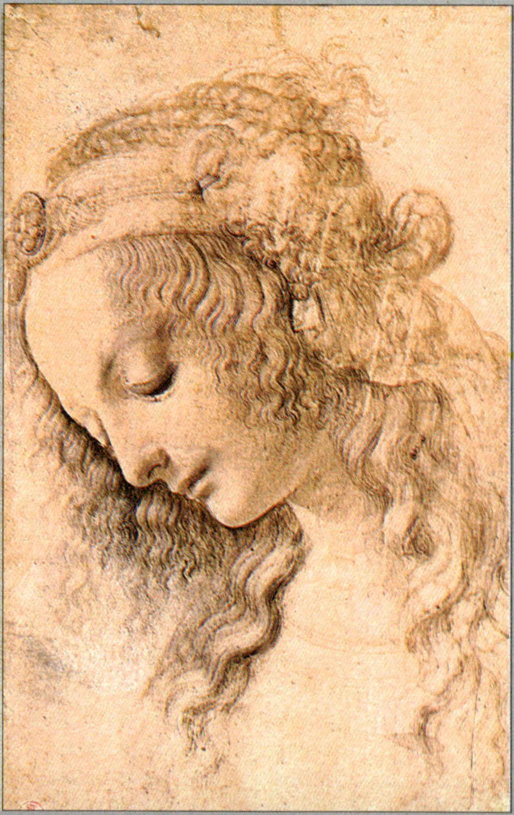

Bleistift und Papier

Zunächst sei vom charakteristischsten Zeichengerät die Rede, dem Graphit- oder Bleistift. Graphit ist ein metallisch glänzendes Material, das sich fett anfühlt. Gemeinsam mit Ton ist es Bestandteil der Bleistiftmine. Die tonale Intensität des Strichs hängt vom Tongehalt der Mischung ab. Je mehr Ton die Mine enthält, desto härter ist sie und desto schwächer wird der Strich. Bei Qualitätsbleistiften wird diese Eigenschaft mit Ziffern und dem Buchstaben B (für weich) – zum Beispiel: 3B, 4B, 5B etc. – oder H (hart) – 2H, 3H, 4H etc. – angegeben. Graphitminen sind als Vollminen, als Spezialminen für Minenhalter – mit unterschiedlichem Durchmesser und Härtegrad – und seit kurzem auch als wasservermalbare Minen erhältlich, mit denen sich eine Kombination aus Bleistiftzeichnung und Lavierung anfertigen läßt.

Als Malgrund für Bleistifte eignen sich am besten Zeichenpapier mit mittlerem Korn und gestrichenes Papier mit feinem Korn, das die Abstufungen und Grautöne unterstreicht. Bekannte Marken von Qualitätszeichenpapier sind unter anderem Canson, Arches, Whatman, Schoeller, Fabriano, Grumbacher etc.

Abb. 31: Graphitstifte und ihre Varianten. Von links nach rechts: Qualitätsbleistift (A), Vollmine ausschließlich aus Graphit (B), wasservermalbarer Graphitstift (C), Graphitmine für Minenhalter (D), Graphitstab (E) und Graphitstäbchen (E).

Abb. 32: Plastikradierer (A und B) und knetbarer Radiergummi (C).

29

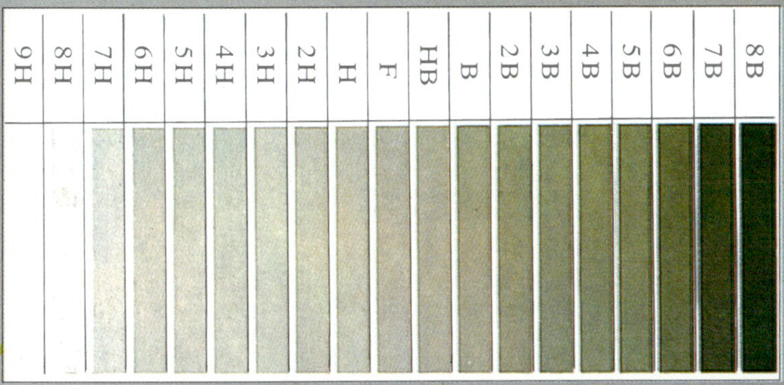

30

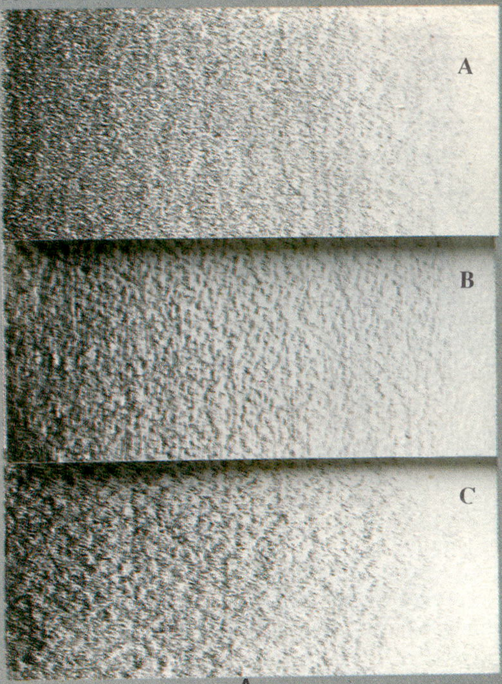

31

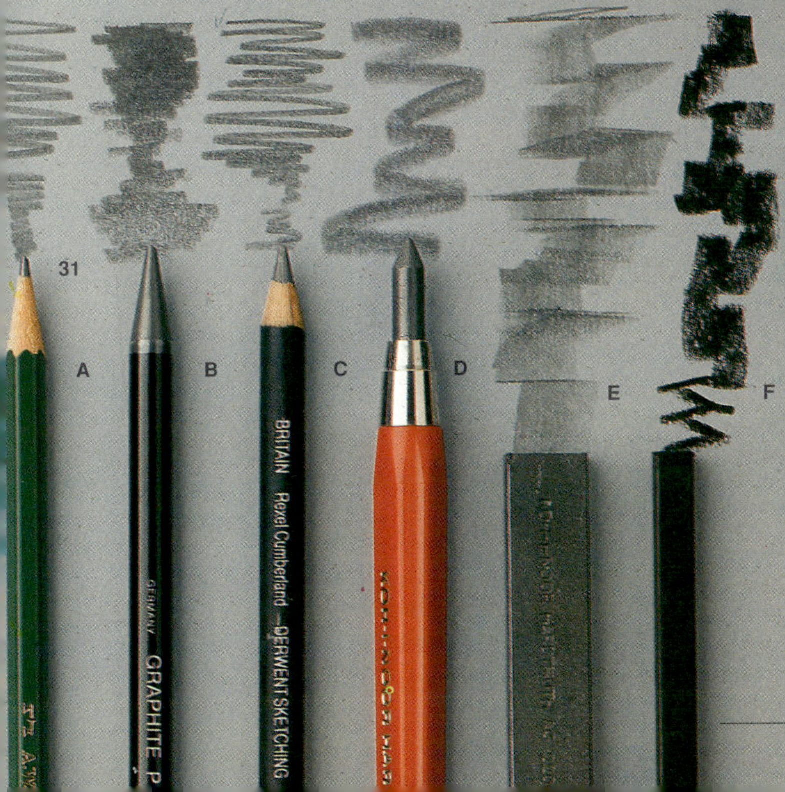

32

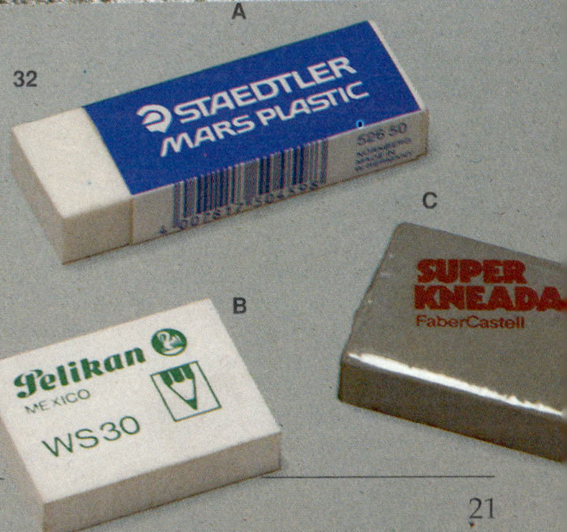

Zeichenkohle und Farbkreiden

Zeichenkohle besteht aus verkohlten Weiden- oder Walnußzweigen und wird als Stäbchen von etwa 15 cm Länge und einem Durchmesser zwischen 0,5 cm und 1,5 cm angeboten. Einige Hersteller bieten sie in drei Gradationen an: weich, mittel und hart.

Von der Zeichenkohle gibt es etliche Varianten. Die bekannteste ist der Kohle- oder Contéstift. Dessen Mine, die aus Kohle und einem Bindemittel besteht, wird von einem Holzzylinder geschützt und ist in mehreren Gradationen erhältlich. Weitere Derivate sind komprimierte pflanzliche oder synthetische Kohle, die in manchen Fällen mit Ton gemischt wird und als Stäbchen und Vollminen erhältlich ist. Konsistenz und Strich ähneln denen von Pastellkreiden. Auch diese Kohle wird in verschiedenen Gradationen angeboten. Schließlich gibt es noch Kohlepulver, das für großflächige Arbeiten in Verbindung mit Kreiden oder komprimierter Kohle verwendet wird.

Farbkreiden aus Kalkstein, der mit Pigmenten und einem gummihaltigen Bindemittel gemischt wird, sind ein weiteres großartiges Medium für den Zeichner. Ursprünglich wurden Weiß, Rötel und Dunkelsiena am meisten verwendet. Heutzutage ist die Farbskala der Kreiden ebensogroß wie die von Pastell.

Am besten geeignet für Arbeiten mit Zeichenkohle und ihren Derivaten sowie Farbkreiden sind weißes und farbiges Papier mit mittlerem Korn, zum Beispiel Ingres-Büttenpapier oder Cansonpapier Mi-Teintes sowie das Qualitätspapier bekannter Hersteller. Beinahe ebenso wichtig wie das Papier ist der knetbare Radiergummi zum Öffnen von Weiß und Spitzlichtern sowie ein Fixativspray.

33

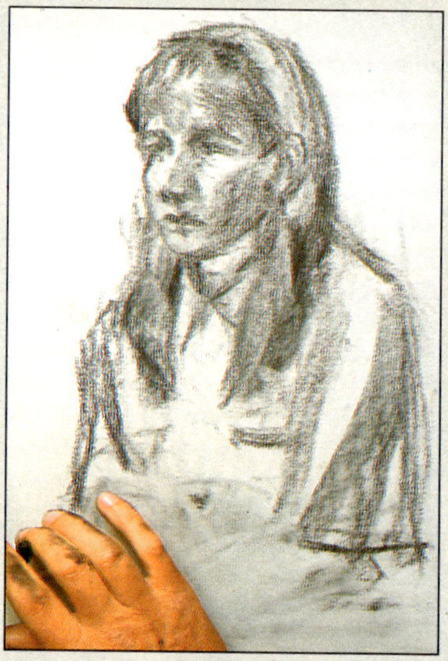

34

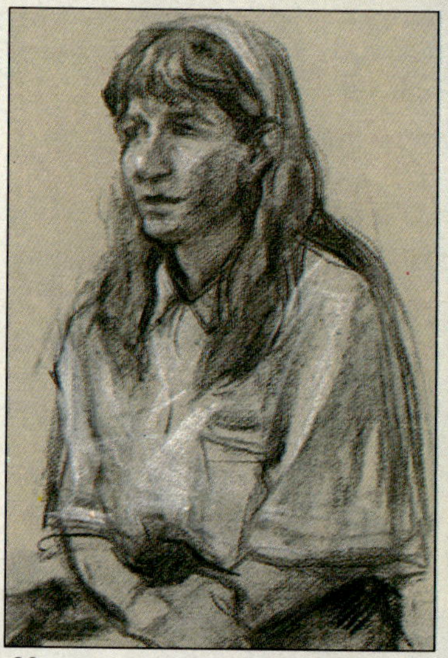

35

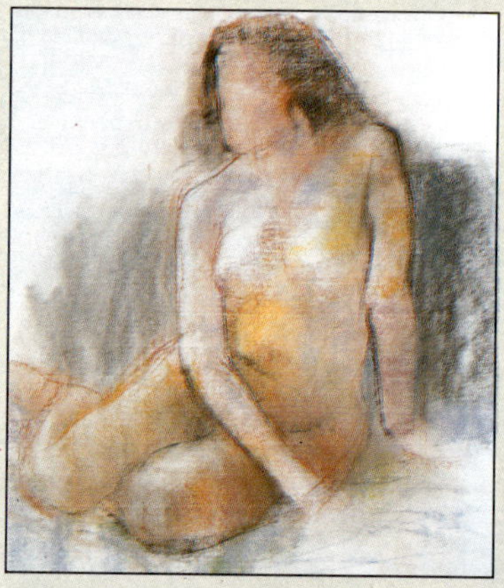

36

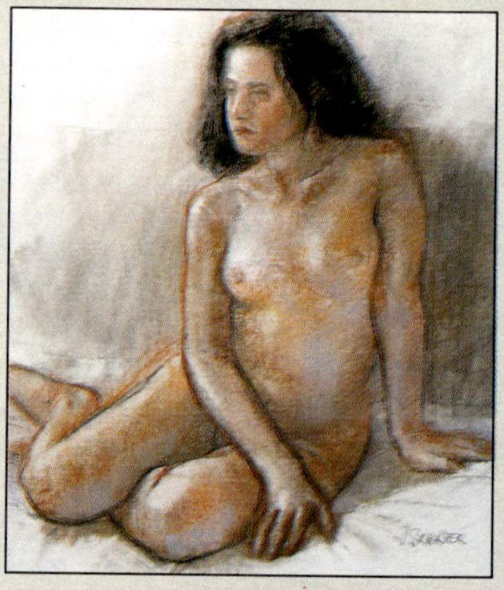

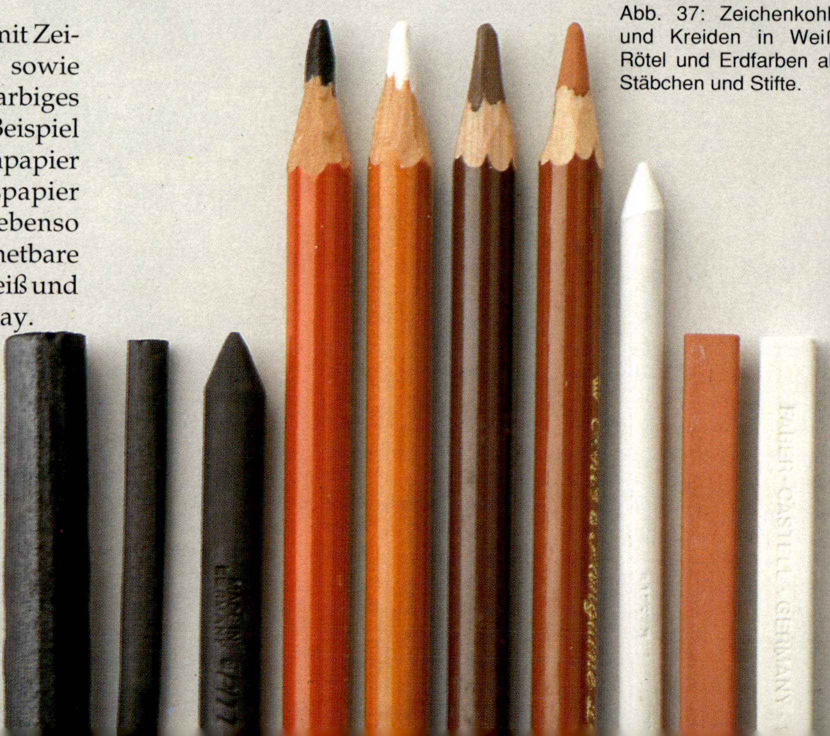

Abb. 37: Zeichenkohle und Kreiden in Weiß, Rötel und Erdfarben als Stäbchen und Stifte.

Abb. 33 und 34: Stadien eines Porträts mit Zeichenkohle und weißer Kreide auf grauem Papier.

Abb. 35 und 36: Vorstadium (Abb. 35) und fertige Zeichnung (Abb. 36) mit Zeichenkohle, Rötel und Kreiden.

Tinten und Tuschen

Neben Bleistift, Zeichenkohle und Farbkreiden ist schwarze oder sepiafarbene Chinatusche ebenfalls großartig zum Zeichnen geeignet. Schwarze Chinatusche gibt es entweder als kleine Barren, die in destilliertem Wasser gelöst werden müssen und für lavierte Pinselzeichnungen verwendet werden, oder in flüssiger Form in Gläsern. Letztere kann man mit der Metallfeder, dem Pinsel oder der Rohrfeder ausziehen. Die Brause-, die Guillot- und die Perryfeder werden von Künstlern am meisten verwendet. Sie sind einzeln erhältlich und besitzen je nach Strich eine unterschiedliche Form. Zeichnen kann man ferner mit dem Füllfederhalter, dem Kugelschreiber, mit schwarzen Filzstiften mit feiner Spitze und Tuschefüllern mit austauschbarer Spitze, die einen gleichförmigen Strich ergeben. Für Tusche eignen sich am besten der Rotmarder-, der Fehhaar- und der Kunsthaarpinsel der Nummern zwei bis sechs. Für Zeichnungen mit Tinte in Schwarz oder Farbe braucht man satiniertes Papier ohne Korn wie den Bristolkarton, dessen gatte, gleichmäßige Oberfläche die Strichqualität unterstreicht.

38

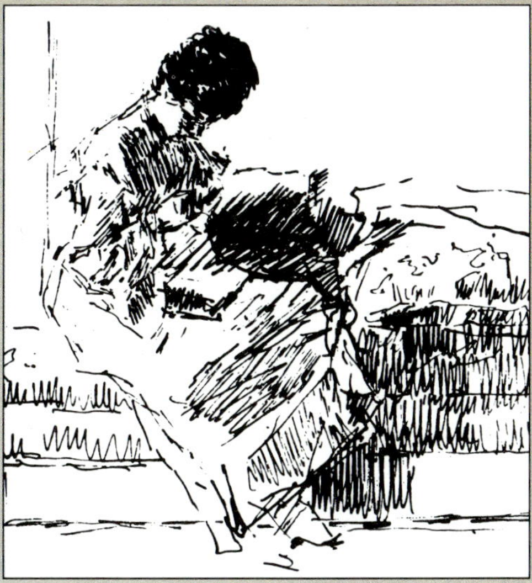

Abb. 38: Mariano Fortuny, *Gestalt*, Federzeichnung, Privatsammlung.

Abb. 39: Chinatusche und ihre Derivate: Flasche mit flüssiger Aquarellfarbe, Tintengefäße, Barren Chinatusche, der in destilliertem Wasser gelöst werden muß, Perryfedern und Näpfchen zum Auflösen der Tusche.

Abb. 40: Geräte zum Zeichnen mit Tinte. Von links nach rechts: Zwei Perryfedern mit Federhalter, Rotmarderpinsel, Rohrfeder, Füllfederhalter, Kugelschreiber, Filzstifte und Tuschefüller.

39

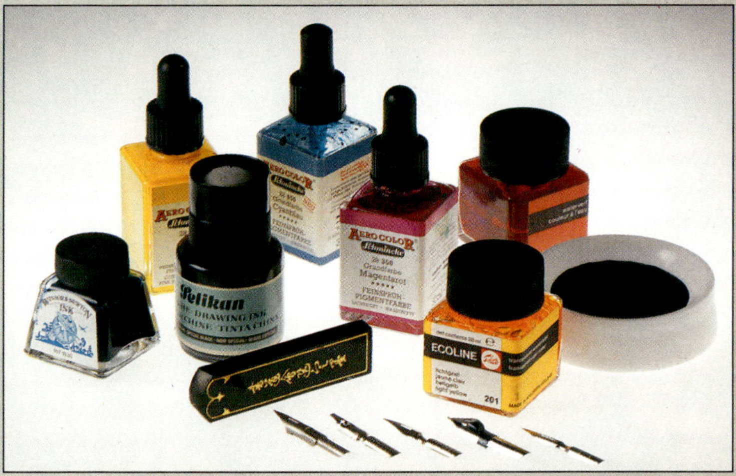

40

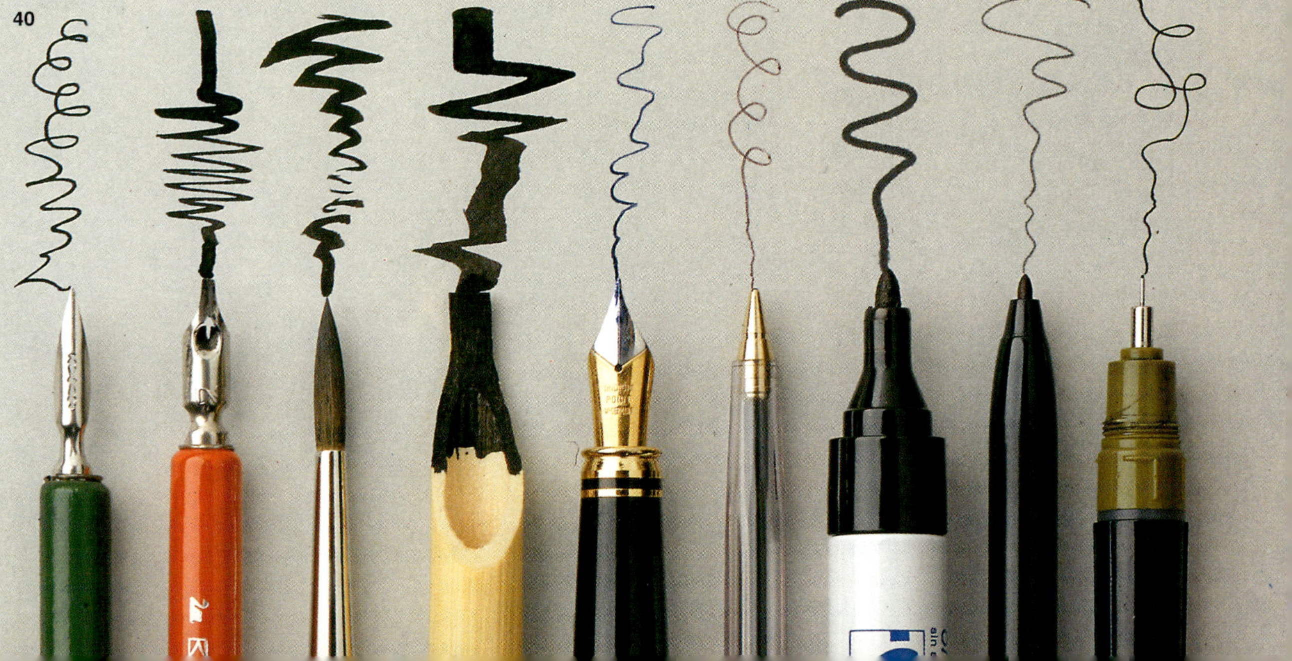

Vor Beginn der künstlerischen Praxis benötigt man einige theoretische und praktische Kenntnisse. Nachdem Ihnen das Material des Künstlers jetzt bekannt ist und Sie mit ziemlicher Wahrscheinlichkeit einiges davon selbst besitzen, wollen wir uns nun auf ein paar spezielle künstlerische Probleme konzentrieren, die sich sowohl auf die Zeichnungen als auch auf die Malerei beziehen.
Meine Aufgabe besteht darin, Ihr Interesse zu fördern, Ihnen das Lernen soweit wie möglich zu erleichtern und Sie in die malerischen Techniken und die Handhabung der Tricks und Kniffe einzuführen, die jeder Künstler beherrscht.
Im folgenden Kapitel untersuchen wir also die Probleme der Wiedergabe der Themen und Motive auf Papier und Leinwand. Ferner befassen wir uns ausgiebig mit der Farbentheorie und erklären zahlreiche praktische Übungen, die Sie Schritt für Schritt nachvollziehen sollten.

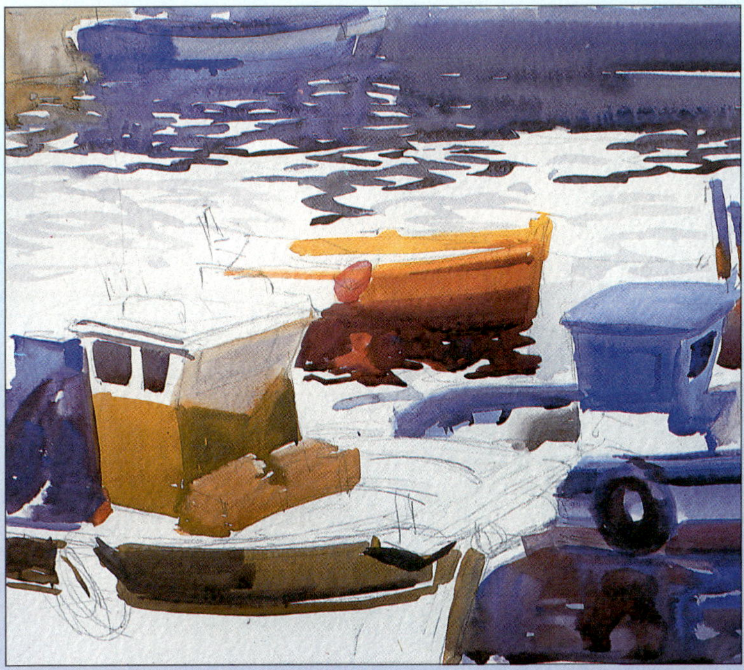

41

GRUNDLAGEN DER ZEICHNUNG UND DER MALEREI

Das Problem der dritten Dimension

Eine der größten Schwierigkeiten des Anfängers beim Zeichnen besteht in der Darstellung des dreidimensionalen Raumes auf einer zweidimensionalen Fläche. Zu den wichtigsten Übungen gehört daher die zweidimensionale Wiedergabe realistischer Körper. Für die Künstler der Renaissance und vor allem des Barock wurde dies beinahe zu einer Besessenheit. Ihre Werke sind voller perspektivischer *Verkürzungen.* Was versteht man unter dieser Verkürzung? Sie ergibt sich beim Betrachten eines Körpers, der sich senkrecht zu unserer Sichtebene befindet. So erkennen wir die Dicke eines auf uns gerichteten Fingers oder Arms, nicht jedoch dessen Länge. Sie erscheint topisch verkürzt.

Durch die Darstellung dieser Verkürzung mit Hilfe des Spiels von Linien, Licht und Schatten auf dem Papier entsteht ein Gefühl von Tiefe.

Um das Volumen, also die dritte Dimension korrekt wiederzugeben, müssen Sie folgende drei Grundregeln beachten:

1. *Betrachten Sie das Modell wie einen flachen Körper:* als besitze er keinerlei Tiefe. Dies setzt eine gewisse Gewöhnung voraus, eine Veränderung der herkömmlichen mentalen und visuellen Haltung, die sich nur in der Praxis entwickelt.
2. *Üben Sie zunächst die Darstellung von Körpern mit wenig Relief:* Beginnen Sie mit Gesichtern im Profil, fahren Sie fort mit der Dreiviertelansicht, und stellen Sie zum Abschluß das Gesicht einschließlich der Verkürzungen der Gesichtsteile von vorn dar.
3. *Betrachten Sie das Modell wie einen fremden Körper aus Licht, Schatten und sinnlosen Formen,* als wäre Ihnen die Gestalt oder das Motiv völlig unbekannt. Das ist leichter gesagt als getan, denn man muß vergessen, was man sieht. Schon Michelangelo sagte: „Nur wenn man sich darauf beschränkt, stur das Spiel von Licht und Schatten wiederzugeben, läßt sich das Problem der drei Dimensionen lösen."

Abb. 42 und 43: Bei der optischen *Verkürzung* ist die tatsächliche Länge des Arms (Abb. 42) oder der Hand (Abb. 43) nicht zu erkennen. Sie ist verkürzt. Beim Zeichnen muß man die Körperteile wie ein flaches Element betrachten und das Spiel von Licht und Schatten stur wiedergeben.

42

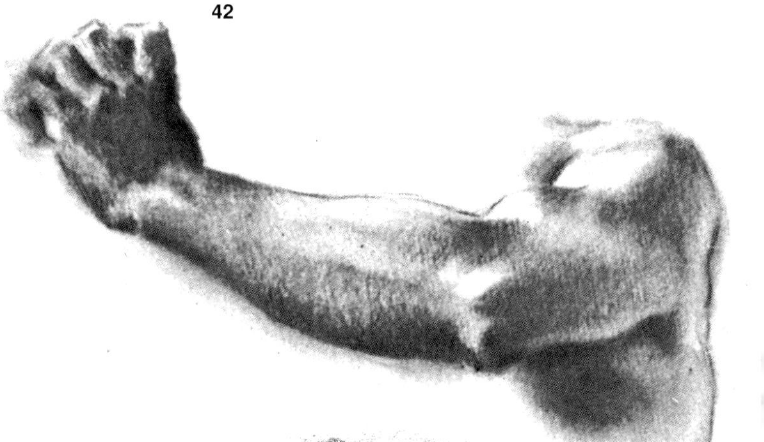

43

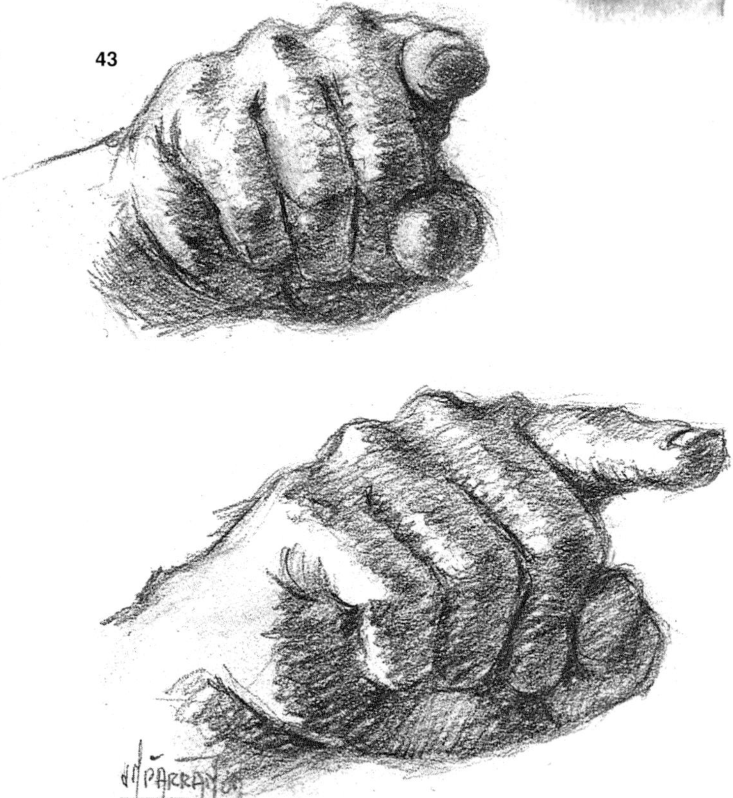

44

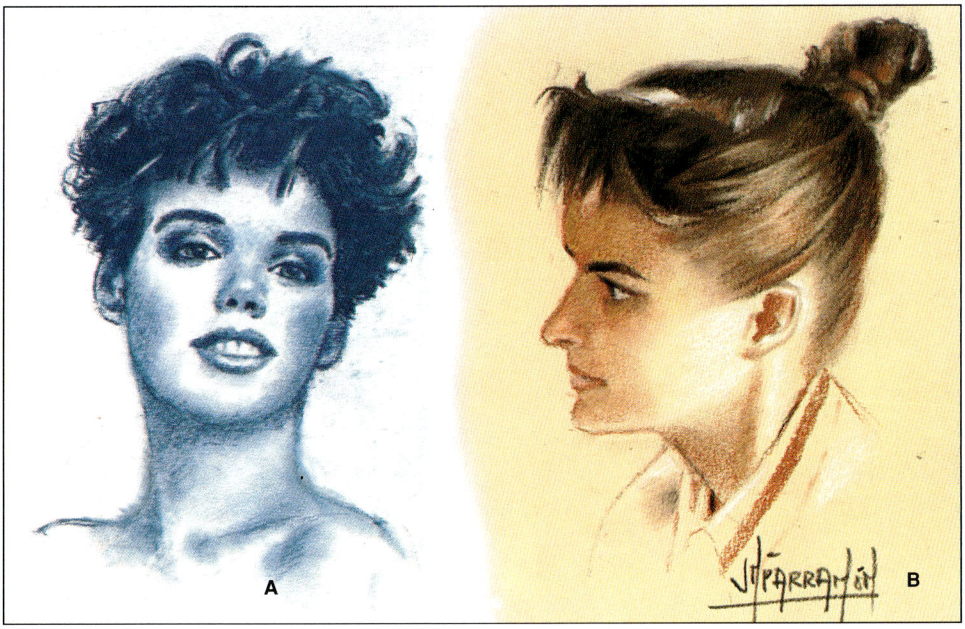

Abb. 44: Beim Üben von Volumen beginnt man mit Körpern, die nur wenig Tiefe besitzen, zum Beispiel mit einem Kopf im Profil (A), fährt mit der Dreiviertelansicht fort (B) und stellt schließlich das Gesicht von vorn dar.

45

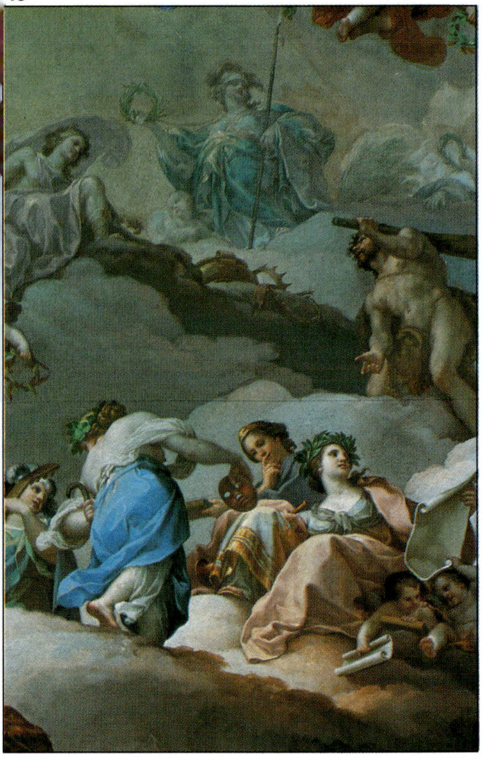

46

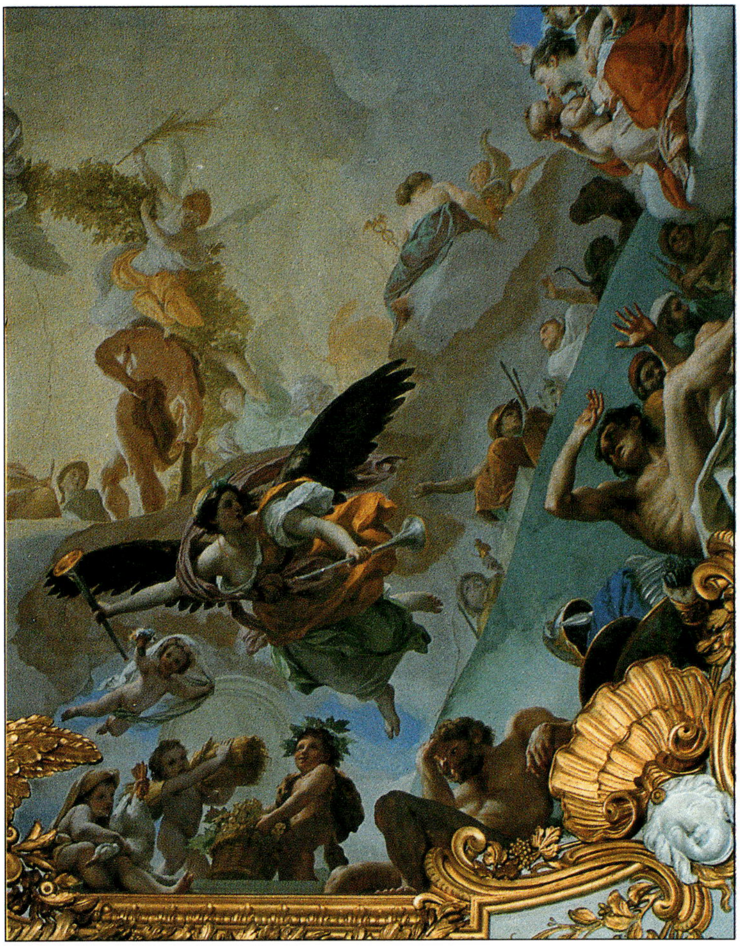

Abb. 45: Francisco Bayen, *Die Apotheose des Herkules* (Ausschnitt), Königlicher Palast, Madrid.

Abb. 46: Anton Raphael Mengs, Fresko im Königlichen Palast von Madrid. Mengs setzte die dekorative Malweise des Barock fort und überhäufte seine Fresken mit unterschiedlichsten Verkürzungen.

Das Licht

Die Einwirkung des Lichts auf das Motiv, ist ein wichtiger Faktor des künstlerischen Ausdrucks: Erstens drückt Licht das Volumen aus; es unterstreicht oder verringert die Form der Gegenstände und sorgt zweitens für eine bestimmte Stimmung (Dramatik, Fröhlichkeit, Unruhe etc.). Kräftiges direktes Licht hebt die Volumen hervor und drückt Kraft aus, während eine weiche, gedämpfte Beleuchtung die Farben nuanciert und Intimität, heitere Gelassenheit etc. suggeriert.
Zwei Lichtarten können ein Modell beleuchten: Natürliches Licht und Kunstlicht. Natürliches Licht bereichert das Modell je nach Tageszeit mit bestimmten Nuancen. Auf ein großes Fenster wird man daher in keinem Atelier verzichten. Bei Kunstlicht kann man die Lichtmenge dagegen nach Belieben auf das Modell konzentrieren, die Umrisse und Konturen präzisieren und die Tonwerte und Volumen hervorheben.
Es gibt vier Möglichkeiten, ein Modell zu beleuchten: von vorn, seitlich von vorn, seitlich und mit Gegenlicht. Darüber hinaus gibt es das Zenitallicht, das sich zum Zeichnen und Malen am besten eignet. Es beleuchtet das Modell aus einem Winkel von 45 Grad von oben und kann sowohl natürlich als auch künstlich sein. Vorzuziehen ist jedoch Licht, das aus einem Fenster ungefähr zwei Meter über dem Boden stammt.
Stellen Sie sich jetzt ein beleuchtetes Modell vor: Eine gewisse Fläche ist beleuchtet, eine weitere liegt im Schatten, und dazwischen gibt es eine ganze Reihe von Übergangszonen. Jede dieser Zonen besitzt einen bestimmten *Tonwert*.

Abb. 47 bis 50: Die Interpretation eines Modells schließt dessen angemessene Beleuchtung ein. Hier die Möglichkeiten für die Beleuchtung eines Themas. Von links nach rechts und oben nach unten: frontale Beleuchtung (Abb. 47), seitlich frontale Beleuchtung (Abb. 48), seitliche Beleuchtung (Abb. 49) und Gegenlicht (Abb. 50).

47

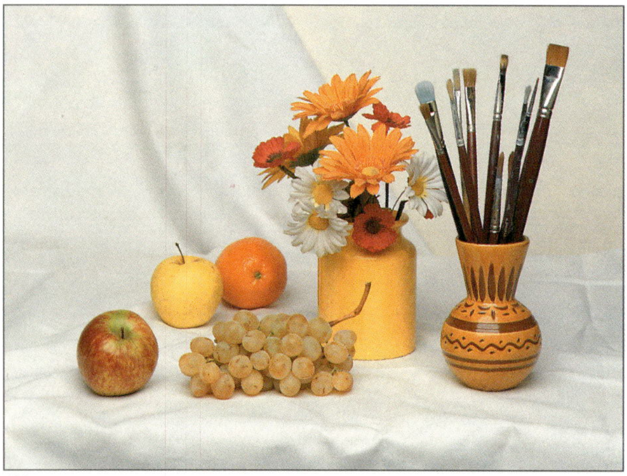

48

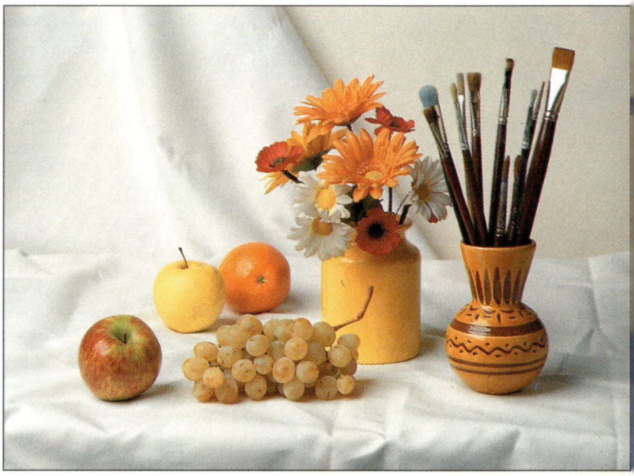

49

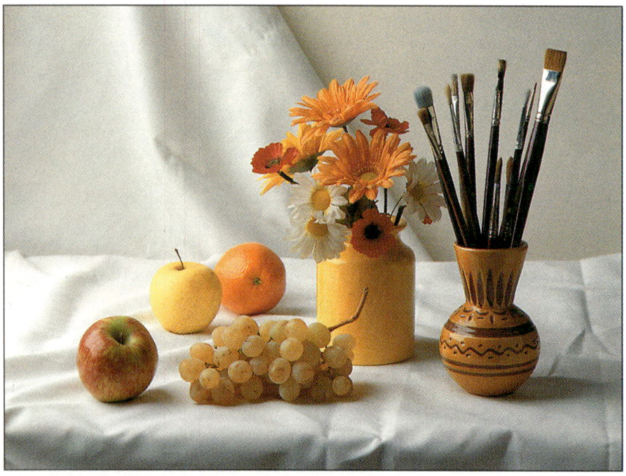

50

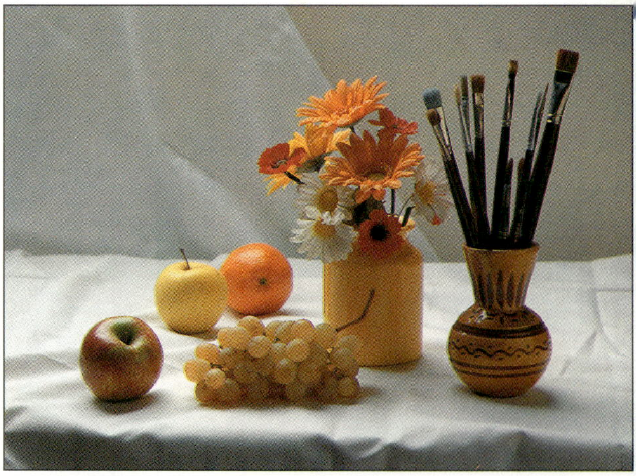

Die Tonwertbestimmung

Die Tonwerte bestimmen heißt also, zeichnerisch und malerisch alle Werte, alle unterschiedlichen Tonstärken, die an dem Modell vorhanden sind, zu erkennen.

Neben der linearen Darstellung ist die Anlage der Tonwerte die Hauptmöglichkeit des Zeichners, eine Form wiederzugeben. Indem er den Schattenton mit Hilfe von Abstufungen verstärkt oder verringert, stellt der Künstler den Gegenstand als Ganzes dar. Während dieses Verfahrens ordnet er sämtliche Töne und Nuancen gedanklich ein, hellt hier auf und schattet dort ab, je nachdem, was das Modell ihm eingibt.

Erinnern Sie sich, was wir über die optische Verkürzung gesagt haben? Wir sprachen davon, daß wir das Spiel von Licht und Schatten so wiedergeben müssen, wie wir es vor Augen haben. Dies bedeutet nichts anderes als die Bestimmung der Tonwerte. Je genauer sie in der Zeichnung erfolgt, desto überzeugender wird das Resultat.

Abb. 51: Die beste Beleuchtung ist zenitales Licht, das aus einem Fenster eineinhalb bis zwei Meter über dem Boden in einem Winkel von 45 Grad auf das Modell fällt.

Abb. 52 und 53: Eine Zeichnung mit Hilfe der Tonwerte, die sich entsprechend dem Volumen und der Beleuchtung des Modells aus sieben Hauptwerten oder Strichstärken zusammensetzen (Abb. 53).

51

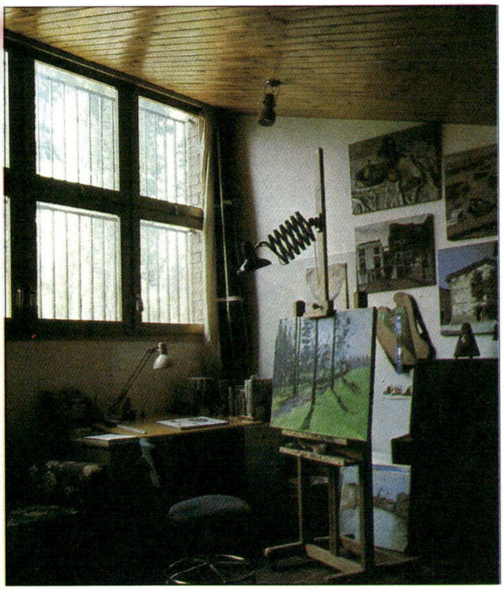

52

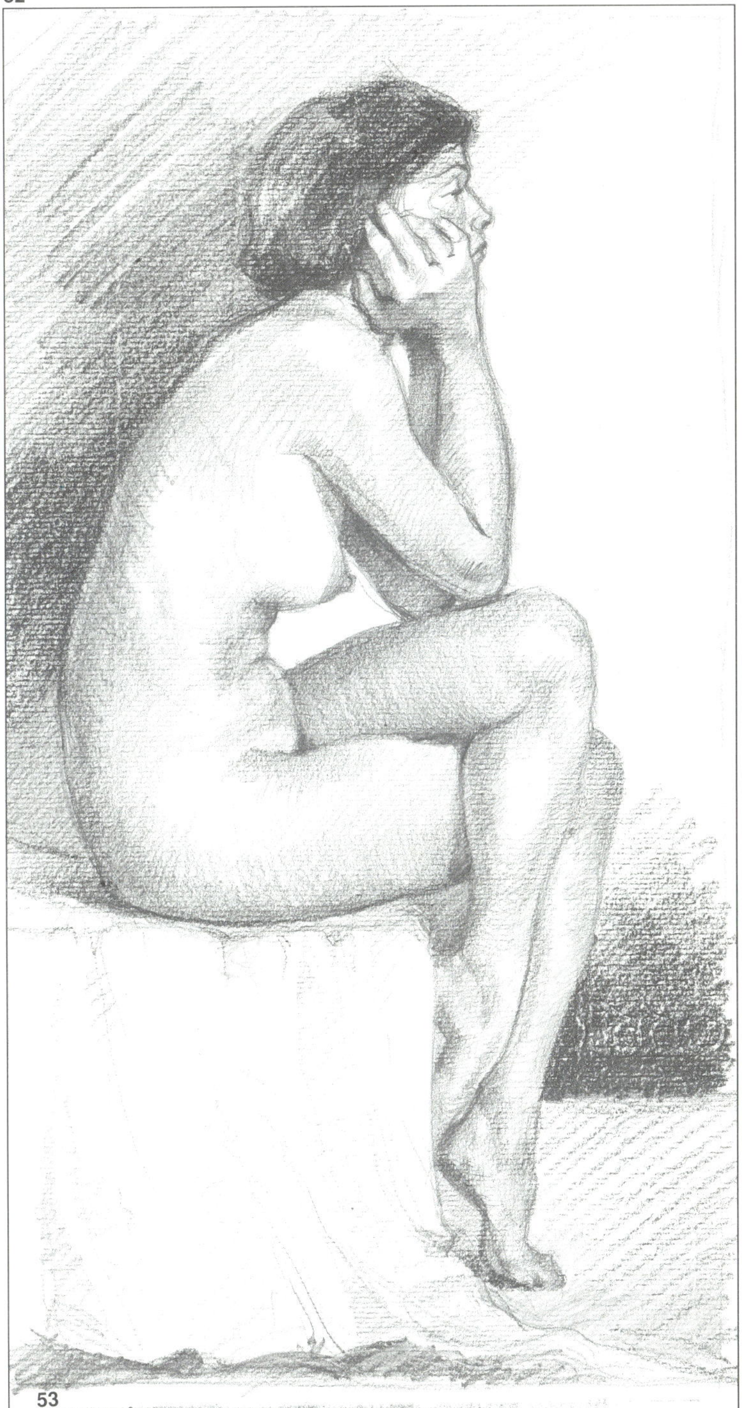

53

Volumen und Umrahmung

Beim Umrahmen einer Zeichnung stellen wir die Grundstruktur eines Körpers mit Hilfe seines Rahmens dar, der aus einem Viereck, einem Würfel oder einer sonstigen geometrischen Figur bestehen kann. Manche Künstler zeichnen die Umrisse ihres Modells unmittelbar, also ohne vorherige Strukturierung. Die meisten legen jedoch lieber zunächst die Grundformen an, die mit den Hauptvolumen des Motivs übereinstimmen.

Der einfachste Rahmen besteht aus einem Würfel, dessen Kantenmaß proportional der Höhe, der Breite und der Tiefe des Modells entsprechen. Er wird normalerweise für die Darstellung von Gebäuden, Möbeln und ähnlich geformten Gegenständen verwendet.

Flache geometrische Rahmen benutzt man, um die Hauptmassen des Modells anzulegen. Dabei verzichtet man bewußt auf Details und berechnet ausschließlich das Verhältnis von Höhe und Breite.

Bei einer Gestalt beginnt die Umrahmung zum Beispiel mit einem Rechteck, das nur die wesentlichen Formen umfaßt und alles übrige unberücksichtigt läßt.

Nachdem das erste Rechteck gezeichnet ist, versucht man die Hauptlinien des Modells zu erkennen – die Neigung des Kopfes, der Schultern, der Arme etc. –, legt sie innerhalb des Rechtecks an und achtet sorgfältig auf die korrekten Maße und Proportionen. Ist das Schema hergestellt, werden die Linien des Rechtecks vorsichtig ausradiert, und man baut den eigentlichen Rahmen auf: die vereinfachten Umrisse des Modells. Diese werden mit den Hauptlinien im Innern, den Gesichtsteilen, den Einzelheiten der Kleidung oder der Anatomie etc. vervollständigt. Zum Abschluß wird die Zeichnung schattiert, das Spiel von Licht und Schatten angelegt und auf diese Weise eine Synthese von Linien und Volumen erreicht.

Abb. 54: Alle Gegenstände und Elemente lassen sich in einen geometrischen Körper einschließen.

54

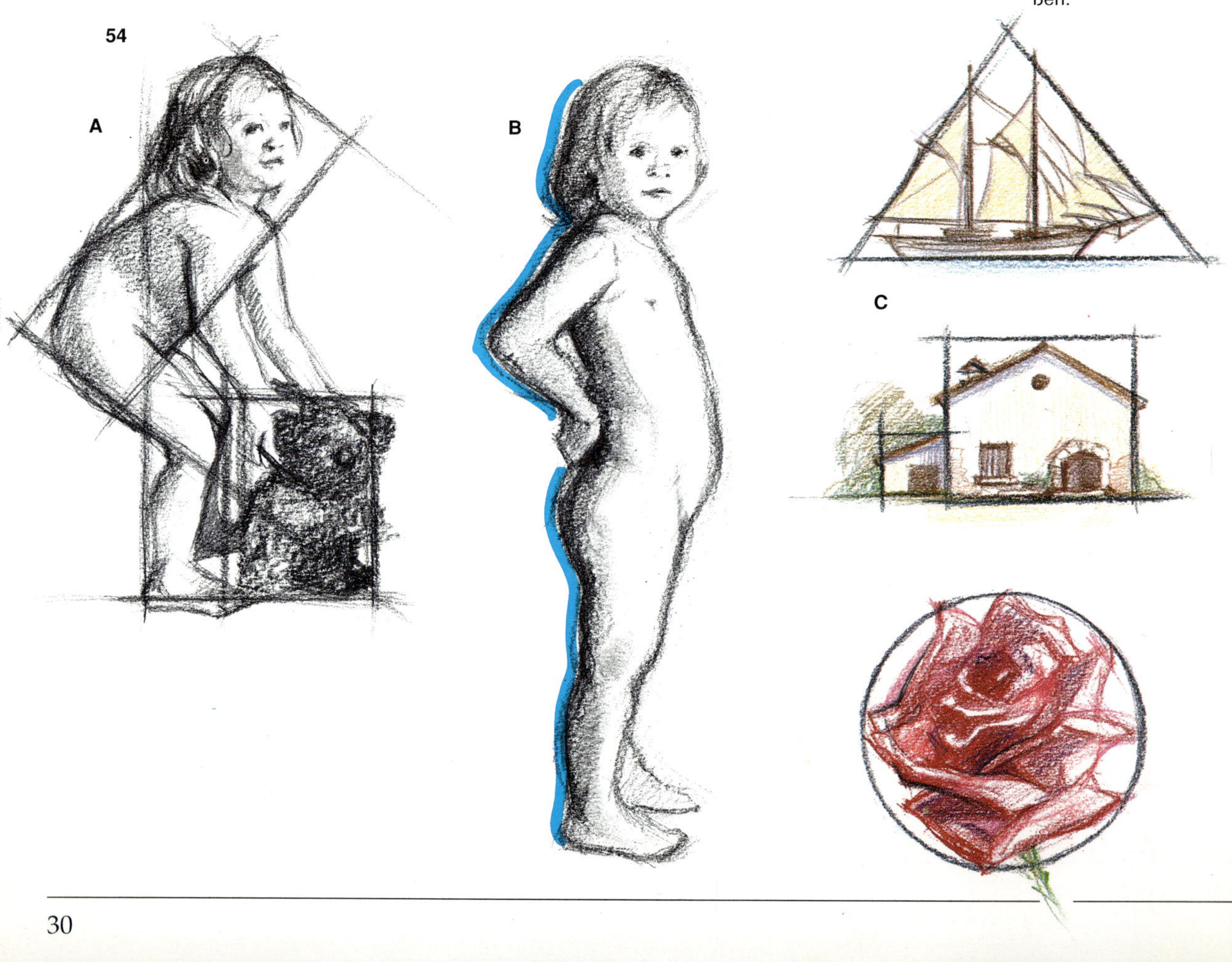

Beispiele für die Umrahmung einer Gestalt

55

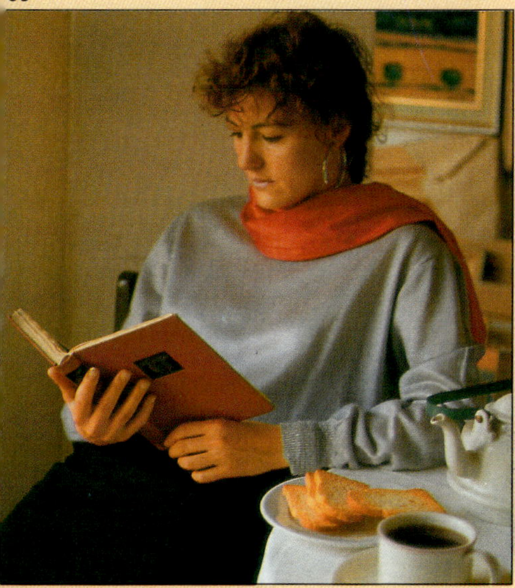

56

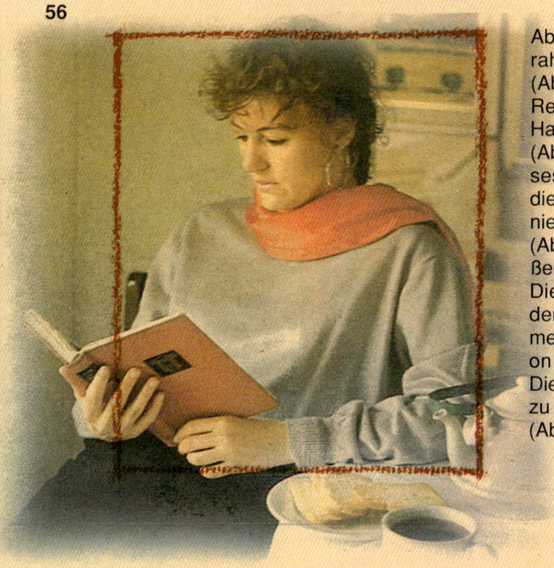

Abb. 55 bis 60: Die Umrahmung einer Gestalt (Abb. 55) geht von einem Rechteck aus, das die Hauptformen einschließt (Abb. 56). Innerhalb dieses Rechtecks werden die Hauptkompositionslinien der Gestalt angelegt (Abb. 57) und anschließend präzisiert (Abb. 58). Die Gesichtsteile erfordern besondere Aufmerksamkeit und Präzision (Abb. 59 und 59A). Dies ist der sicherste Weg zu einem guten Ergebnis (Abb. 60).

57

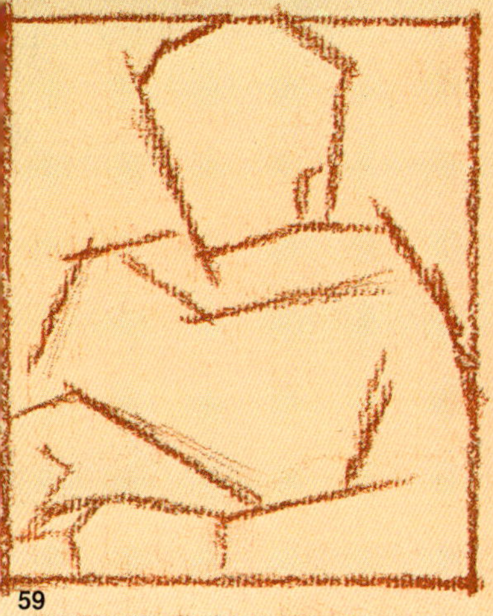

58

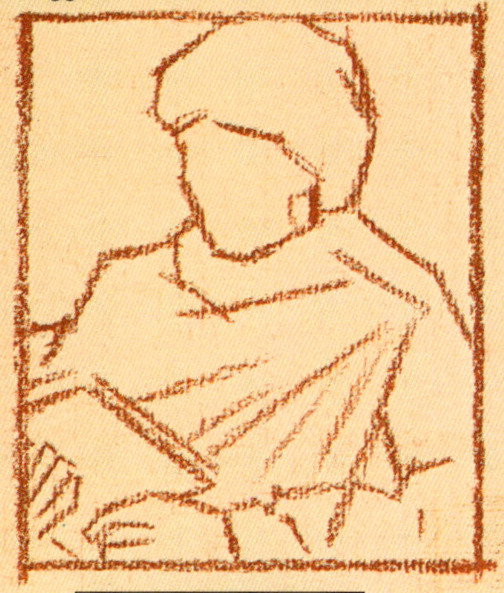

60

59

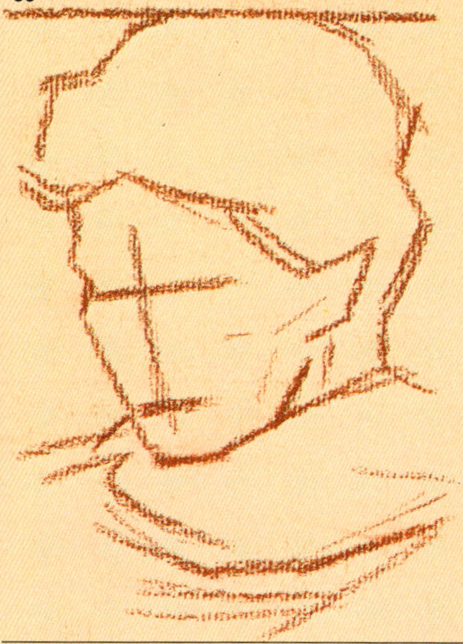

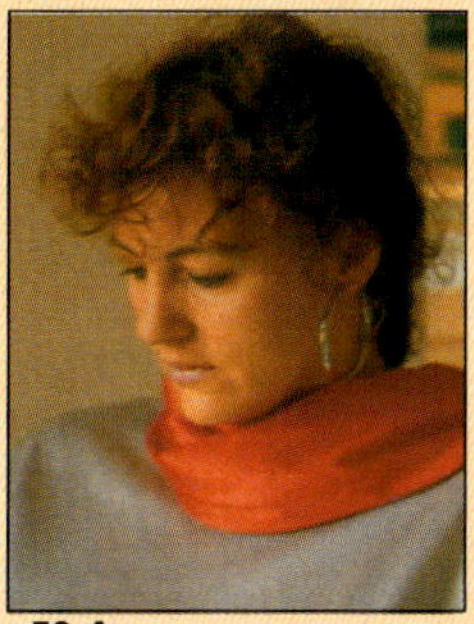

59 A

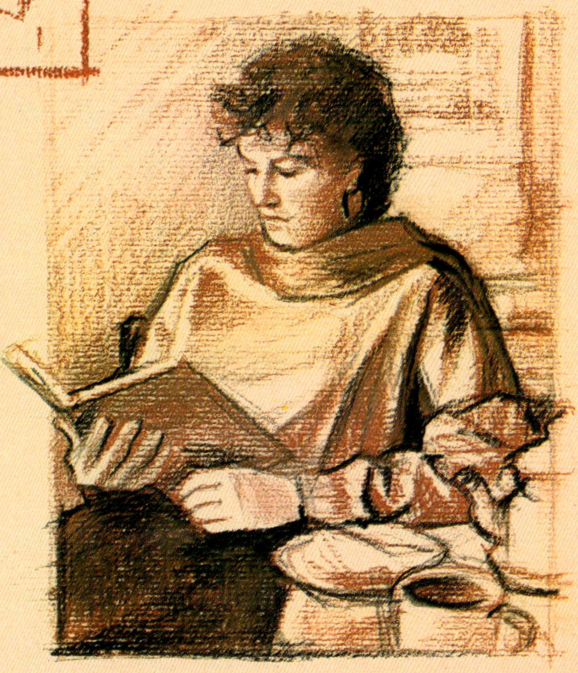

Die Perspektive

Auf den vorigen Seiten war von der optischen Verkürzung und deren Wiedergabe mit Hilfe der korrekten Tonwerte die Rede, einem wichtigen zeichnerischen Verfahren bei der Darstellung dreidimensionaler Elemente auf einer zweidimensionalen Fläche.
Es gibt noch eine weitere Möglichkeit, die Gegenstände räumlich so darzustellen, wie sie in Wirklichkeit erscheinen. Ich meine die Perspektive. Schon die alten Griechen berücksichtigten sie instinktiv, doch wurde sie erst seit Beginn der italienischen Renaissance von den Malern und Architekten mit mathematischer Genauigkeit angewendet.
Die Perspektive ist eine geometrische Wissenschaft, mit deren Hilfe Körper so in der Tiefe auf einer zweidimensionalen Fläche dargestellt werden können, daß die Maße und Proportionen präzise erhalten bleiben.
Eine ausführliche Erläuterung aller Fragen der Perspektive würde mehrere Bücher wie dieses füllen. Uns genügen jedoch gewisse Grundregeln, um alle Probleme, die die Darstellung eines Motivs mit sich bringen könnten, korrekt zu lösen.
Grundlagen der Perspektiven sind: die Horizontallinie (HL), der Blickpunkt (BP) und der Fluchtpunkt (FP).
Die Horizontallinie befindet sich immer in Augenhöhe vor dem Betrachter und steigt oder sinkt je nach dessen Standpunkt. Um dies besser zu begreifen, braucht man sich nur vorzustellen, man wäre am Strand: Gleichgültig, wo man sich befindet, der Horizont bleibt immer in Augenhöhe.
Der Blickpunkt liegt je nach Blickrichtung des Betrachters auf der Horizontallinie. Auch der Fluchtpunkt oder die Fluchtpunkte befinden sich dort. In ihnen laufen alle untereinander parallelen Verlängerungen der Kanten des darzustellenden Körpers zusammen.

Abb. 61 bis 63: Die Horizontallinie befindet sich unabhängig von unserem Standpunkt immer in Augenhöhe. Auch wenn sie nicht so gut zu sehen ist wie hier am Strand, müssen wir sie beim perspektivischen Zeichnen berücksichtigen.

61

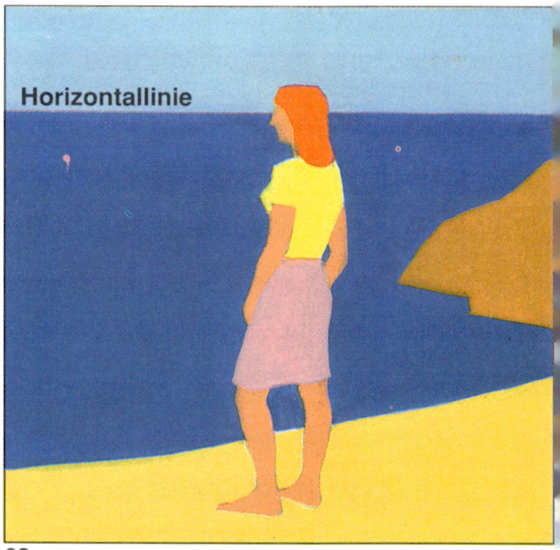

62

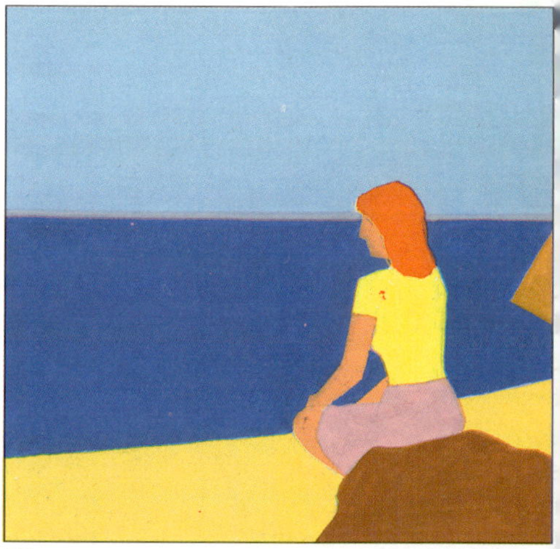

63

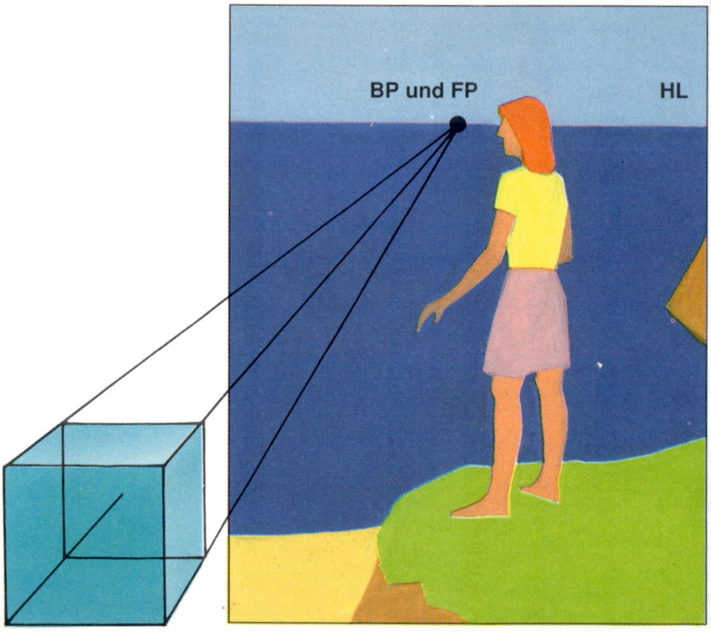

Die Arten der Perspektive

Die Hauptarten der Perspektive lassen sich am besten anhand eines Würfels untersuchen. Liegt eine Seite des Würfels parallel zur Zeichenfläche, also frontal vor uns, befindet sich der Körper in der sogenannten Parallelperspektive mit einem einzigen Fluchtpunkt, der mit dem Blickpunkt zusammenfällt. Ein typisches Beispiel für die Parallelperspektive sind Eisenbahnschienen, wenn man sich genau zwischen die Gleise stellt. Sind nur die senkrechten Kanten des Würfels unter sich parallel, während die übrigen nach beiden Seiten zum Horizont flüchten und in den entsprechenden Fluchtpunkten zusammenlaufen, befindet sich der Körper in der Schrägperspektive. Ein Beispiel: Betrachtet man ein großes Gebäude von einer seiner Ecken, flüchten die Verlängerungen der beiden Fassadenkanten in unterschiedliche Richtungen.

Diese Perspektive benötigt der Maler am häufigsten. Ferner sei darauf hingewiesen, daß es noch eine weitere, eher visuelle Perspektivwirkung gibt. Sie besteht aus der Luft, die sich zwischen den Betrachter und den weiter entfernten Gegenständen schiebt, so daß die Umrisse verschwimmen und die Kontraste mit zunehmender Entfernung abnehmen.

Leonardo da Vinci bezeichnete diese Wirkung als Luftperspektive. Alle Maler, die je eine Landschaft malten, nutzten sie – manchmal, ohne es zu wissen. Wir werden uns ebenfalls damit befassen.

64

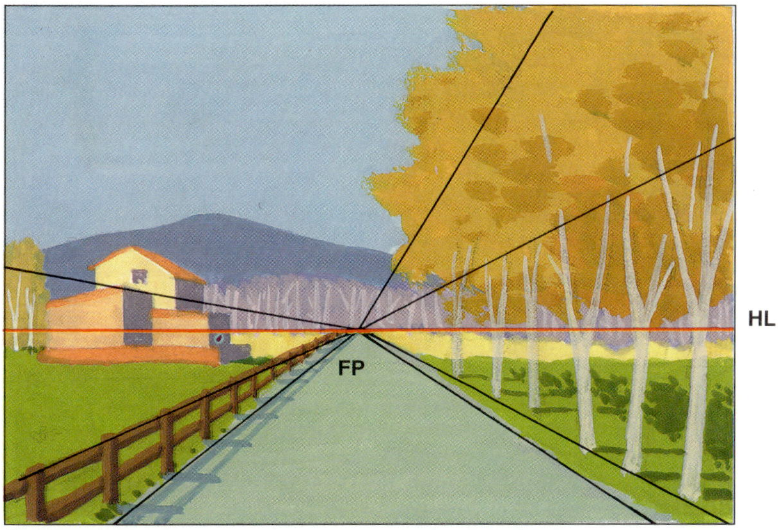

65

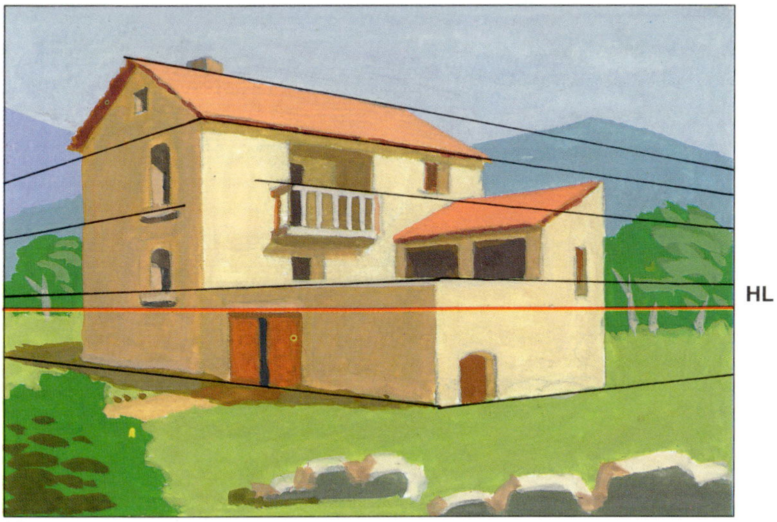

66

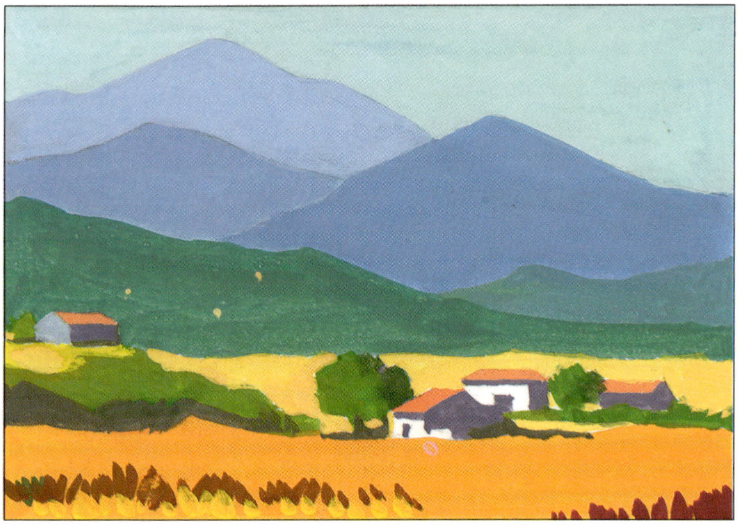

Abb. 64 und 65: Die Parallel- und die Schrägperspektive verwendet der Maler am häufigsten, denn beide entsprechen unserer normalen Sichtweise auf die Gegenstände im Raum.

Abb. 66: Die sogenannte Luftperspektive entsteht aus der Atmosphäre, die die Umrisse weit entfernter Objekte verwischt erscheinen läßt.

Die Grundformen

67

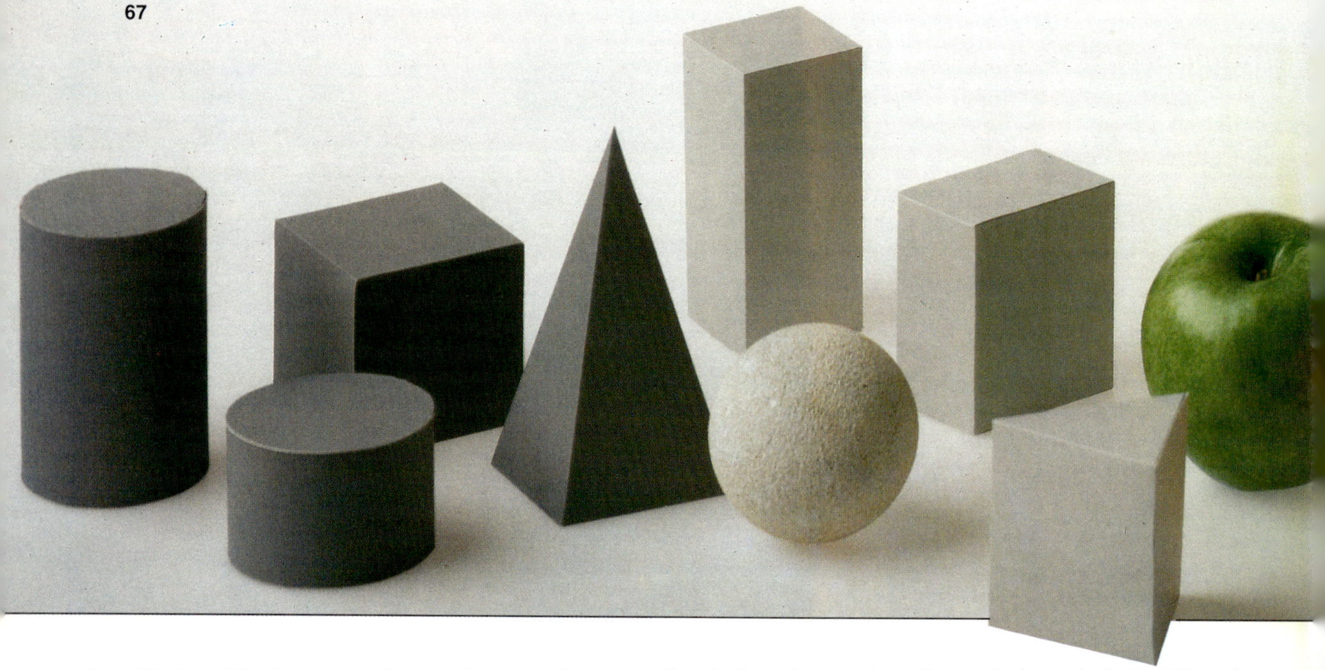

Abb. 67: Der Künstler muß alle Formen grundsätzlich als Kombination von Würfeln, Zylindern und Kugeln betrachten. Mit Hilfe dieser geometrischen Grundformen kann er jedes Modell korrekt darstellen.

Abb. 68: Ein Schiff, ein Faß, ein Auto, ein Tisch etc. lassen sich mit Hilfe geometrischer Grundformen wie ein rechtwinkliges Prisma und ein Zylinder mit ihren korrekten Proportionen zeichnen.

Wir haben bereits festgestellt, daß sich die Elemente mit Hilfe der Umrahmung leichter auf ihre Grundstruktur reduzieren lassen. Deshalb muß man die Formen vor Beginn des detaillierten Zeichnens korrekt bestimmen und einordnen. Dieses Problem des Einordnens tritt bei allen künstlerischen Themen auf: jedes Stilleben, jede Landschaft oder sonstiges Motiv, das wir darstellen möchten, weist eine Fülle kleiner Einzelheiten auf. Die Aufgabe des Künstlers besteht darin, methodisch die wichtigsten herauszufinden und in ein geordnetes, harmonisches Ganzes zu integrieren.

Beim Studium der Skizzen großer Meister stellen wir fest, daß die Künstler von einem sehr vereinfachten Schema ausgingen und dieses anschließend solange ausarbeiteten, bis das Werk mit allen Details komplett war. Einer dieser Meister, Paul Cézanne, beschäftigte sich zeit seines Lebens mit den Grundformen, auf die sich alle Körper in der Natur reduzieren lassen. Dieses grundsätzliche Interesse sprach Cézanne in einem Brief an seinen Malerfreund Emile Bernard aus: „Erlaube mir, daß ich es noch einmal wiederhole: Behandle die Natur wie einen Würfel, eine Kugel und einen Zylinder, und zwar in der korrekten Perspektive."

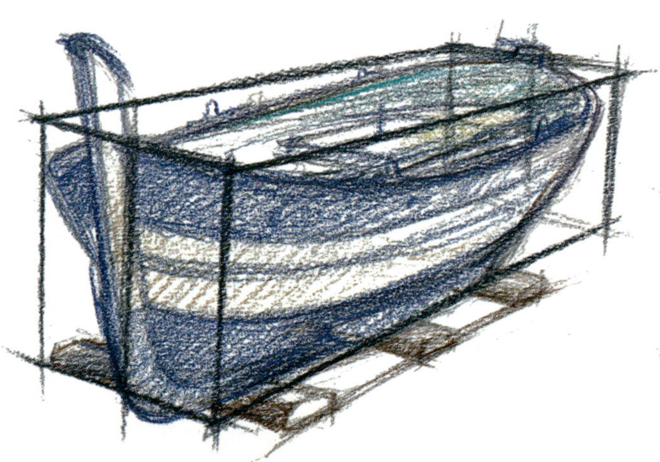

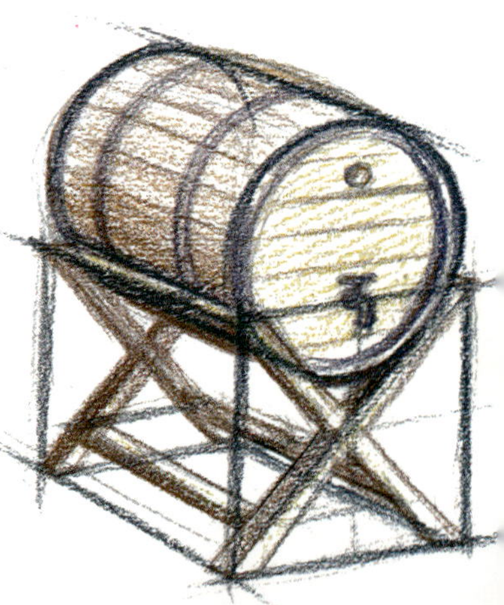

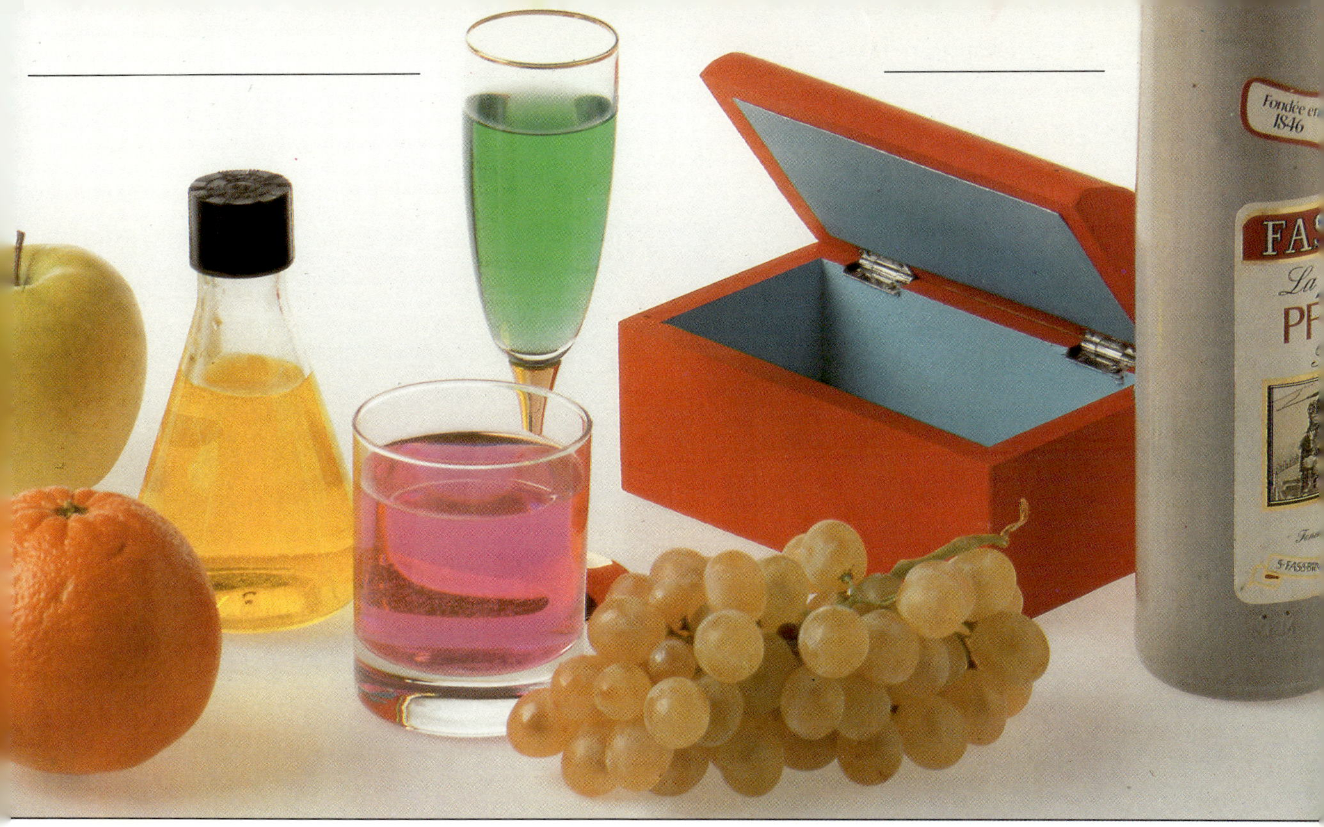

Analysieren wir die Formen eines beliebigen Gegenstands, stellen wir tatsächlich fest, daß er aus diesen Grundformen zusammengesetzt ist. Wer also eine Kugel, einen Würfel und einen Zylinder zeichnen kann, dem gelingt alles.
Hier eine sehr nützliche Übung: Nehmen Sie die drei Grundformen (die aus einer Konservendose, einer Schachtel und einem weißgesprühten Ball bestehen können), und zeichnen Sie diese in unterschiedlichen Größen und Lagen in der Parallel- und der Schrägperspektive nach dem Modell. Gehen Sie anschließend zu Gegenständen über, die aus der Kombination dieser Grundformen bestehen, z. B. so einfache Formen wie einen Tisch oder ein Haus oder so komplexe wie ein Auto und ein möbliertes Zimmer.

68

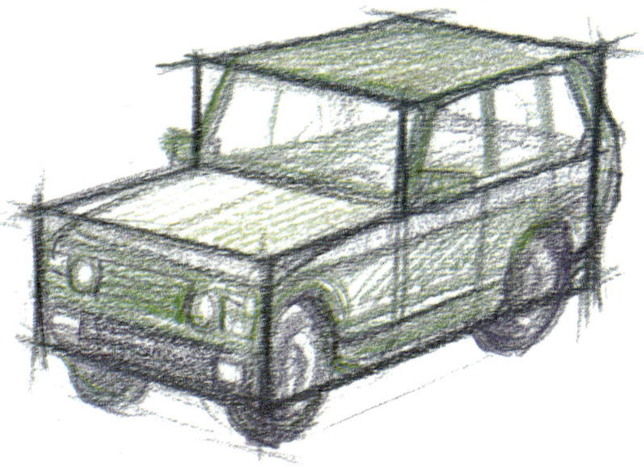

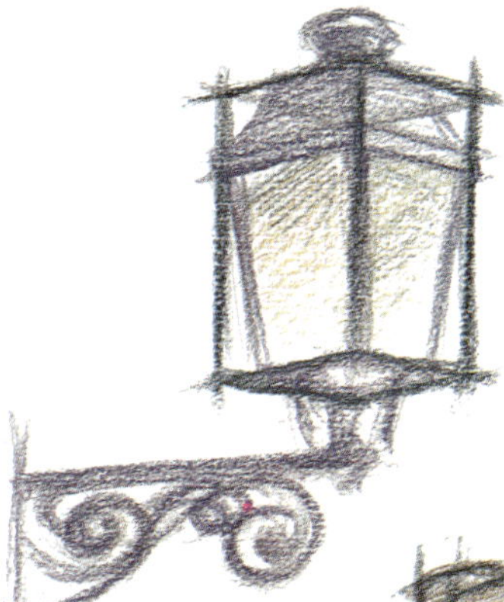

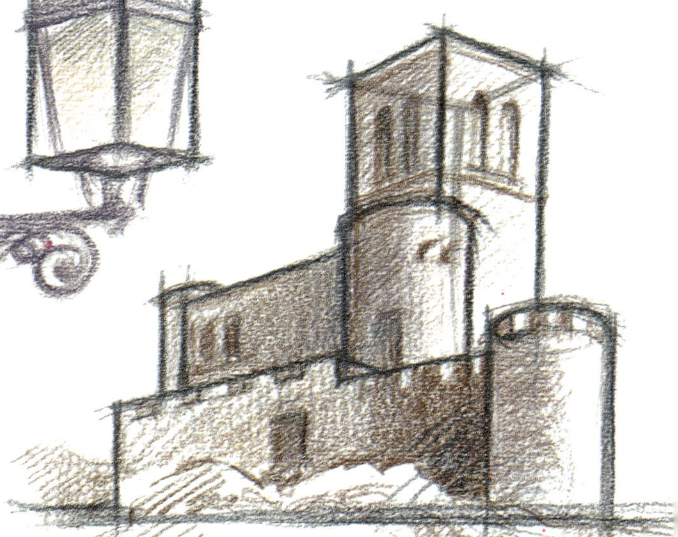

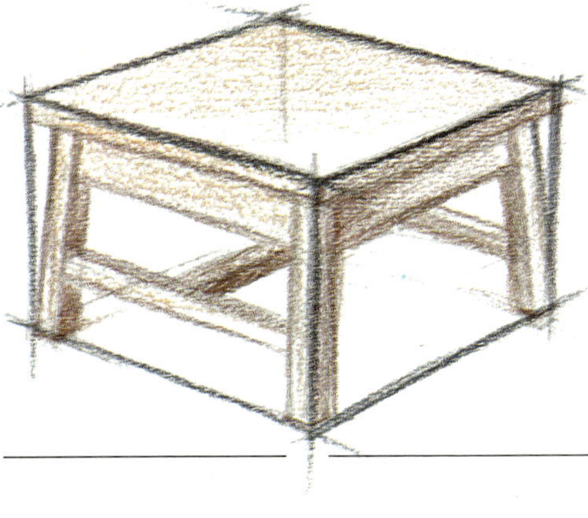

Die Aquarelltechnik

69

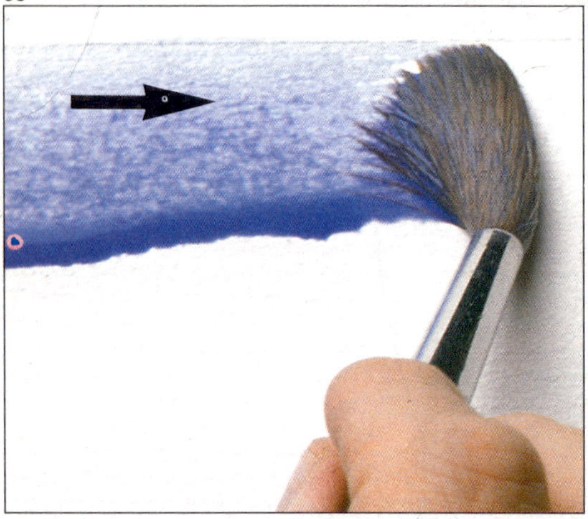

70

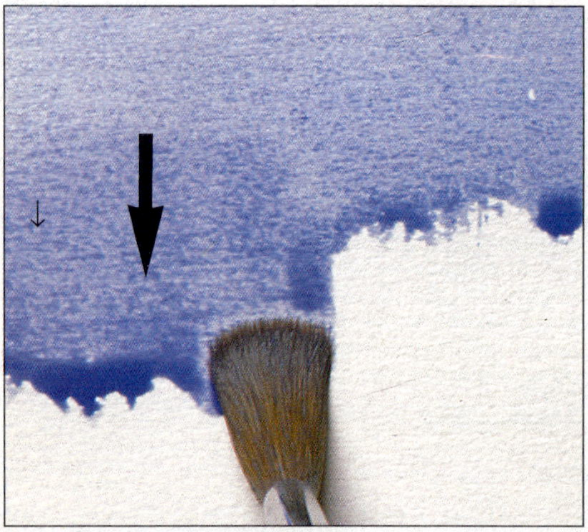

71

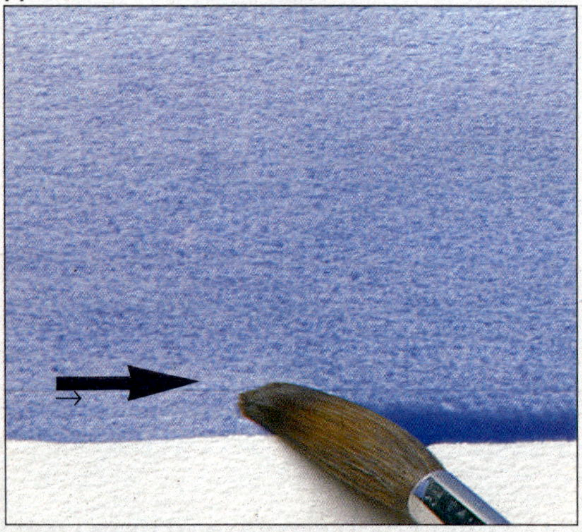

72

72 A

72 B

Haben Sie Lust, ein wenig mit Aquarellfarben zu üben? Dazu benötigen Sie grobkörniges Aquarellpapier, ein Zeichenbrett, Aquarellfarben, viel Wasser, ein Näpfchen oder eine kleine Tasse zum Verdünnen der Farbe, Saugpapier und Pinsel. Ich rate Ihnen, mindestens zwei Rotmarderpinsel mit den Nummern 8 und 12 zu wählen.

Auf dieser Seite sehen Sie eine gleichförmige Fläche in der Trockentechnik (Abb. 69, 70 und 71), eine Abstufung (Abb. 72) und ein Beispiel für einen *Bruch* aufgrund der fehlerhaften Anlage der Fläche (Abb. 73). Üben Sie sowohl die Fläche als auch die Abstufung solange, bis das Ergebnis gleichförmig ist und weder Brüche noch abrupte Farbwechsel aufweist.

Abb. 69 bis 71: Für eine gleichförmige Fläche beginnt man mit einem waagerechten Streifen (69) von links nach rechts, malt senkrecht weiter (70) und saugt zum Abschluß den Farbüberschuß mit dem ausgedrückten Pinsel ab (71).

Abb. 72 (oben): Dies sind die drei Schritte für eine Abstufung in der Troktechnik. Man zeichnet einen senkrechten Streifen von 3 bis 4 cm Breite und verstärkt den oberen Abschnitt mit einem stark gefüllten Pinsel (Abb. 72 und 72A). Anschließend wäscht man den Pinsel, drückt ihn leicht aus und zieht die Farbe nach unten aus (Abb. 72B).

Abb. 73: Brüche entstehen, wenn die Farbe trocknet, bevor sie völlig ausgezogen ist. Dies geschieht, wenn man zu langsam malt.

73

Lavier- und Aquarelltechniken

74

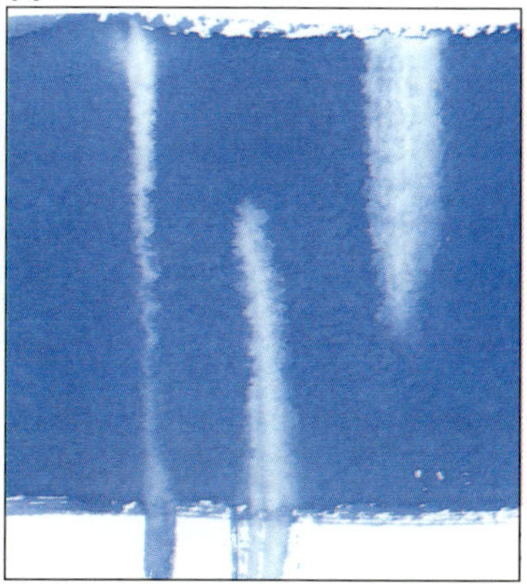

75

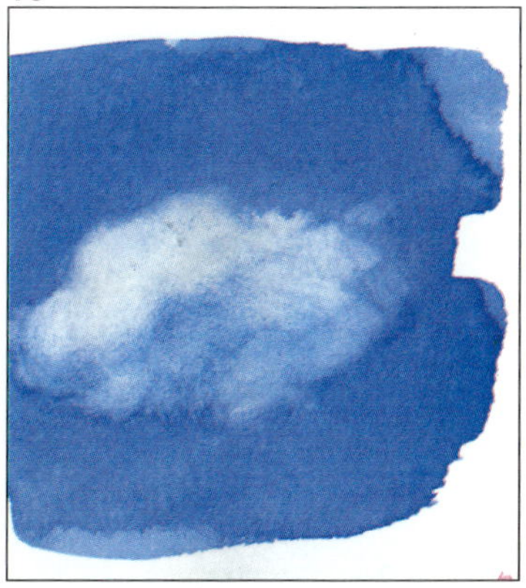

Die Abbildungen 74 und 75 zeigen, wie Weiß durch leichtes Reiben und Absaugen mit dem ausgedrückten gesäuberten Pinsel aus einer noch feuchten Fläche wieder hervorgeholt wird. Nuanciert man die Farbe beim Absaugen, kann man auf diese Weise bestimmte Formen wie die Wolke auf unserer Abbildung anlegen. Aus den Abbildungen 76 und 77 geht hervor, wie man Weiß in einer bereits getrockneten Fläche öffnet: Man feuchtet die Stelle an (Abb. 76), reibt mit dem trockenen Pinsel darüber und hebt die Farbe zusätzlich mit Saugpapier ab (Abb. 79). Abb. 78 und 79: In die noch feuchte Farbfläche lassen sich mit dem Fingernagel (Abb. 78) oder dem Pinselstiel Striche ziehen (Abb. 79).
Abb. 80 und 81: In das völlig getrockente Aquarell kann man Spitzlichter mit einem Cutter oder einer Klinge kratzen (Abb. 80) oder indem man leicht mit Sandpapier darüberreibt (Abb. 81).

76

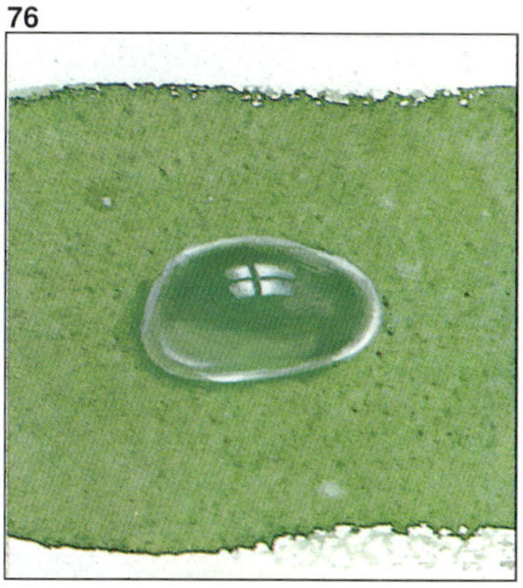

77

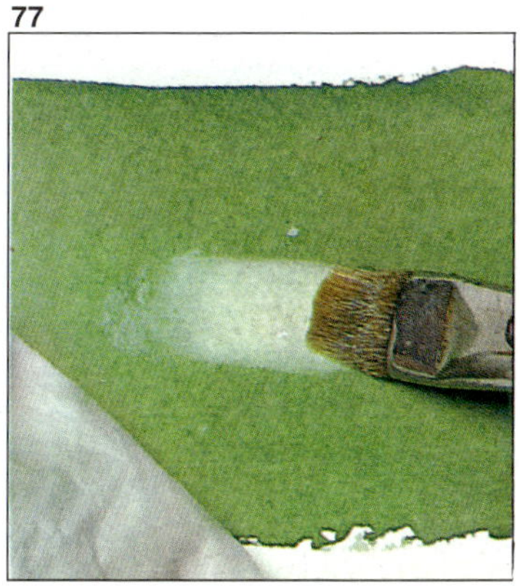

78

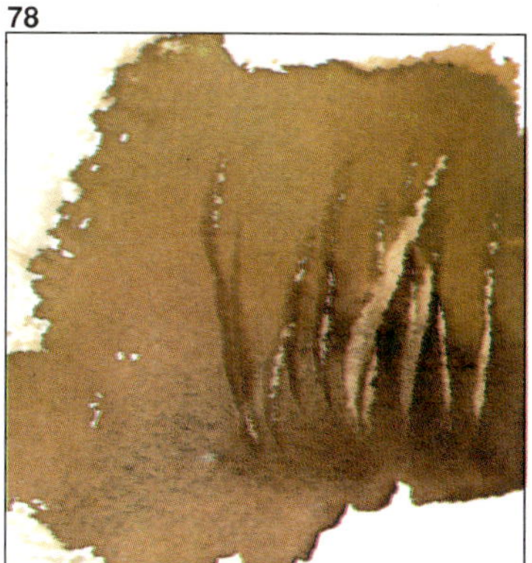

79

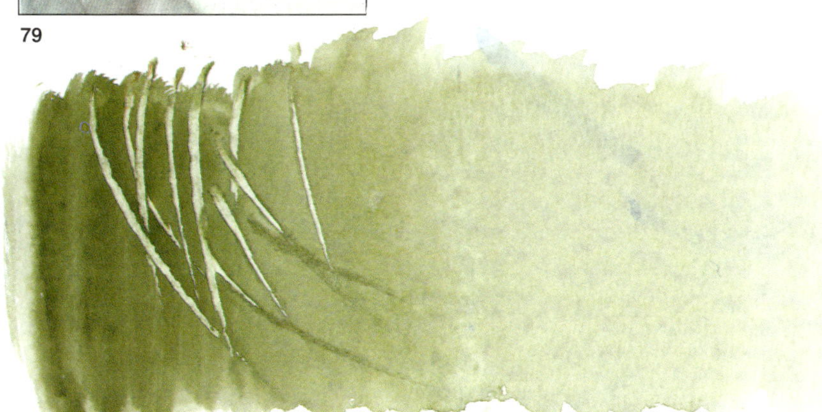

80

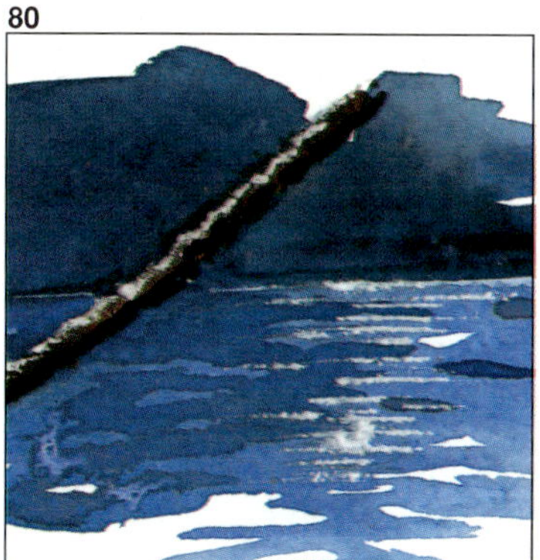

81

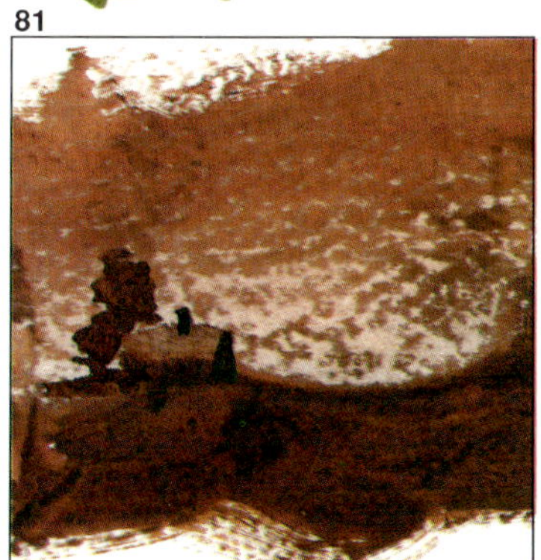

Abb. 74 bis 81: Bei der Aquarellmalerei gibt es gewisse Tricks, von denen Sie hier einige sehen. In den meisten Fällen soll das Weiß wieder geöffnet werden, und zwar entweder durch Absaugen der Farbe wie bei Abbildung 74 und 77 oder durch Auskratzen bzw. Reiben wie bei den Beispielen von Abbildung 78 bis 81.

Lavier- und Aquarelltechniken

Abb. 82 und 83: Die Aussparungen mit Rubbelgummi müssen nach Fertigstellung der Zeichnung und vor Beginn des Malens mit Farbe angebracht werden. Nach Beendigung des Werkes läßt sich der Gummi durch Reiben mit einem Kreppgummi entfernen.

Abb. 84: Spitzlichter und Reflexe können auch mit einem weißen Wachskreidestift angelegt werden, mit dem man jene Stellen, die weiß bleiben sollen, vorab ausfüllt.

Abb. 85: Füllt man einen Pinsel mit sauberem Wasser und drückt ihn auf eine noch feuchte Fläche, entstehen Flecken mit unterschiedlichen Nuancen.

Abb. 86: Einer noch nicht ganz getrockneten Farbfläche kann man mit Hilfe von Balsamterpentin, das mit einem Kunsthaarpinsel aufgetragen wird, eine ungleichmäßige Struktur verleihen.

82

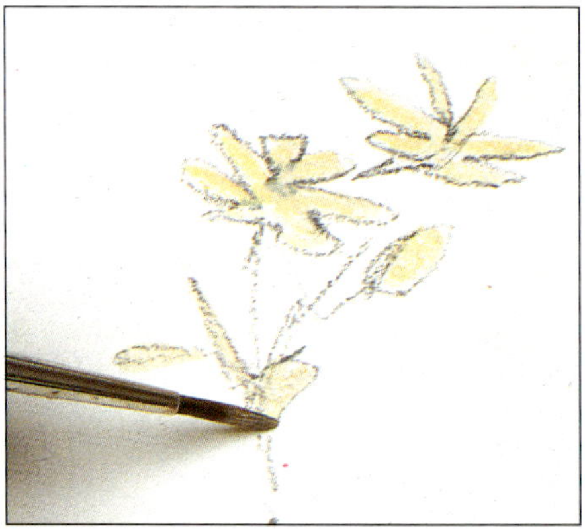

83

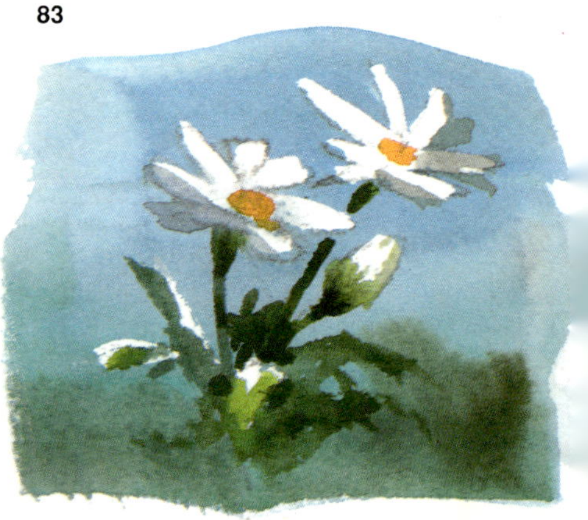

84

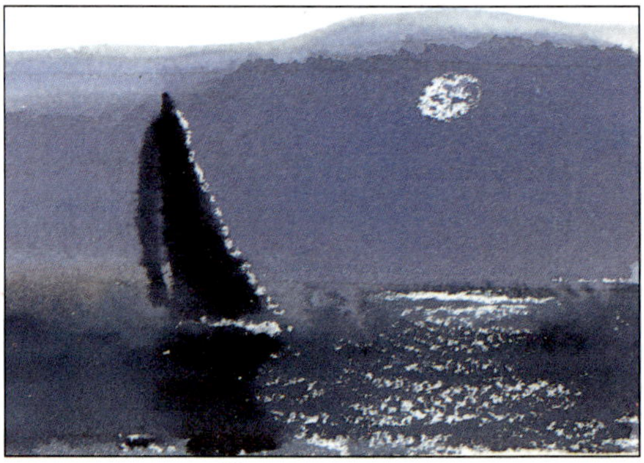

85

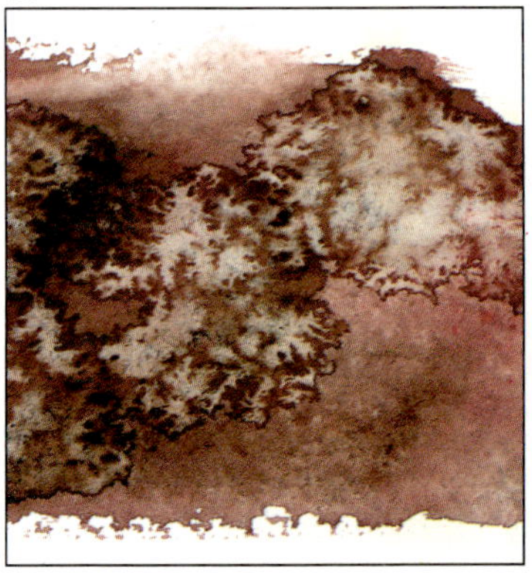

86

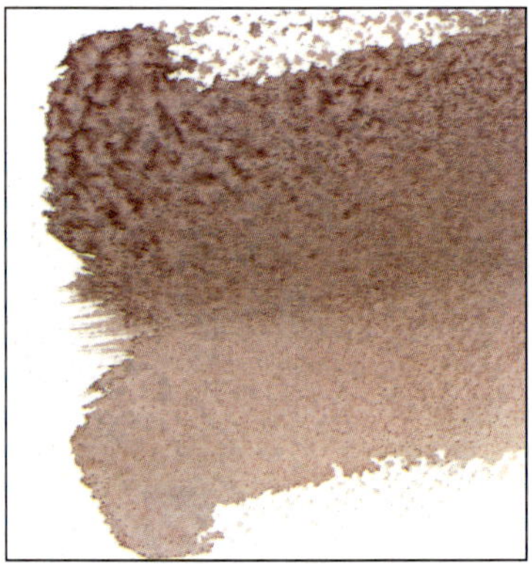

87

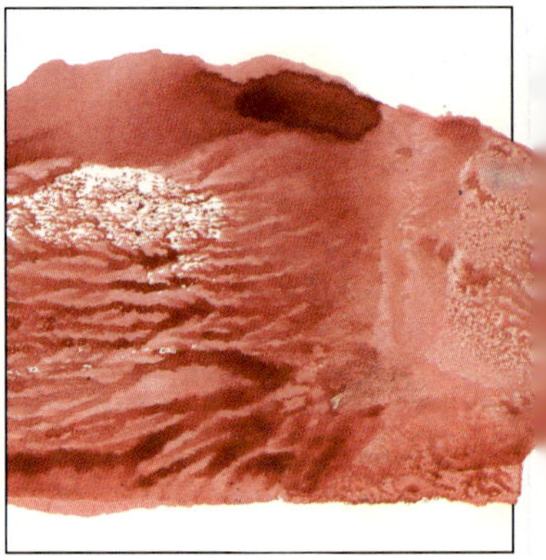

88

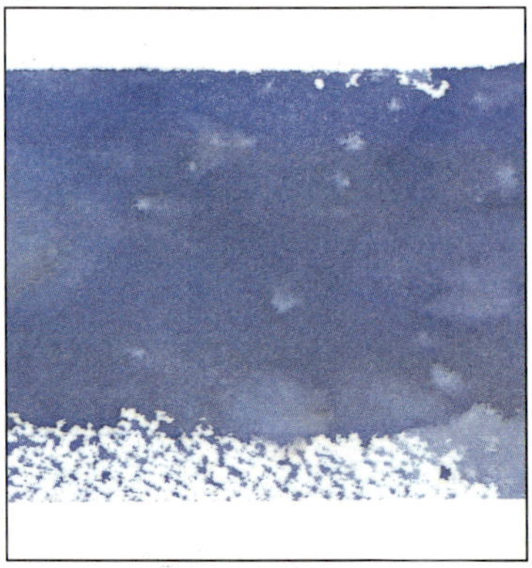

89

Zu den Kniffen bei der Aquarellmalerei gehört das Aussparen von Weiß mit Rubbelgummi (Abb. 82 und 83) oder weißer Wachsmalkreide (Abb. 84), auf denen die Farbe nicht haftet. Für Struktureffekte kann man die noch feuchte Farbfläche mit einem Pinsel und sauberem Wasser bearbeiten (Abb. 85) oder mit einem Kunsthaarpinsel Balsamterpentin darüberlegen (Abb. 86). Weitere Effekte lassen sich erzielen, indem man einen Farbfleck durch Druck von einem Stück Papier auf ein anderes überträgt (Abb. 87), so daß dort ein Fleck entsteht. Salz auf noch feuchter Fläche ergibt eine interessante Struktur (Abb. 88), und fährt man mit einer Zahnbürste voll Farbe über die Zinken eines Kamms, entsteht eine pointillistische Wirkung.

Abb. 87: Flecken werden durch Übertragen von Farbe von einem Blatt Papier auf ein anderes mittels Druck angelegt.

Abb. 88: Für Struktureffekte kann man Salz auf einen noch feuchten hellen Ton streuen. Nach dem Trocknen lassen sich die Körner entfernen.

Abb. 89: Streicht man mit einer Zahnbürste voll Farbe über die Zinken eines Kamms, entsteht eine pointillistische Wirkung.

Vicenç Ballestar malt ein Stilleben als zweifarbige Lavierung

Vicenç Ballestar wird nun eine zweifarbige Lavierung für uns malen. Nach dem Modell von Abbildung 91 hat er bereits eine kleine Studie mit den ausgewählten Farben – Karmin gebrannt und Flaschengrün – angefertigt (Abb. 90).

Sein Papier entspricht dem Format Gestalt 8 (46 cm x 38 cm) der internationalen Standardmaße für Keilrahmen.

Als Palette verwendet Ballestar einen Steingutteller (Abb. 93). Er arbeitet mit einem einzigen Wassergefäß. „Es macht nichts, daß das Wasser schmutzig wird", erklärt er. „Im Gegenteil. Auf diese Weise trägt es zur Harmonisierung der Töne bei, und ich kann bestimmte weiße oder helle Formen damit aussparen."

Nachdem er die Zeichnung umrissen hat, malt Ballestar den Hintergrund mit einem Kunsthaarpinsel von etwa 2,5 cm Breite. Er verwendet ein warmes Grau, das er nach rechts abstuft und aufhellt (Abb. 92).

Mit dem Rundpinsel Nr. 14 malt er die Flasche, das Weinglas und die Ölkanne. Für die verschiedenen Grüntöne braucht er nur die Wassermenge zu variieren, so daß reiche Nuancen entstehen (Abb. 94).

90

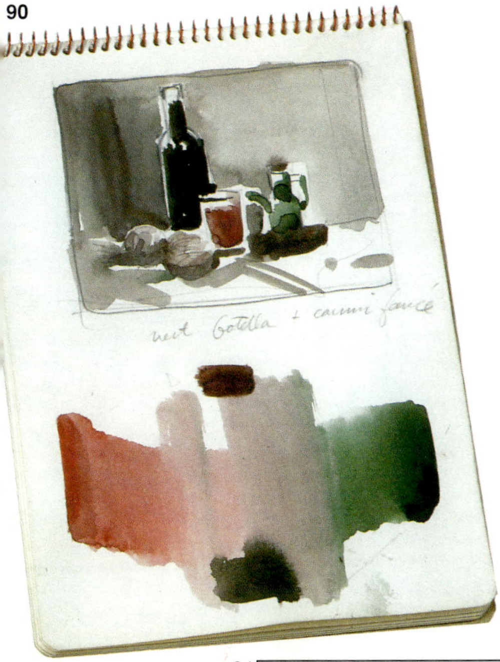

91

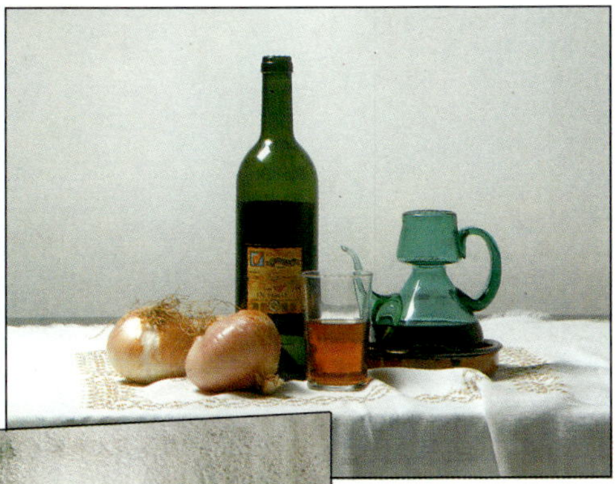

Abb. 90 und 91: Vicenç Ballestar hat als Vorbereitung für das Aquarell, das er anfertigen möchte, einige Farbproben nach dem Modell (Abb. 90) auf seinem Skizzenblock angefertigt (Abb. 91).

Abb. 92 bis 94: Auf der Bleistiftzeichnung beginnt Ballestar nun mit den Farben zu malen, die er auf dem Steingutteller, den er als Palette verwendet, gemischt hat.

92

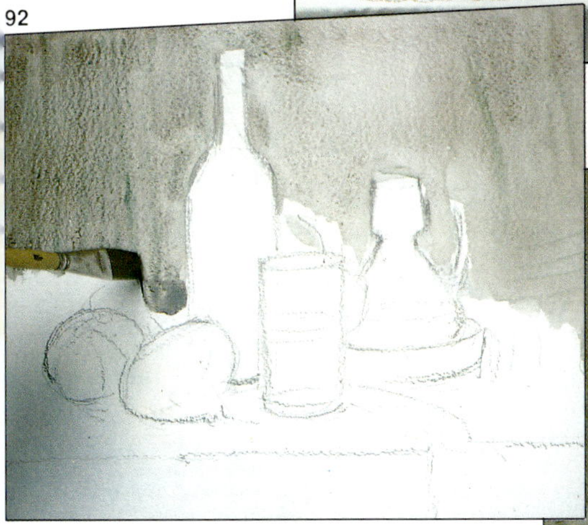

93

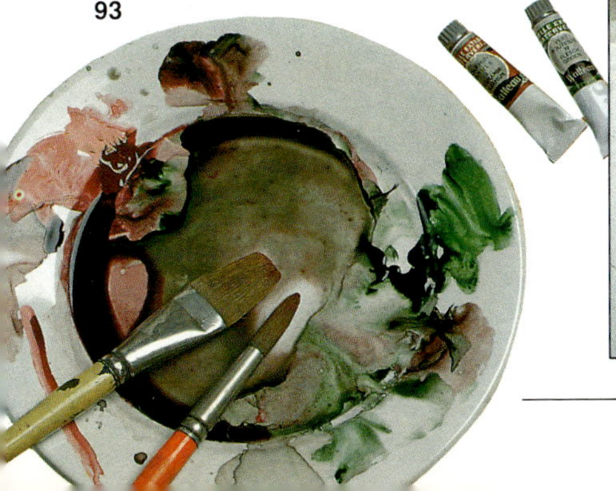

94

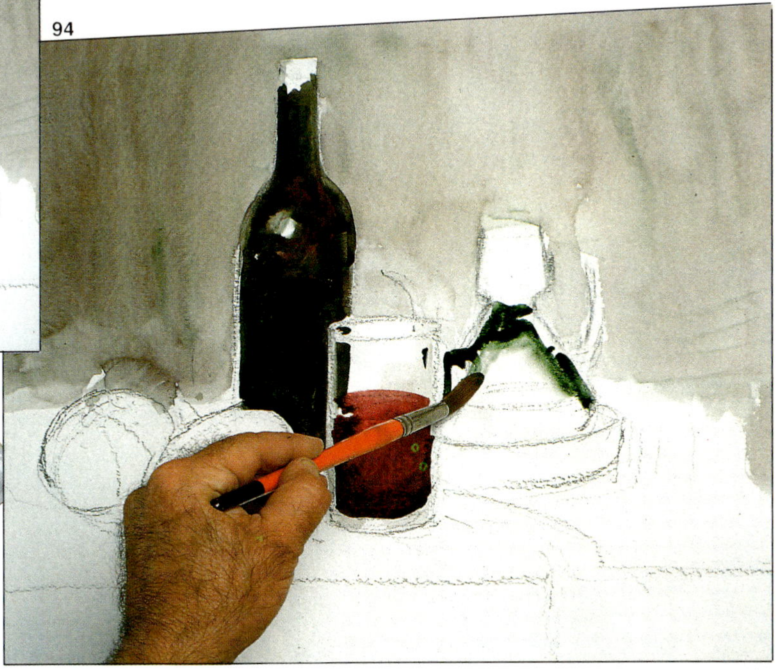

Zwei Farben, zwei Pinsel

95

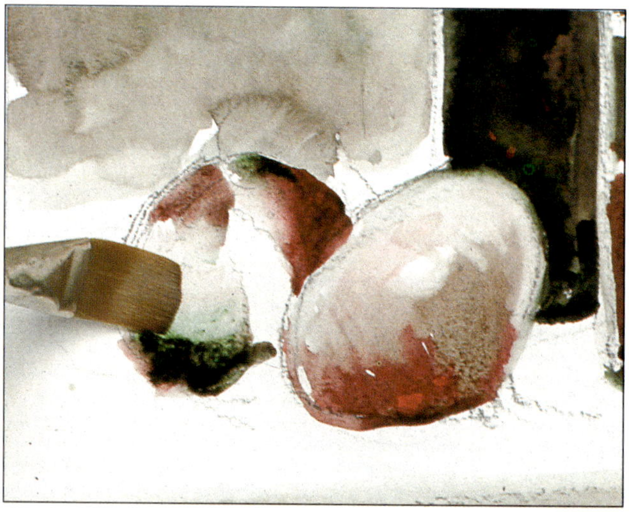

96

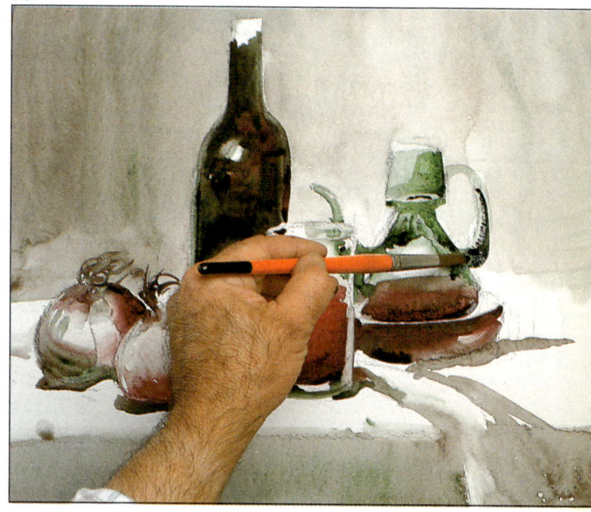

Ballestar malt die schillernde Zwiebelschale mit stark verdünnten Farben, saugt diese anschließend mit dem Pinsel wieder ab oder zieht sie aus und zeichnet mit der Spitze äußerst feine Rillen, die die Form andeuten (Abb. 95). Der Künstler kontrastiert die glänzenden Stellen auf der Ölkanne mit dunklen Pinselstrichen (Abb. 96) und reinigt und trocknet die Pinsel mit einem alten Lappen (Abb. 98).

97

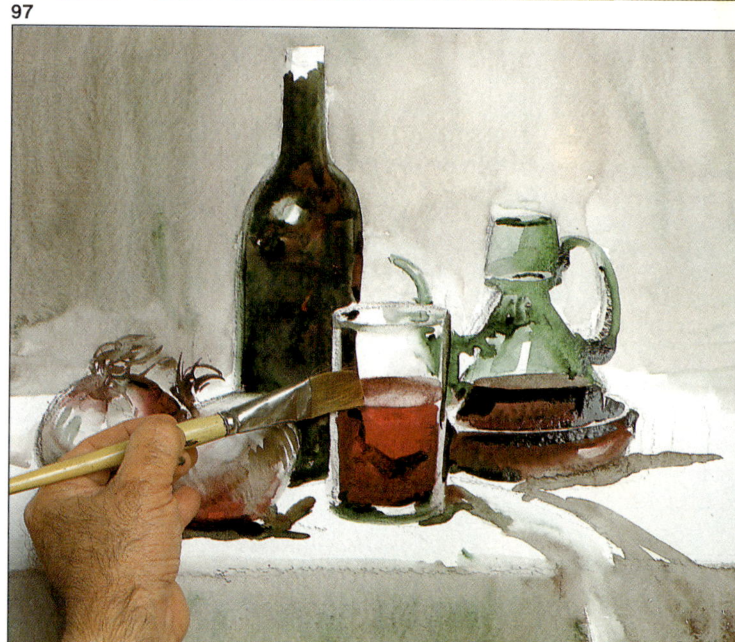

Abb. 95: Ballestar trägt die stark verdünnte Farbe auf, saugt sie mit dem ausgedrückten Pinsel wieder ab und erreicht dadurch diese Transparenzen.

Abb. 96 und 97: Der Künstler verstärkt die Farben für einige Details wie den Henkel der Ölkanne und die Oberfläche des Weins im Glas.

Abb. 98: Ballestar hält immer einen Lappen in der rechten Hand (er ist Linkshänder!), mit dem er die Pinsel säubert oder den Wasserüberschuß aufnimmt.

98

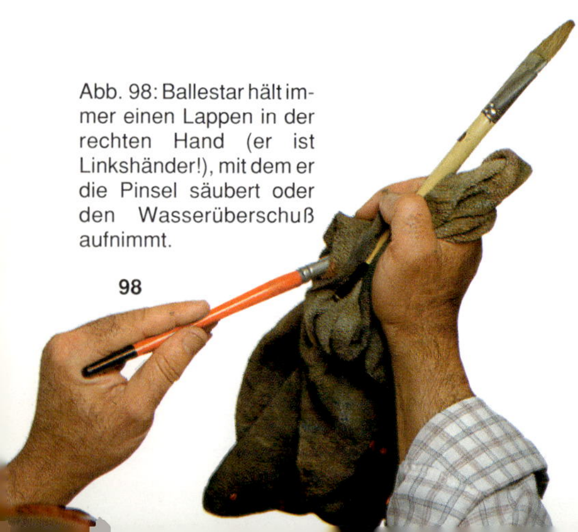

99

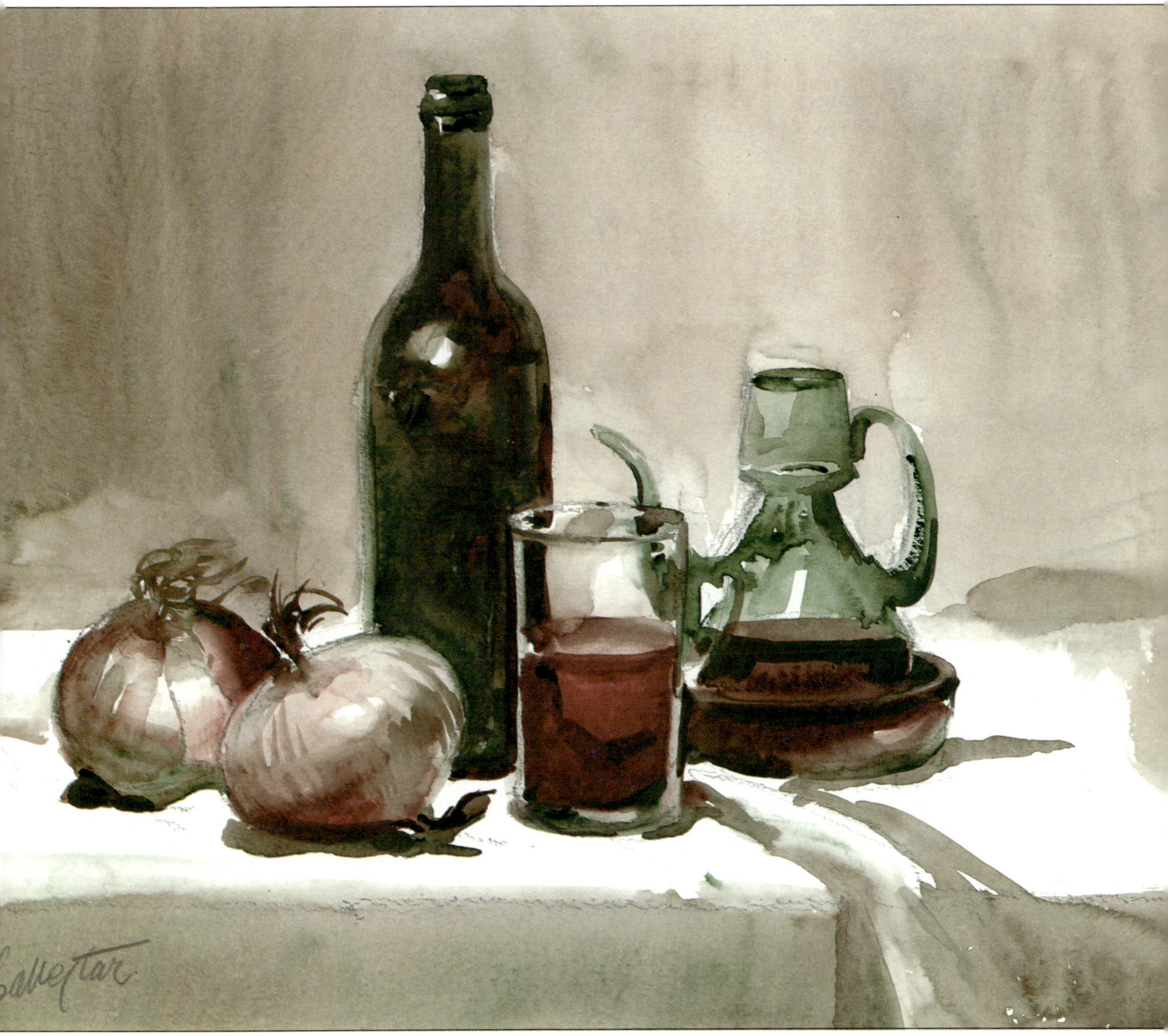

Abb. 99: Das fertige Aquarell von Ballestar weist einen großen Farbenreichtum auf und zeigt die Möglichkeiten eines Bildes, das nur mit zwei Farben und dem Weiß des Papiers gemalt wurde.

„Weshalb verwendest du Kunsthaarpinsel und keine mit Rotmarderhaar?" fragte ich Ballestar. „Ich habe mich an das harte Kunsthaar gewöhnt", antwortet er. „Einen Rotmarderpinsel Nr. 4 nehme ich nur für kleine Details. Manchmal benutze ich auch einen Iltispinsel. Der Kunsthaarpinsel bleibt trotz der Feuchtigkeit fest und hält außerdem gut die Farbe." Während er dies sagt, malt Ballestar mehrere kleine Details: den Schatten einer Zwiebel, den Flaschenkorken und das Spitzlicht auf der Ölkanne. Anschließend signiert er sein Werk. Es scheint unglaublich, daß dieser Nuancenreichtum nur mit zwei Farben, Karmin gebrannt und Flaschengrün, erreicht worden ist. Das ist eben einer der Hauptvorteile der Aquarellfarben: trotz sehr beschränkter Mittel kann man ein stark ausgearbeitetes Bild damit malen. Natürlich entsteht das Aquarell nicht von allein. Alle Möglichkeiten voll ausschöpfen kann nur ein wahrer Künstler wie jener, den wir in diesem Fall glücklicherweise für uns gewinnen konnten. Danke, Ballestar!

Die Technik der Ölmalerei

Die Ölmalerei ist die vielseitigste künstlerische Technik, und jeder Künstler besitzt seine eigene Methode, denn mit Ölfarben läßt sich praktisch alles machen: Man kann eine Stelle verstärken, übermalen und verbessern und Impastos und Lasuren anlegen. Die folgenden Beispiele zeigen einige dieser Möglichkeiten.

Auf Abbildung 100 sehen Sie das Ergebnis von *Frottagen*, die entstehen, wenn man mit wenig dicker Farbe über eine bereits getrocknete Schicht streicht. Dadurch wird die untere Schicht nuanciert, und man erhält eine bestimmte Struktur.

Abbildung 101 zeigt eine homogene Abstufung, die durch Verschmelzen zweier Farben entstanden ist.

Auf Abbildung 102 sehen Sie ein verbreitetes Verfahren bei der Ölmalerei: die Lasur. Sie entsteht, indem man stark verdünnte Farbe auf eine bereits getrocknete Schicht trägt, die anschließend durchscheint.

Abb. 100 bis 106: Auf diesen Abbildungen sehen Sie die Hauptmöglichkeiten der Technik mit Ölfarben. Sie reichen von Frottagen über die Anlage von Lasuren und Abstufungen bis zu Strichen und Rillen mit dem Pinselstiel und der Arbeit mit dem Spachtel.

100

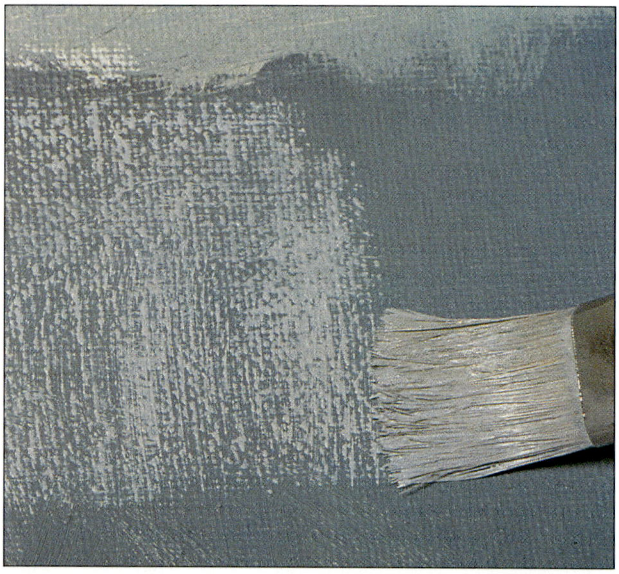

101

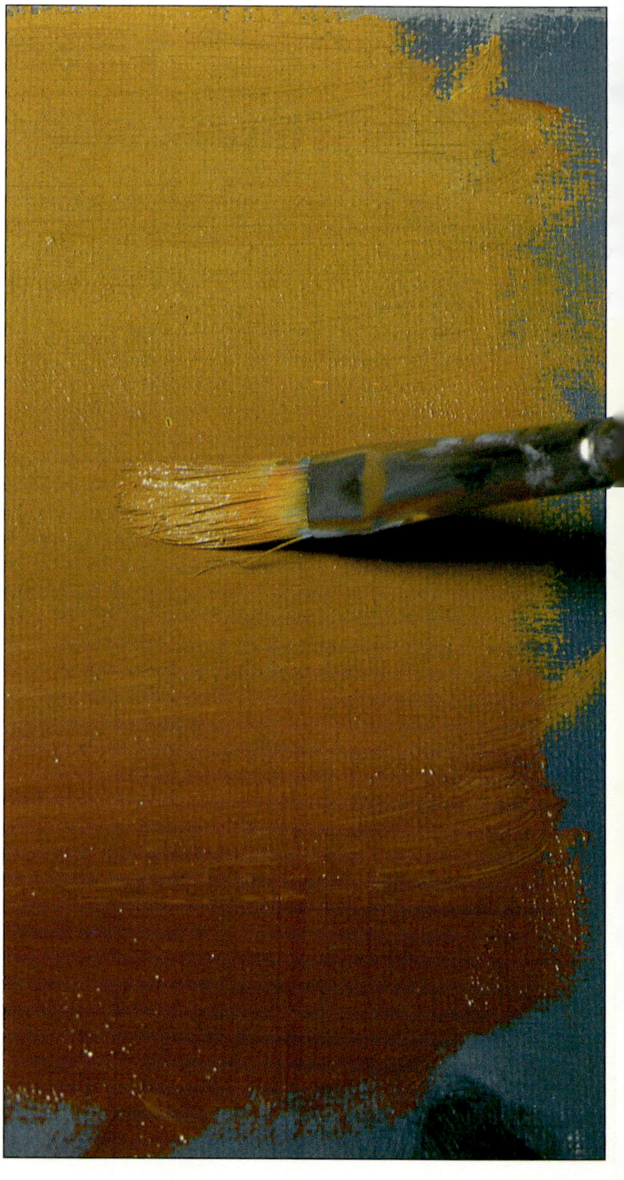

102

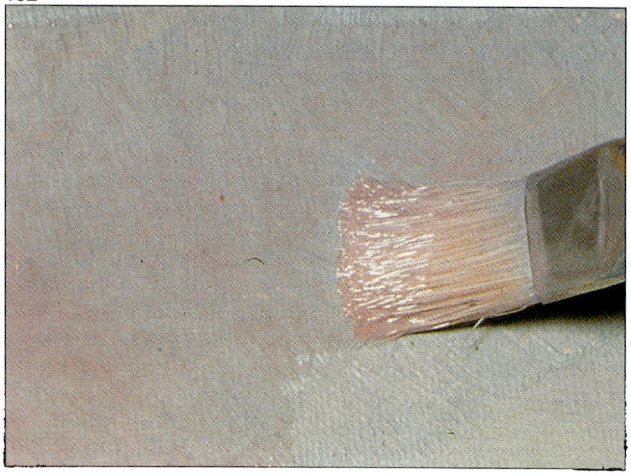

n zahlreichen Porträts von Rembrandt sind m Haar, am Hals und in den Manschetten ler Kleidung Vertiefungen zu erkennen, lie unmittelbar mit dem Pinselstiel in die rische Farbe gekratzt wurden. Diese sponanen Striche wirken eher gezeichnet als gemalt. Auf Abbildung 103 sehen Sie das Ergebnis dieses einfachen Tricks.

Der Spachtel ist ein sehr nützliches Werkzeug. Mit ihm läßt sich sowohl eine Farbschicht entfernen als auch eine Schabwirkung erzielen (Abb. 106). Außerdem kann man mit einem Lappen über die Farbe reiben, damit der Ton verwischt und mit der benachbarten Nuance verschmilzt (Abb. 104).

Abbildung 105 zeigt, wie Töne derselben Farbskala ohne vorherige Mischung auf die Leinwand getragen werden. So erhält man eine äußerst nuancierte Fläche, wobei eine bestimmte Farbgebung beibehalten wird. Dieses Malverfahren wurde häufig von den Impressionisten angewendet.

103

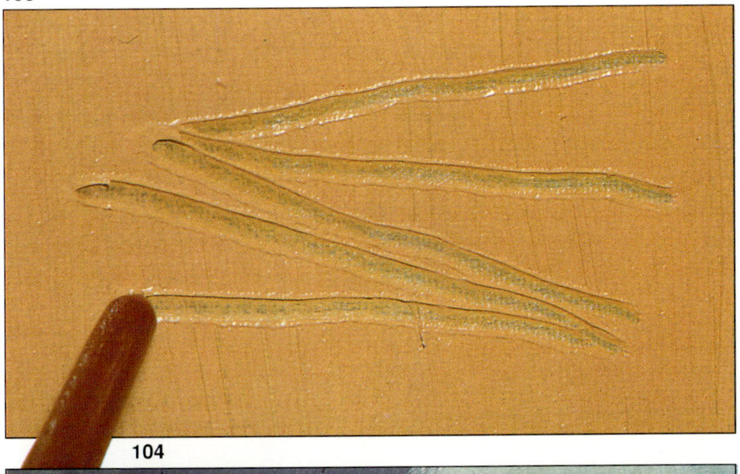

104

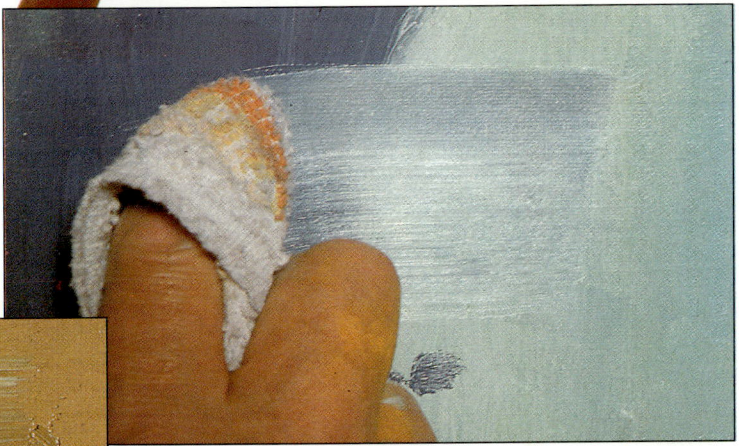

105

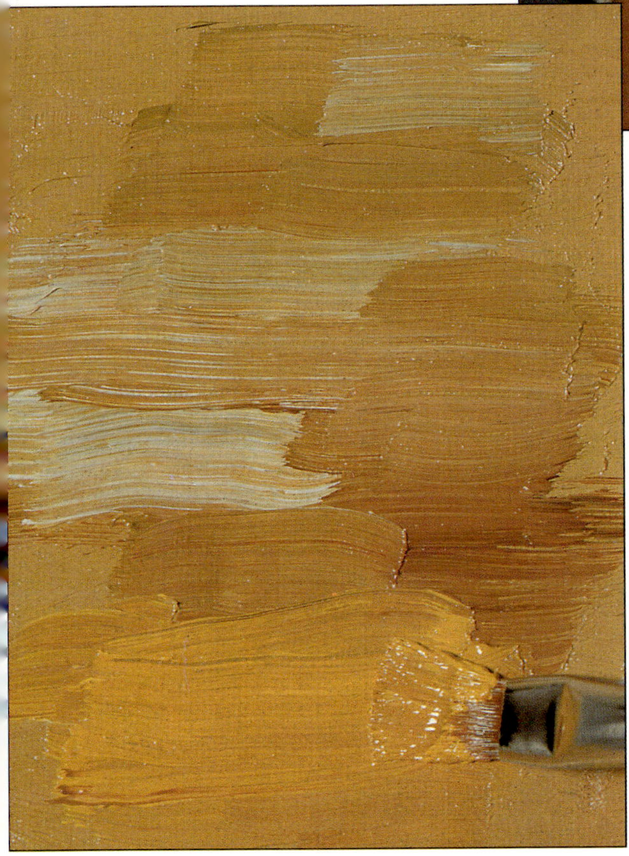

106

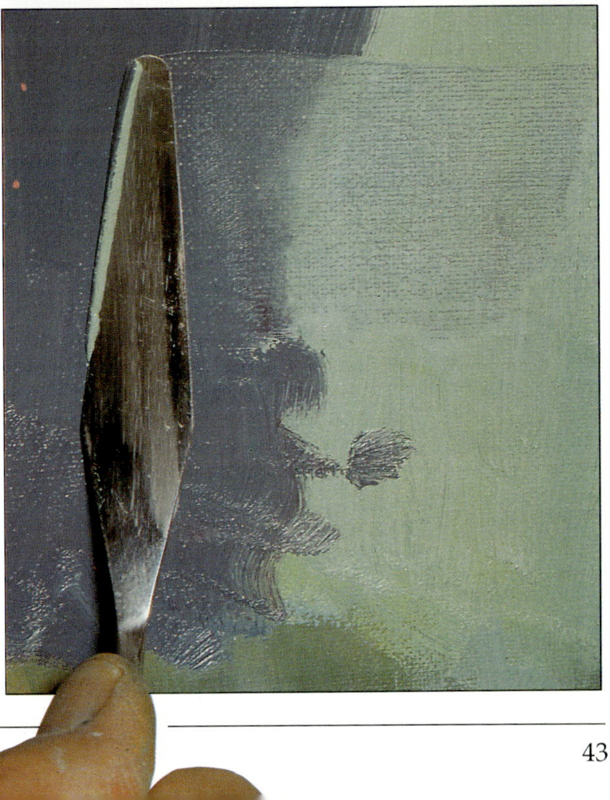

Die Technik der Ölmalerei

Die Abbildungen 107 und 108 zeigen die Anlage von Impastos mit Spachtel und Pinsel. Impastos bereichern das gemalte Werk und fügen zur attraktiven Farbe die Sinnlichkeit des pastosen Farbbreis hinzu. Auf den Abbildungen 109 und 110 sehen Sie das Anrühren und Auftragen einer Farbe, die mit Marmorpulver angereichert wurde. Derartige Farben ergeben sehr erdige strukturierte Flächen, mit denen sich übermäßig flache Farben ausgleichen lassen. Die Beimischungen können aus Sand, Gips oder einem beliebigen gemahlenen Mineral bestehen. Die Wirkung beruht auf der jeweils zugegebenen Menge.

Sie sehen, bei der Ölmalerei gibt es zahlreiche technische Möglichkeiten. Ich rate Ihnen, nicht alle gleichzeitig in die Praxis umzusetzen, denn das Ergebnis wäre höchstwahrscheinlich ziemlich verworren. Auch in diesem Fall kann ich nur vorschlagen, alles zu üben und im gegebenen Augenblick zu entscheiden, welches Verfahren am geeignetsten ist.

Abb. 107: Der Spachtel wird häufig für dicke Impastos verwendet.

Abb. 108: Zur Verstärkung der Farbflächen kann man Impastos mit dem Pinsel anlegen.

Abb. 109 und 110: Diese Impastos können einen Anteil gemahlenes Mineral – hier Marmorpulver – enthalten, das zuvor auf der Palette eingerührt werden muß.

107

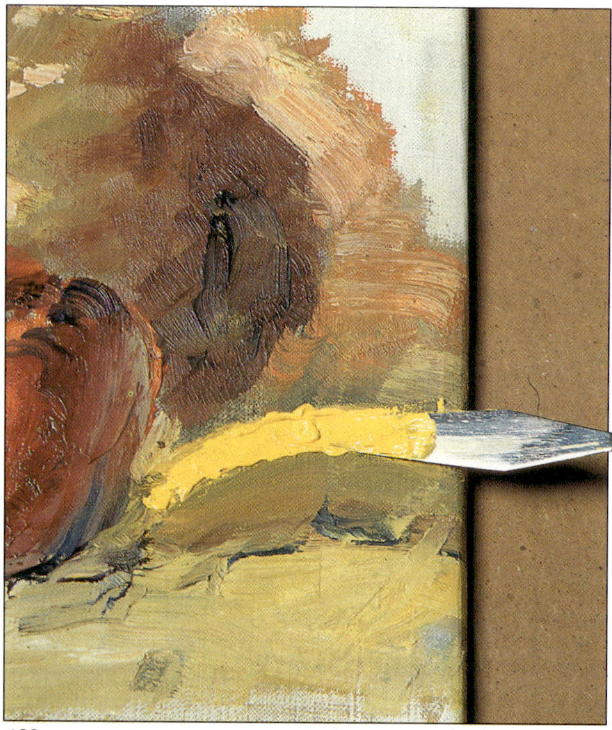

108

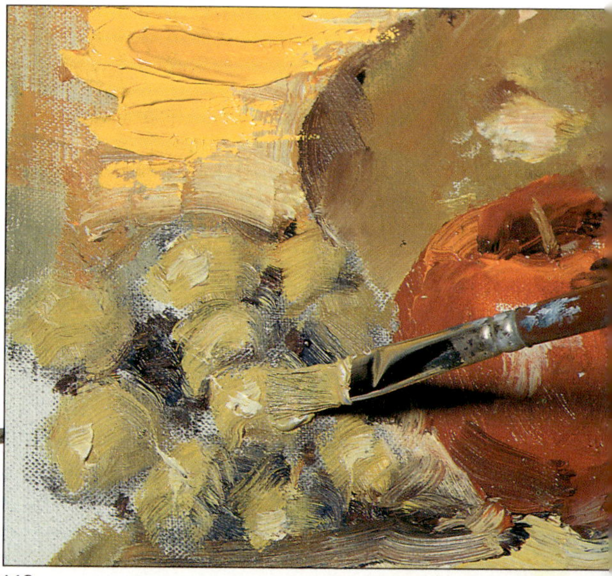

109

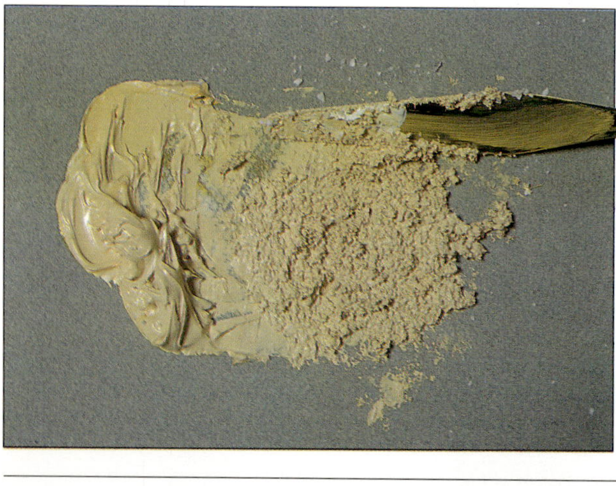

110

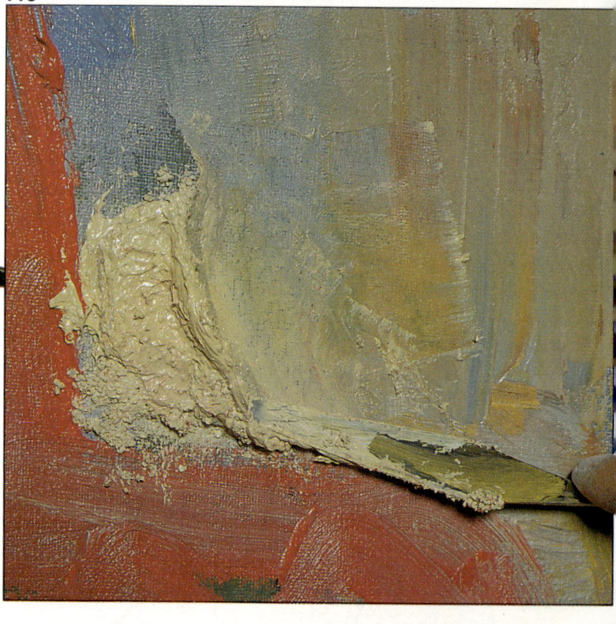

José M. Parramón malt ein Stilleben in Öl mit zwei Farben und Weiß

bb. 111 bis 115: Nach-em der Künstler die lemente ausgewählt at, stellt er das Stilleben usammen und fertigt mit ohle eine Vorzeichnung uf der Leinwand an. Die-e schattiert er mit Grau-önen.

Parramón ordnet zunächst die Elemente des Stillebens, das er mit zwei Farben plus Weiß malen will. Wie Abbildung 111 zeigt, handelt es sich um eine Flasche, ein Weinglas, einen Apfel, eine blaue Weintraube sowie einen verzierten Tonkrug. Der Künstler hat ein dreieckiges Kompositionsschema gewählt, dessen Spitze vom Flaschenkorken gebildet wird. Die Elemente sind so zusammengestellt, daß Grau die Dominante seiner beschränkten Palette bildet, die aus nur zwei Farben plus Weiß bestehen soll.

Parramón malt mit Titanweiß, Englischrot hell und Ultramarinblau dunkel. Damit lassen sich sowohl warme als auch kalte Grautöne mischen. Hätte er Karmin statt Englischrot gewählt, würden sämtliche Töne dunkelviolett und nicht grau ausfallen. Nachdem er die Formen mit Zeichenkohle vorgezeichnet und fixiert hat (Abb. 112), legt der Künstler die wichtigsten Töne an (Abb. 113 und 115), die er durch Mischung auf seiner Palette erhält (Abb. 114).

11

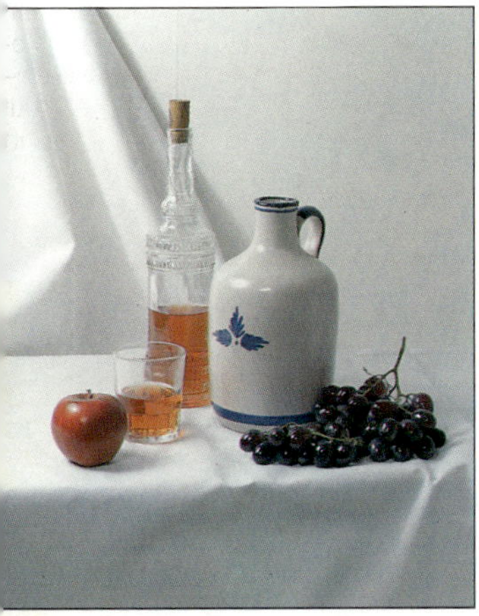

112

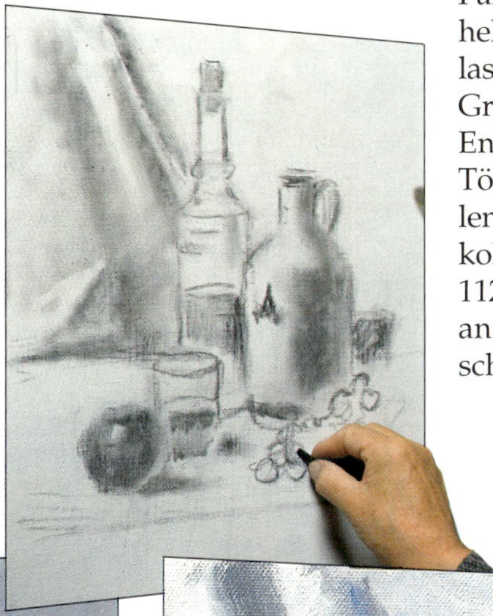

13

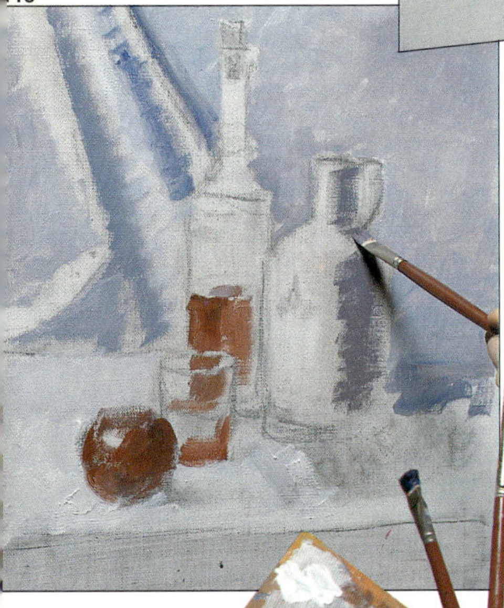

115

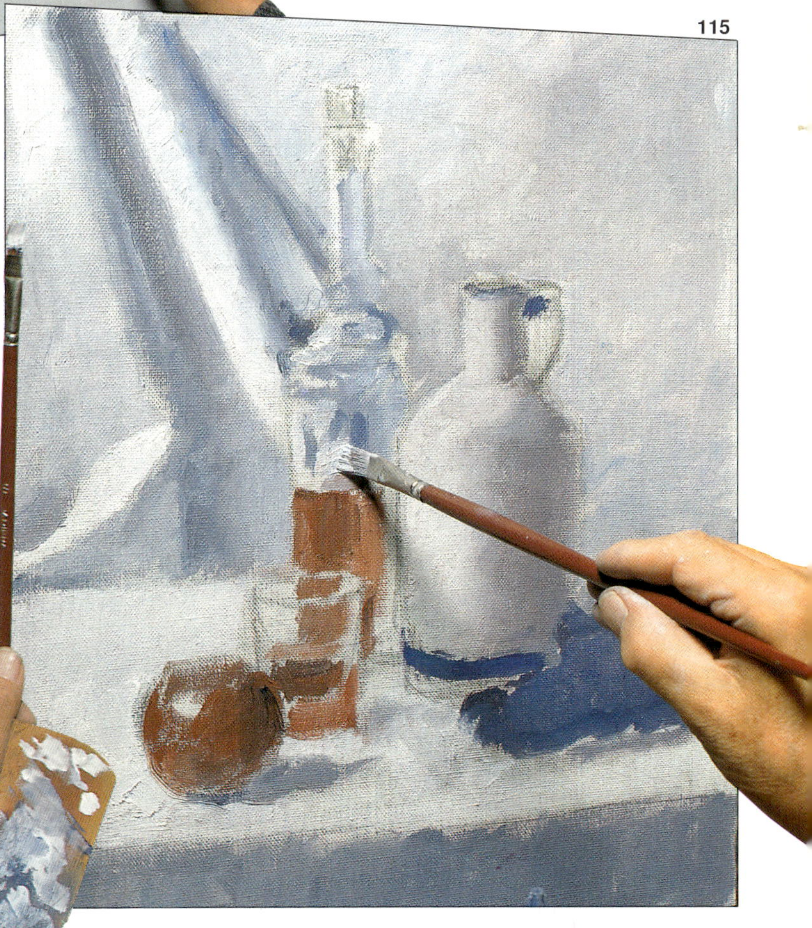

114

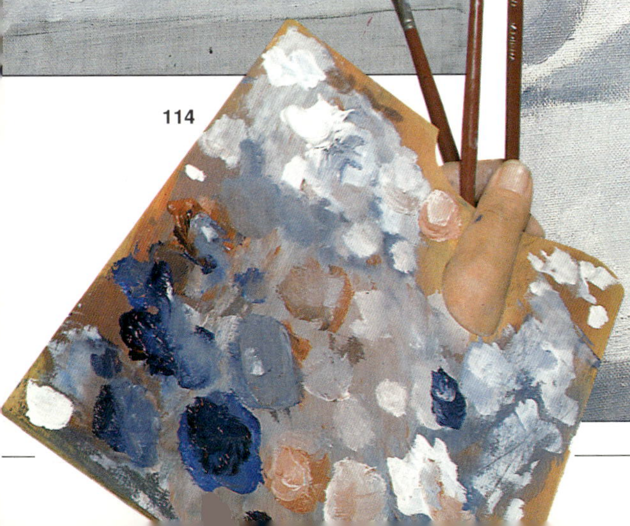

Fortsetzung und Abschluß des Bildes

116

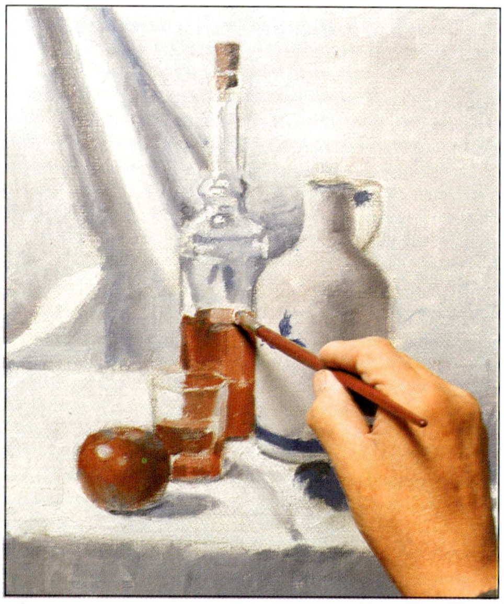

117

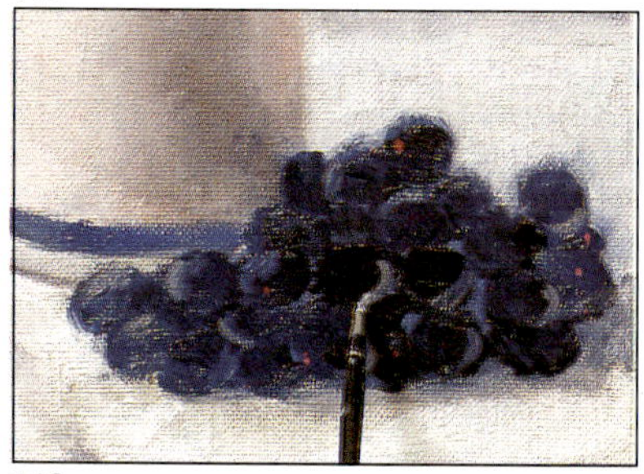

118

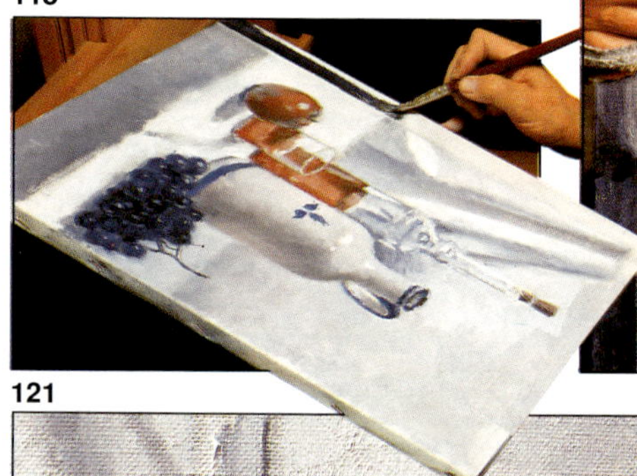

119

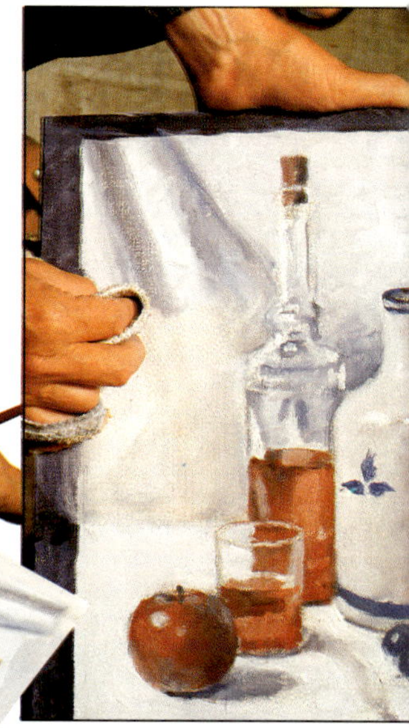

120

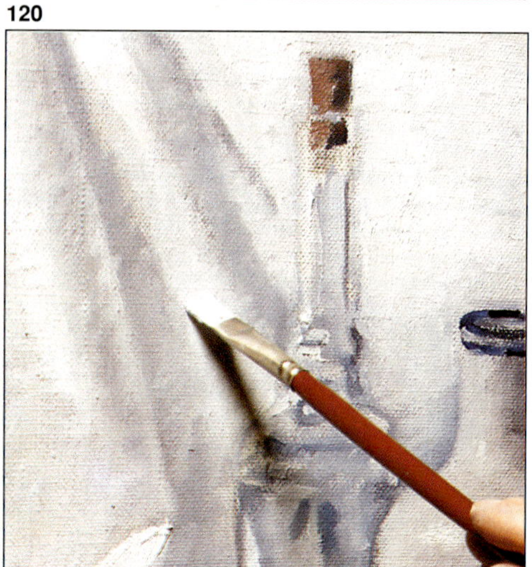

121

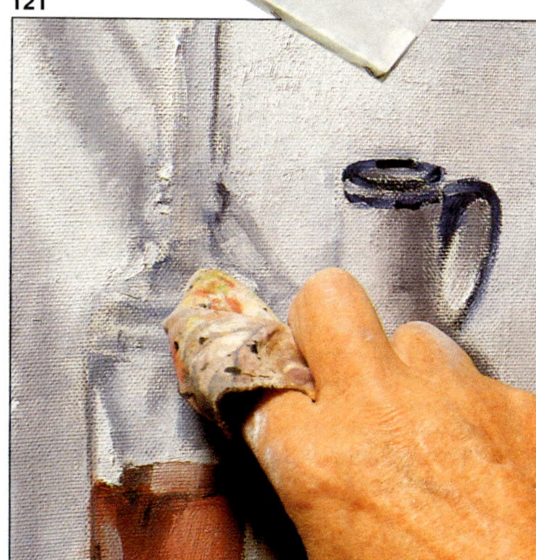

Abb. 116 und 117: Indem er die Oberfläche des Weins in der Flasche aufhellt, verstärkt er weiter das Gefühl von Volumen (Abb. 116). Außerdem nuanciert er die Spitzlichter und die Schatten der Weinbeeren und hält sich eng an das Modell.

Abb. 118 und 119: Um die Komposition stärker zu zentrieren, malt er einen dunklen Streifen an den oberen und den linken Rand (Abb. 118). Die Formen des Tuchs nimmt er er mit einem Lappen zurück. Bei der Ölmalerei sind solche Verbesserungen möglich.

Abb. 120 und 121: Er überarbeitet das Tuch im Hintergrund (Abb. 120) und korrigiert einige Fehler an der Flasche.

Nun muß er die Farbe und das Volumen verbessern. Dazu verstärkt der Künstler den Schatten des Apfels, belebt den Ton des Weins (Abb. 116) und verleiht den Elementen mehr Form. Anschließend malt er die Trauben. Dabei hält er sich eng an das Modell und kopiert es getreulich, damit es natürlich wirkt. Er malt die Weinbeeren in einem sehr dunklen, beinahe schwarzen Ton, den er anschließend mit helleren Tupfern und entsprechenden Spitzlichtern nuanciert (Abb. 117).

Plötzlich stellt Parramón fest, daß die Komposition ziemlich dezentriert ist. Was ist zu tun? Nun, der Künstler verschmälert sein Bild oben und links um zwei Finger (Abb. 118). Derartige Veränderungen kann man bedenkenlos vornehmen. Bei der Rahmung wird die Leinwand einfach auf einen kleineren Keilrahmen gespannt. Darüber hinaus nimmt der Künstler das Tuch im Hintergrund etwas zurück, weil es zu steif und zu kräftig ausgefallen ist (Abb. 119), und verwischt auch die Farbe der Flasche ein wenig (Abb. 121).

122

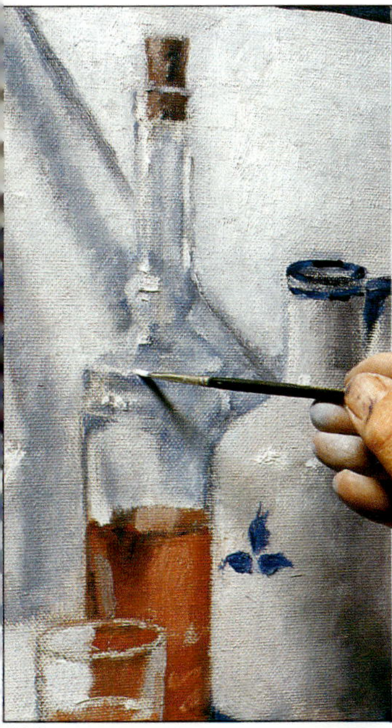

123

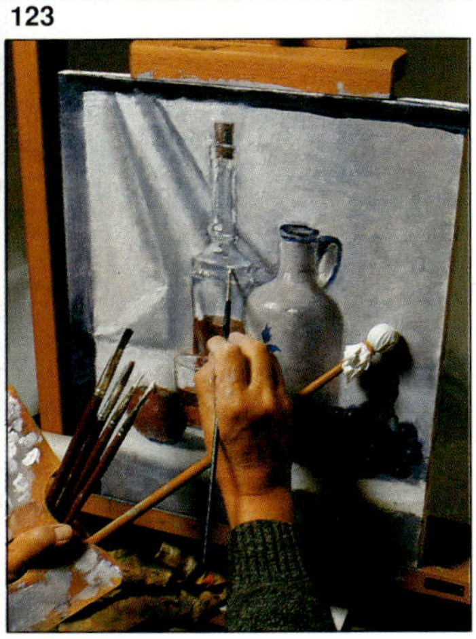

124

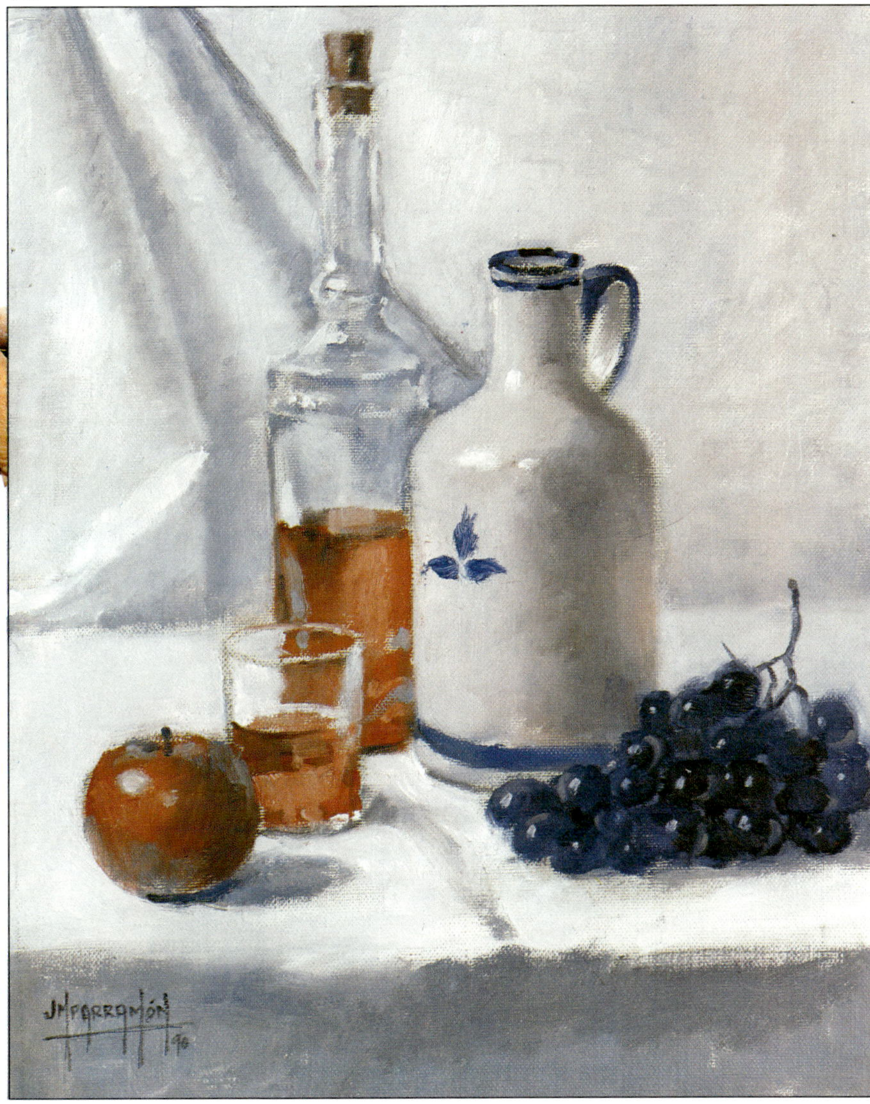

Abb. 122 und 123: Mit einem feinen Rotmarderpinsel nuanciert er das Relief auf der Flasche und nimmt dabei einen Malstock zur Hilfe.

Abb. 124: Nachdem die Farbenharmonie, das Volumen und die wesentlichen Details hergestellt sind, beendet er das Bild.

Fahren wir fort: Der Künstler hat das Tuch mit weicheren Kontrasten übermalt und anschließend die Rillen in der Flasche mit kleinen Tupfern, Schatten, Reflexen und Spitzlichtern bearbeitet (Abb. 122). „Um freihändig weiterarbeiten zu können, brauche ich jetzt den Malstock", erklärt Parramón. „Da ist er ja." (Abb. 123), Wie die Abbildung zeigt, besteht der Malstock aus einem Stab mit einer Kugel am Ende. Diese kann mit einem Lappen umwickelt sein, damit das Bild nicht verschmutzt.

Parramón legt die letzten Tupfer an: die Spitzlichter auf dem Relief der Flasche, die Stengel der Weinbeeren, die Nuancen des Weins im Glas und in der Flasche – Einzelheiten, die die Formen abrunden, aber den Gesamtcharakter nicht verändern. Denn das ist wichtig: Einzelheiten und Gesamtbild müssen ein Gleichgewicht besitzen, eine harmonische Beziehung, sonst wirkt das Bild überladen oder ziemlich dürftig. Deshalb muß man rechtzeitig den Pinsel niederlegen können. Eine übermäßige Ausarbeitung schadet der Frische jedes Werkes. Dazu erklärt Parramón: „Ich höre lieber etwas zu früh auf, dann kann ich das Bild am nächsten Tag noch retuschieren. Für heute reicht es." Daß er recht hat, beweist das fertige Werk (Abb. 124).

Die Lichtfarben

125

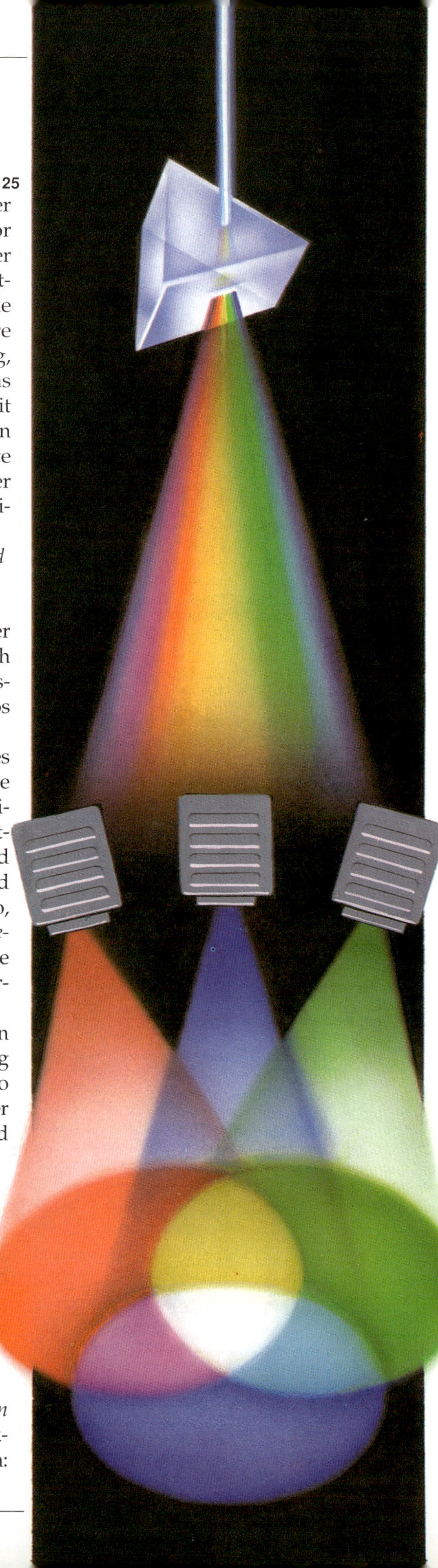

Abb. 125: Newton entdeckte, daß Farbe Licht ist. Dazu fing er einen Lichtstrahl mit einem Kristallprisma auf und zerlegte ihn in die Spektralfarben. Young setzte das Licht wieder zusammen und reduzierte die Farben auf die drei Grundfarben des Spektrums Rot, Grün und Dunkelblau. Er stellte fest, daß die paarweise Mischung der Grundfarben die drei Licht-Zweitfarben Gelb, Karmin und Dunkelblau ergibt.

Farbe ist Licht. Dieses Phänomen hat der englische Physiker Newton bereits vor zweihundert Jahren bewiesen, indem er sich im Dunkeln einschloß, einen Lichtstrahl mit einem Prisma auffing und in die Spektralfarben zerlegte. Hundert Jahre später ging ein weiterer Physiker, Young, den umgekehrten Weg: Er projizierte das Licht mit Hilfe von Scheinwerfern, die mit Filtern in den Spektralfarben versehen waren, auf eine weiße Wand und gelangte durch Auswechseln und Ausschließen der Lichtstrahlen zu einer neuen und endgültigen Schlußfolgerung:

Nur mit den drei Lichtfarben Rot, Grün und Dunkelblau läßt sich weißes Licht wieder zusammensetzen.

So wird verständlich, was man unter einer Primärfarbe versteht. Denn wenn sich sämtliche Farben auf drei reduzieren lassen, handelt es sich bei diesen zweifellos um die *drei Grund- bzw. Primärfarben.*

Bei der erneuten Zusammensetzung des weißen Lichts wies Young ferner nach: Die Projektion eines roten Lichtstrahls auf einen grünen ergibt Gelb, ein blauer Lichtstrahl auf einem roten ergibt Purpur, und die Mischung von dunkelblauem Licht und Grün ergibt Hellblau. Man versteht also, weshalb diese Farben als *Zweit- oder Sekundärfarben* bezeichnet werden, denn sie entstehen aus der Mischung der Primärfarben (siehe Abbildung 125).

Bisher war vom Licht, von Lichtstrahlen und der Zerlegung und Zusammensetzung weißen Lichts die Rede. Wir sprechen also von den *Lichtfarben.* Bei der Mischung oder Addition zweier Lichtfarben – hier Rot und Grün – verdoppelt sich die Lichtmenge, und wir erhalten ein helleres Licht, nämlich Gelb (Physiker sprechen von der *Synthese durch Addition).*

Wir Künstler malen jedoch nicht mit Licht. Unsere Farbmischungen setzen immer einen *Lichtrest* voraus. Rot und Grün ergibt Braun, also eine dunklere Farbe (für die Physiker ist dies die Synthese durch Substraktion).

Folglich müssen die *Pigment-Grundfarben* am hellsten sein. Nehmen wir die Spektralfarben als Grundlage, können wir sagen:

Alle Farben aus drei Farben

126

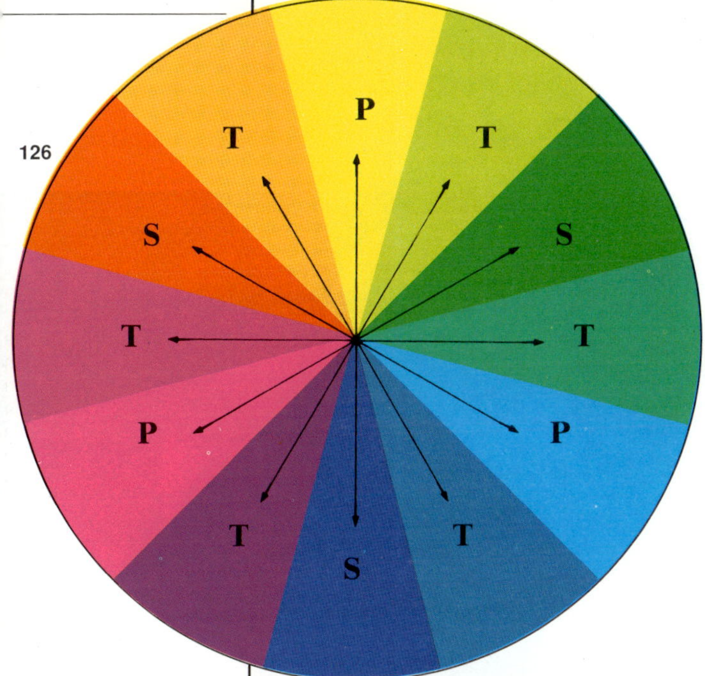

127 Primärfarben

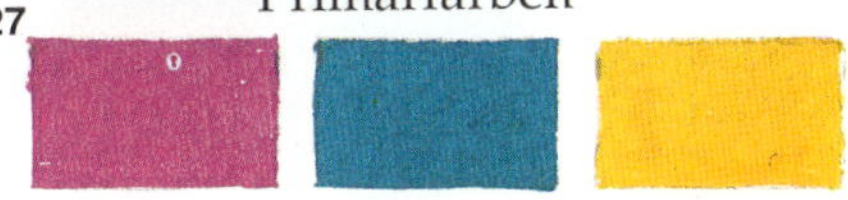

128 Sekundärfarben

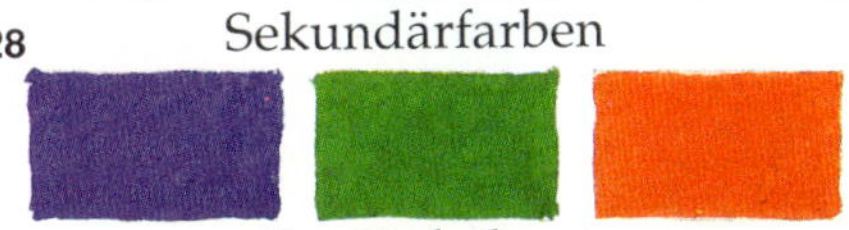

129 Tertiärfarben

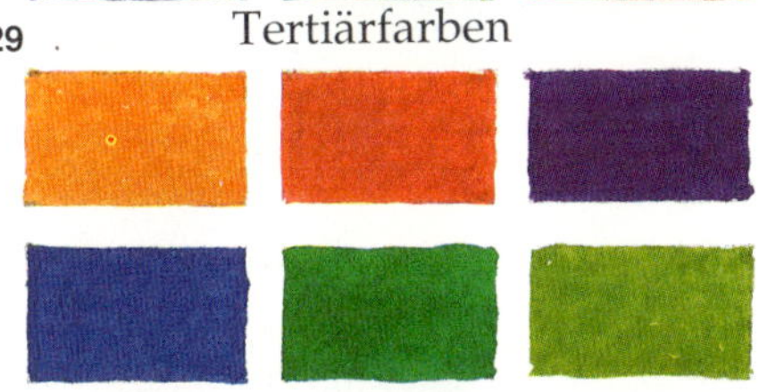

130 Rot, Weiß und Schwarz

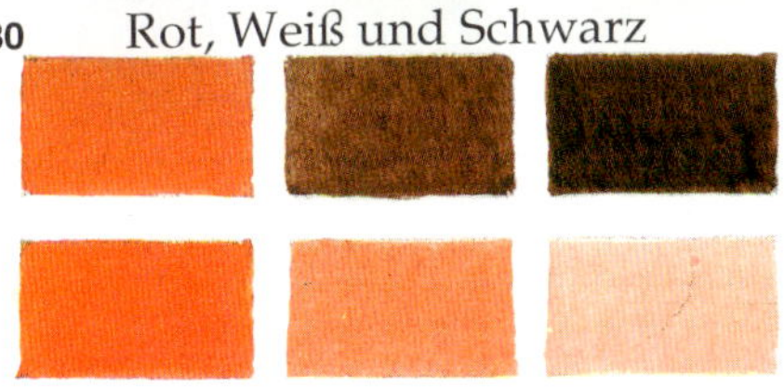

131

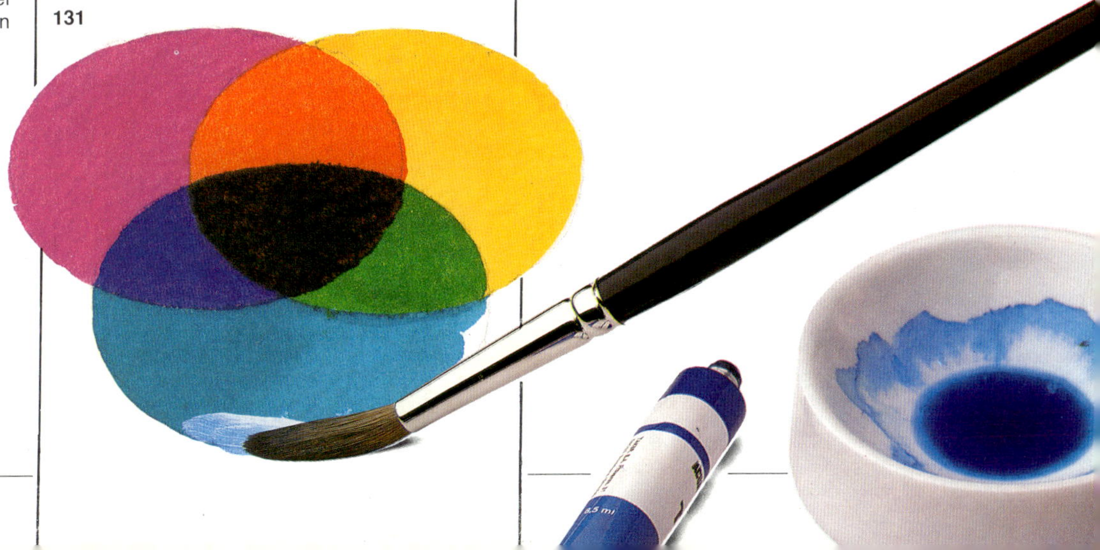

Abb. 126: Farbenkreis mit der Anordnung der Primärfarben (P), der Sekundärfarben (S) und der Tertiärfarben (T).

Abb. 127 bis 129: *Pigmentfarben*
Primärfarben: Purpur, Zyanblau, Gelb
Sekundärfarben: Dunkelblau, Grün, Rot
Tertiärfarben: Orange, Karmin, Ultramarinblau, Violett, Chromoxidgrün, Hellgrün.
Beachten Sie bei der Abbildung 130 die Mischung von Rot mit Schwarz (die drei oberen Töne) und die Mischung von Rot mit Weiß (unten).

Abb. 131: Die praktische Schlußfolgerung aus diesen Theorien ist, daß man alle Naturfarben ausschließlich mit den drei Primärfarben mischen kann.

Unsere Grundfarben sind die Zweitfarben des Lichts und umgekehrt, unsere Zweitfarben sind die Grundfarben des Lichts.

Hier also unsere
PIGMENT-GRUNDFARBEN:

Gelb, Purpur und Zyanblau.

Die paarweise Mischung dieser Farben ergibt die
PIGMENT-ZWEITFARBEN:

Dunkelblau, Grün und Rot.

Die Mischung je einer Zweitfarbe mit einer Grundfarbe liefert uns die
PIGMENT-DRITTFARBEN:

Hellgrün, Orange, Violett, Karmin, Chromoxidgrün, Ultramarinblau.

Dies führt zu der wichtigen Schlußfolgerung:

Aufgrund der völligen Übereinstimmung von Lichtfarben und Pigmentfarben lassen sich alle Naturfarben aus den drei Grundfarben Gelb, Purpur und Zyanblau mischen.

Oben auf dieser Seite sehen Sie den Farbenkreis der Pigmentfarben – unserer Farben. Er zeigt die drei *Primärfarben* (P), die in der paarweisen Mischung die drei *Sekundärfarben* (S) ergeben, die ihrerseits in der Mischung mit einer Primärfarbe die sogenannten *Tertiärfarben* (T) liefern.

Die Komplementärfarben

Eine Konsequenz der Farbentheorie, die wir soeben erörtert haben, ist die komplementäre Beziehung zweier Farben. Wir haben bereits gesehen, daß man durch gleichzeitiges Projizieren der drei Grundfarben auf eine Wand das weiße Licht wieder zusammensetzt. Löschen wir nun den blauen Lichtstrahl, wird aus dem weißen Licht aufgrund der verbleibenden beiden Farben – Rot und Grün – gelbes Licht. Daraus folgt, daß Gelb und Blau das weiße Licht zusammensetzen, diese Farben also komplementär sind.

Auf die Synthese durch Substraktion übertragen, mit der der Künstler malt, heißt das:
Gelb ist komplementär zu *Dunkelblau*.
Zyanblau ist komplementär zu *Rot*.
Purpur ist komplementär zu *Grün*
(und umgekehrt).

Was nützt uns dieses Wissen über die Komplementärfarben? Erstens können wir damit bewußt *Kontraste schaffen*. Uns ist zum Beispiel bekannt, daß Grün und Rot in der Tat einen äußerst heftigen Kontrast erzeugen.

Zweitens können wir die *Skala der gebrochenen Farben* mischen, von der noch die Rede sein wird.

132

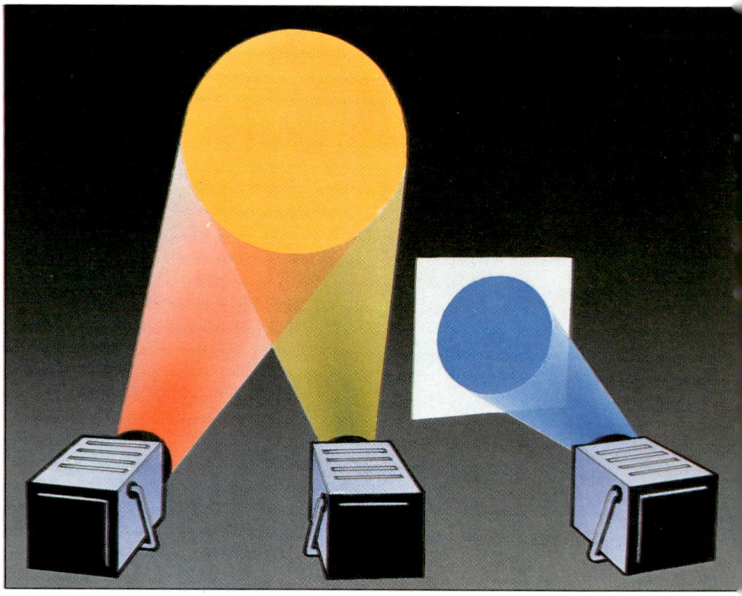

133

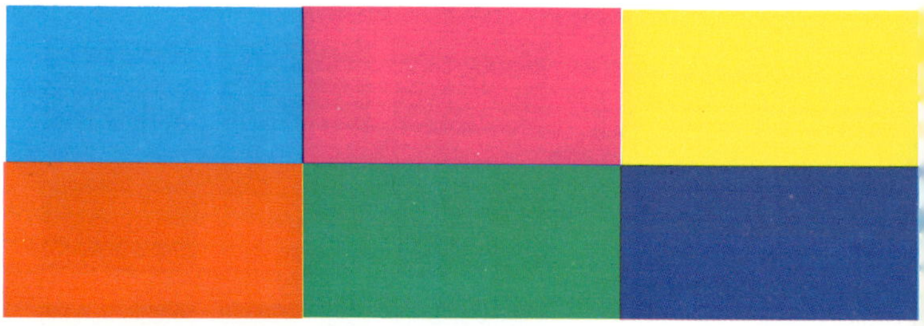

134

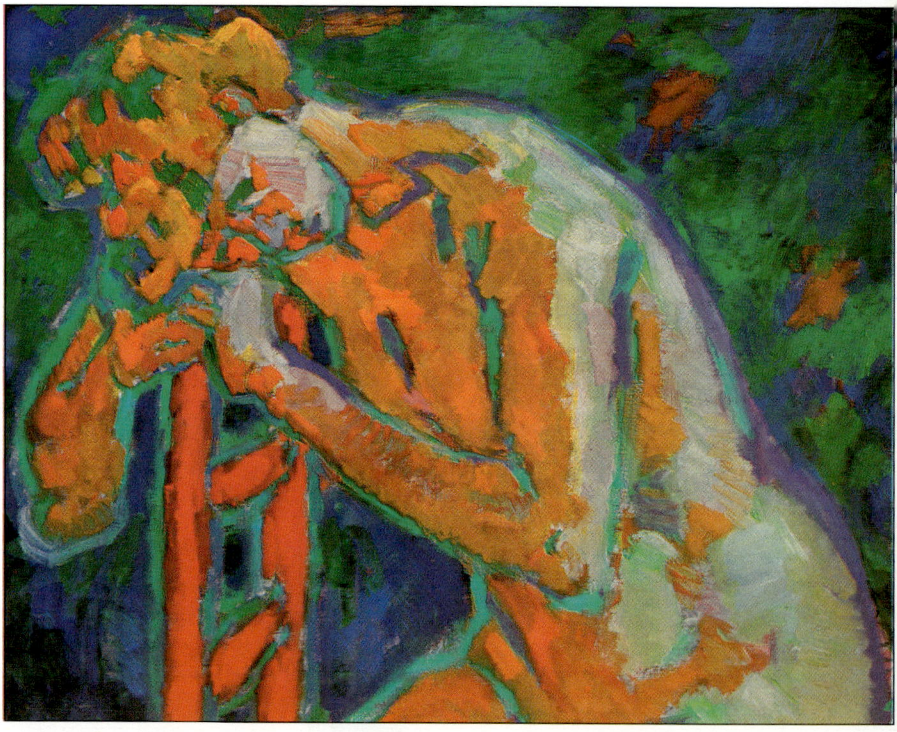

Abb. 132: In der Synthese durch Addition (der Lichtfarben) setzt sich weißes Licht aus Blau und Gelb zusammen. Also sind Blau und Gelb Komplementärfarben.

Abb. 133: Hier die Farbpaare, die zueinander komplementär sind: oben die Primärfarben des Lichts, unten die Sekundärfarben.

Abb. 134: Die Malerin Teresa Llàcer arbeitet mit Kontrasten von Komplementärfarben, um die Farbkraft ihrer Werke zu verstärken.

135

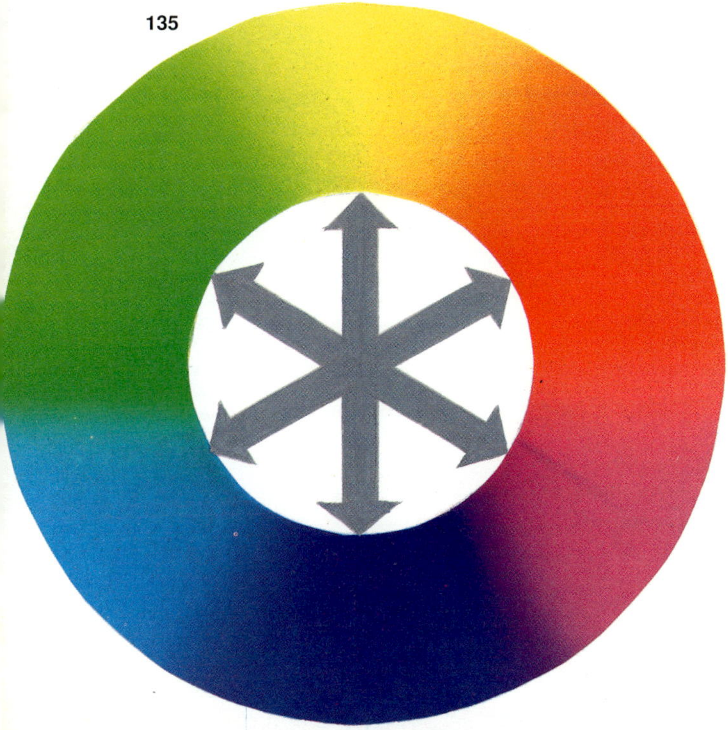

Der nebenstehende Farbenkreis zeigt, daß die jeweils gegenüberliegenden Primär- (P), Sekundär- (S) und Tertiärfarben (T) paarweise zueinander komplementär sind. Stellen wir uns eine Farbenkarte mit sämtlichen Grund-, Zweit-, Dritt- und Viertfarben etc. vor, wird klar, daß die Anzahl der Komplementärfarben praktisch unbegrenzt ist, da wir nach dem Beispiel der Primärfarbe und der Sekundärfarbe (aus der Mischung der beiden weiteren Primärfarben) ständig neue Komplementärfarben herstellen können. Dazu brauchen wir nur eine Farbe der Mischung zweier weiterer aus der nächst niedrigeren Kategorie gegenüberzustellen (zum Beispiel eine Drittfarbe einer Viertfarbe aus der Mischung zweier Drittfarben etc.).

136

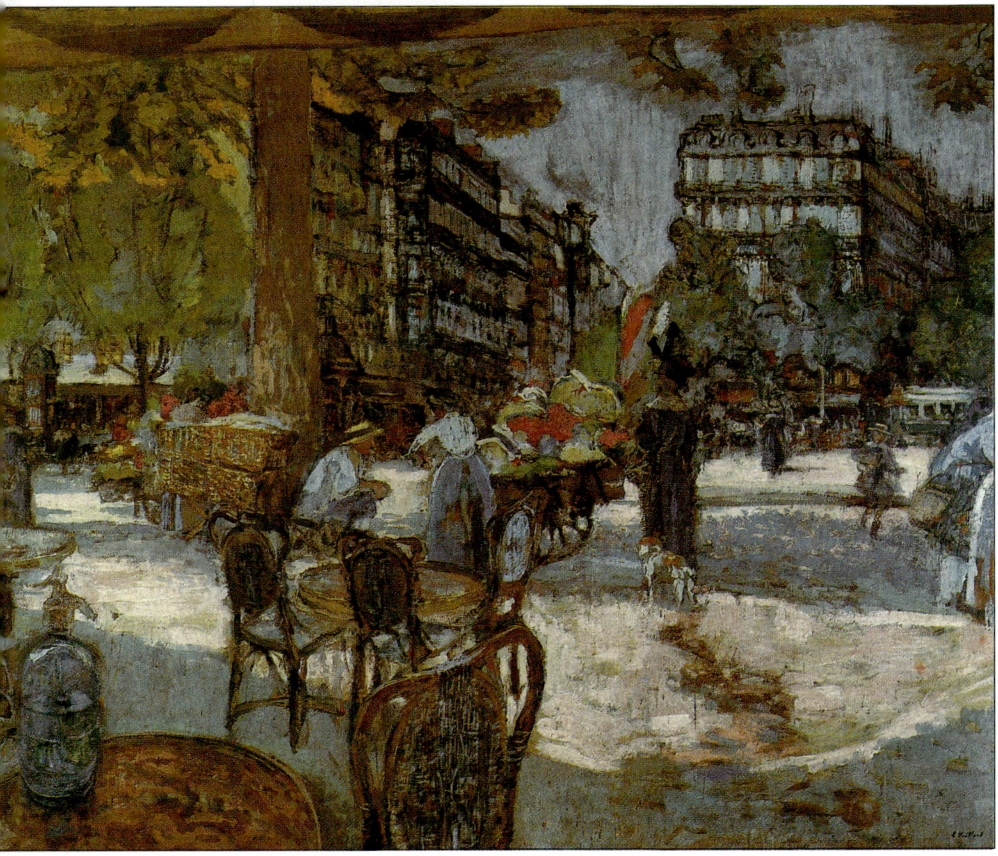

Abb. 135: Im Farbenkreis liegen sich die Komplementärfarben genau gegenüber. Ihre Anzahl läßt sich praktisch unendlich vervielfältigen.

Abb. 136: Edouard Vuillard, *San Augustin-Platz* (1912–1913). Privatsammlung, Schweiz. Leimfarbe auf Papier, das auf eine Leinwand geklebt wurde, 156 x 193 cm. Durch Mischung der Sekundärfarben mit einer Primärfarbe erhält man die Tertiärfarben, aus denen sich wiederum Viertfarben mischen lassen. Vuillard hat sein Bild auf der Mischung von Komplementärfarben aufgebaut, die mit Weiß abgestumpft wurden und die sogenannten gebrochenen Farben ergaben.

Die Kontraste

Unsere Farben sind im Vergleich zu den Lichtfarben der Natur ausgesprochen dürftig. Um die lebhafte Beziehung der Naturfarben untereinander nachzuahmen, benötigen wir eine Reihe von Tricks oder Grundregeln, die auf den *Gesetzen der Kontraste zwischen den Tönen und Farben* beruhen. Beim *Tonwertkontrast* spielt die Farbe keine Rolle. Der maximale Kontrast entsteht, wenn man Schwarz neben Weiß legt: das hellste Licht neben den dunkelsten Schatten. Auch Dunkelgrau und Hellgrau oder die Verbindung von Schwarz, Grau und Weiß ergeben in jedem Fall einen Tonwertkontrast. Dunkelblau und Hellblau kontrastieren ebenfalls in ihren Werten. Malen wir neben dieses Dunkelblau jetzt Dunkelrot, erhalten wir einen *Farbkontrast*, der sich auf dem Unterschied zwischen den beiden Farben gründet. Ist das Blau dunkel und das Rot hell, erhalten wir sowohl einen *Farb-* als auch einen *Tonwertkontrast*.

Abb. 137: In dieser Fe derzeichnung herrsch der maximale Tonwert kontrast zwischen Wei und Schwarz.

Abb. 138: Aufgrund de Grautöne entstehen nu ancierte tonale Kontraste die die Form besser auf bauen.

Abb. 139: Rot und Blau ergeben einen Farbkon trast.

Abb. 140: Dunkelblau und Hellrosa ergeben sowoh einen Tonwert- als auch einen Farbkontrast.

137

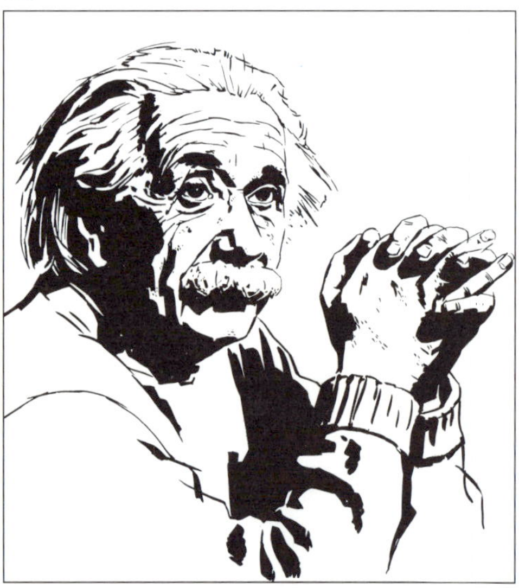

139

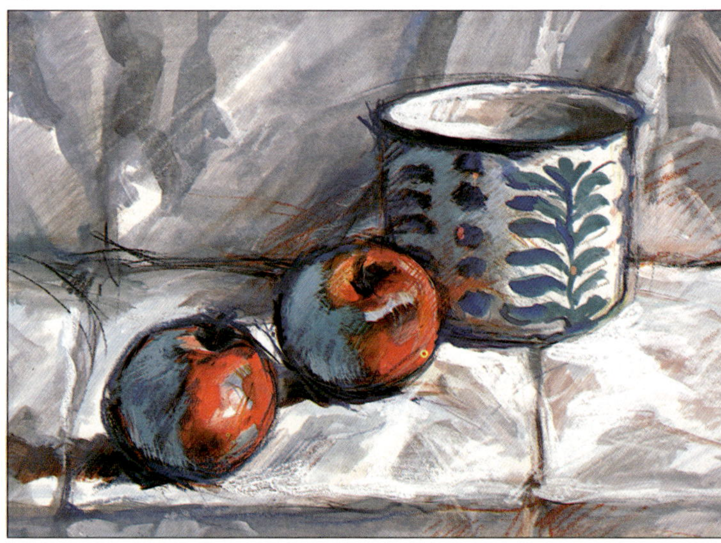

138

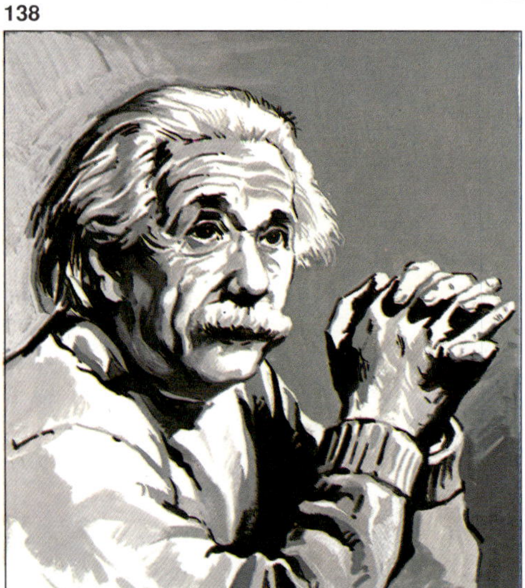

140

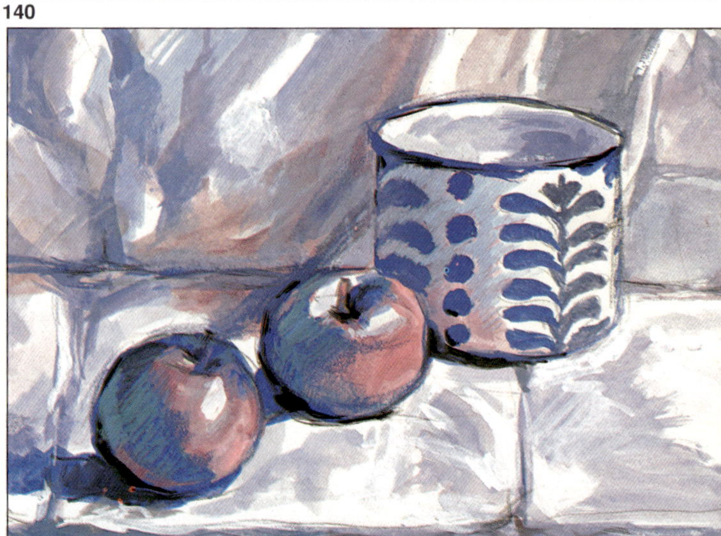

Der heftigste Farbkontrast ergibt sich aus der Nebeneinanderstellung zweier Komplementärfarben: Gelb neben Dunkelblau, Rot neben Grün und Zyanblau neben Orange liefern den maximalen *Farbkontrast*. Komplementärfarben steigern sich gegenseitig derart, daß beim Betrachten einer Farbe bereits die Illusion ihrer Komplementärfarbe in der Nachbarnuance entsteht. Dieses Phänomen, das man als Simultankontrast bezeichnet, wurde von dem französischen Physiker Chevreul entdeckt, dessen Theorien großen Anklang bei den Impressionisten fanden. Nach Auffassung des Wissenschaftlers projiziert jede Farbe ihre Komplementärfarbe in den benachbarten Ton. So wird Grau, das von Gelb umgeben ist, blaustichig, während ein Grünton, der von Grau umgeben ist, einen Rotstich erhält.

Das ist in der Natur genau zu beobachten, denn die Wurfschatten der Elemente enthalten immer auch deren Komplementärfarben: Der Schatten eines dunkelgrünen Strauchs ist rotstichig, und der Halbschatten gelblichen Laubs besitzt eine violettstichige Schattierung. Um dies zu überprüfen, braucht man nur an einem sonnigen Tag aufs Land zu gehen – oder ein impressionistisches Bild zu betrachten.

141

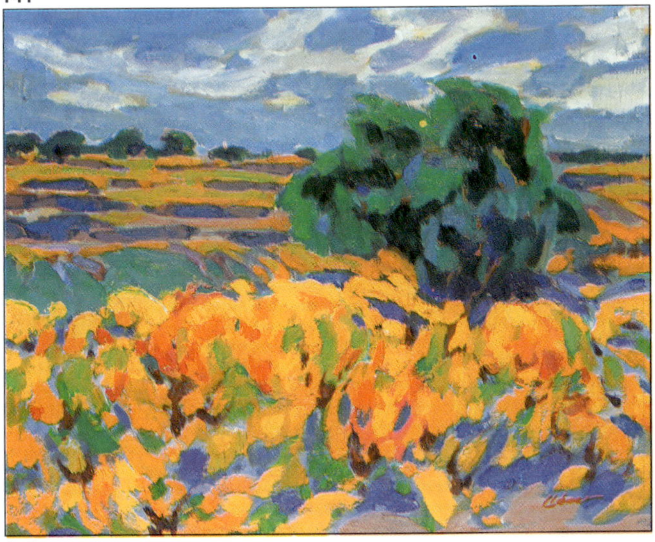

Abb. 141: Teresa Llàcer, *Landschaft*, Privatsammlung. Bilder im Stil der Fauves nutzen das Spiel der Kontraste aus benachbarten Komplementärfarben.

Abb. 142 und 143: Die grüne Zitrone wirkt auf gelbem Grund bläulich (etwa die Komplementärfarbe von Gelb), wie Abbildung 142 zeigt. Ist das Grün dagegen von Blau umgeben, scheint die Frucht gelblich zu sein (Abb. 143). Dieses Phänomen beruht auf dem Simultankontrast.

142

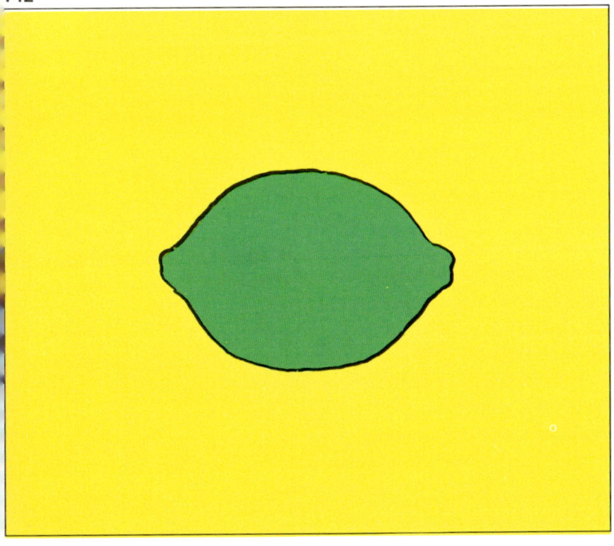

143

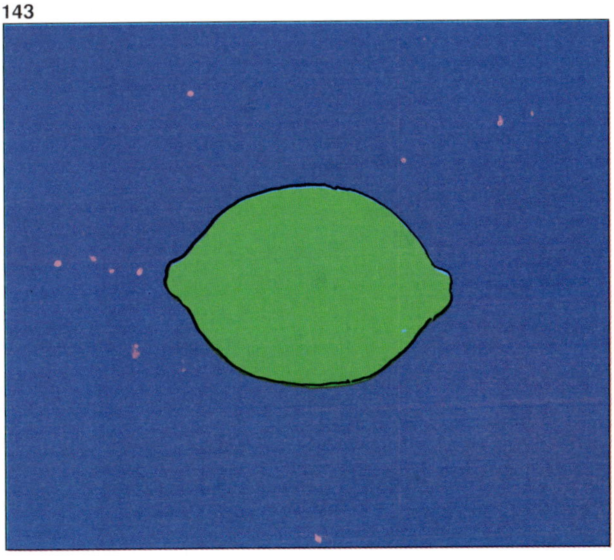

Skala der warmen Aquarellfarben

Ich möchte Ihnen folgende Übung vorschlagen: Malen Sie je eine Skala mit warmen, kalten und gebrochenen Farben, und verwenden Sie dazu ausschließlich die drei Grundfarben. Dazu benötigen Sie ein Blatt Qualitätszeichenpapier mit mittlerem Korn, eine Palette oder einen Palettkasten, einen Rotmarderpinsel Nr. 8, ein Gefäß mit sauberem Wasser, Saugpapier sowie folgende Farben:
Kadmiumgelb mittel, Preußischblau und Krappkarmin
Analysieren Sie die 18 Farben jeder Skala sorgfältig, und stellen Sie fest, woraus sie sich zusammensetzen bzw. welche Primärfarben sich darin befinden und wie hoch ihr jeweiliger Anteil ist. Lesen Sie bitte gleichzeitig die folgenden Hinweise, das erleichtert Ihnen die Aufgabe. Wichtig ist, daß Sie sich solange um die Mischung auf der Palette bemühen, bis Sie jede Farbe mit ihrem exakten Tonwert „kopiert" haben, er also weder heller noch dunkler ausfällt als im abgebildeten Muster.

144

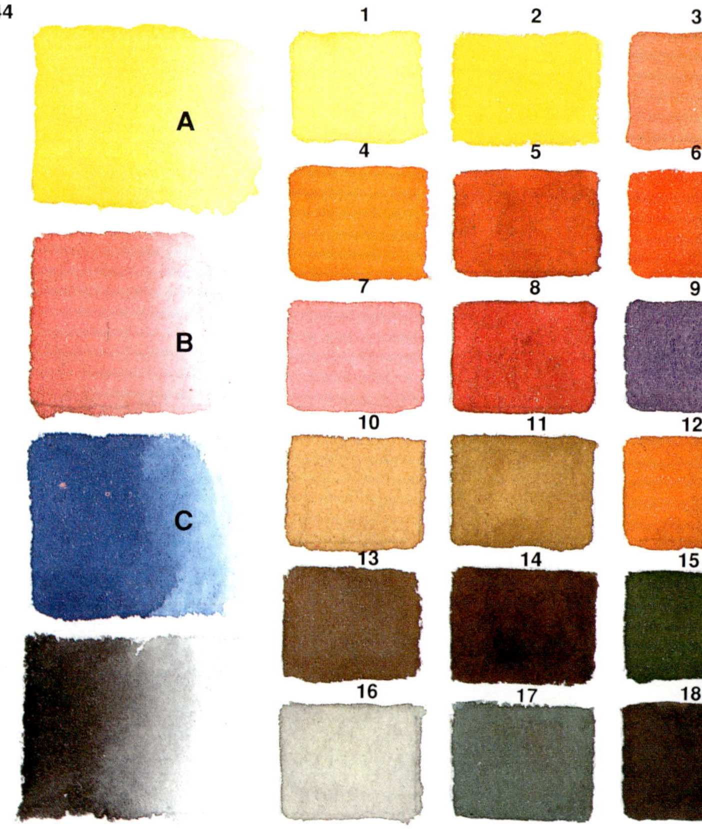

Abb. 144: Mit Hilfe von Kadmiumgelb mittel, Preußischblau und Krappkarmin lassen sich sämtliche warmen Farben dieser Abbildung mischen. Halten Sie sich an die Hinweise im Text, wird es Ihnen nicht schwerfallen.

Skala der warmen Farben

1. Zitronengelb: aus Kadmiumgelb und Wasser.
2. Intensives Gelb: Kadmiumgelb mit wenig Wasser.
3. Rosa: das vorige Gelb mit Karmin und Wasser.
4. Hellorange: kräftiges Kadmiumgelb mit Karmin.
5. Englischrot: kräftiges Gelb mit Karmin.
6. Zinnoberrot: kräftiges Karmin und etwas Gelb.
7. Rosa: nur Karmin mit viel Wasser.
8. Hellkarmin: Krappkarmin mit ausreichend Wasser.
9. Violett: Karmin, etwas Preußischblau und Wasser.
10. Lichter Ocker hell: Farbe-Wasser-Mischung aus Gelb und etwas Karmin, dann eine Spur Blau.
11. Lichter Ocker dunkel: wie zuvor mit mehr Gelb und Blau.
12. Siena natur: Mischen Sie Orange (4), und fügen Sie nach und nach Blau hinzu.
13. Siena gebrannt: Violett (9) plus Gelb.
14. Vandyckbraun: intensives Blau und Gelb plus Karmin.
15. Flaschengrün: kräftiges Blau mit etwas Gelb und Karmin.
16. Warmes Hellgrau: sehr helles Violett, Gelb und viel Wasser.
17. Warmes Dunkelgrau: blaustichiges Dunkelviolett und Gelb.
18. Warmes Schwarz: kräftiges Blau und Karmin mit einer Spur Gelb.

Skala der kalten Farben

Wir kommen zur Analyse einer kalten Farbskala:

1. Graustichiges Gelb: Blau und Karmin mit viel Wasser und einer Spur Gelb.
2. Kalte Fleischfarbe: Karmin mit viel Wasser sowie etwas Gelb und Blau.
3. Kalte mittlere Fleischfarbe: Wie zuvor, aber mit mehr Gelb und Blau.
4. Fleischfarbe im Schatten: Mischen Sie Hellgrün, und fügen Sie stark verdünntes Gelb und Karmin hinzu.
5. Fleischfarbe im dunklen Schatten: Mischen Sie karminstichiges Violett, fügen Sie etwas Gelb hinzu, und stumpfen Sie mit Blau ab.
6. Hellgrün: Viel Wasser, wenig Blau und ebenfalls wenig Gelb.
7. Bläuliches Grün: Wie zuvor, aber mit mehr Blau.
8. Leuchtendes Grün: Überwiegend Gelb mit Blau und Wasser.
9. Permanentgrün dunkel: Blau und Gelb ungefähr zu gleichen Teilen und ausreichend Wasser.
10. Dunkelgrün: Wie zuvor mit höherem Blauanteil plus einer Spur Karmin.
11. Karminstichiges Himmelbau: Blau mit viel Wasser plus Karmin mit viel Wasser.
12. Kaltes Dunkelgrau: Mittleres Violett plus Gelb, das mit Blau und Karmin neutralisiert wird.
13. Violettstichiges Blau: Blau plus Karmin und Wasser.

Skala der kalten und gebrochenen Aquarellfarben

14. Ultramarinblau: Blau mit Wasser und einer Spur Karmin.
15. Violett: Kräftiges Karmin mit etwas Preußischblau.
16. Preußischblau: Blau mit ausreichend Wasser, bis der gewünschte Ton erreicht ist.
17. Graustichiges Grün: Mischen Sie Permanentgrün (9), und fügen Sie etwas Karmin hinzu.
18. Kaltes Schwarz: Ein blaustichiges Schwarz aus kräftigem Preußischblau, verdünntem Karmin sowie etwas Gelb.

Skala der gebrochenen Farben

Zum Abschluß untersuchen wir die gebrochenen Farben. Sie bestehen aus einer Mischung zweier Komplementärfarben mit Weiß, das beim Aquarell aus der Farbe des Papiers besteht.

1. Gelbliches Hellgrau: Blau und Karmin mit viel Wasser (ergibt violettstichiges Blau) plus Gelb als Komplementärfarbe von violettstichigem Blau.
2. Gelbliches Mittelgrau: Wie zuvor, aber mit weniger Gelb.
3. Gelbliches Dunkelgrau: Dieselben Farben wie zuvor, aber mit weniger Wasser.
4. Dunkles Karmingrau: Grün (Blau und Gelb) und die Komplementärfarbe Karmin.
5. Mittleres Karmingrau: Dieselben Farben wie zuvor, aber stärker verdünnt.
6. Karminstichiges Dunkelgrau: Mischen Sie kräftiges Grün, und fügen Sie die entsprechende Menge Karmin hinzu.
7. Lichter Ocker: Mischen Sie verdünntes Orange, und fügen Sie etwas Blau hinzu.
8. Olivgrün: Mischen Sie mittelstarkes Grün, und fügen Sie etwas Karmin hinzu.
9. Helles Sepia: Mischen Sie kräftiges, leuchtendes Grün, und fügen Sie Karmin hinzu.
10. Kräftiges Sepia: Wie zuvor, doch insgesamt mit mehr Farbe.
11. Blaugrau: Verdünntes Blau mit etwas Karmin und einer Spur Gelb.
12. Gebrochenes Grüngelb: Stellen Sie eine Mischung aus verdünntem leuchtenden Gelb mit verdünntem Blau und Karmin her.
13. Gebrochenes Himmelbau: Verdünntes, sehr sauberes Blau mit verdünntem Karmin und Gelb.
14. Gebrochenes Blaugrau: Dieselbe Mischung wie zuvor, aber intensiver.
15. Neutrales Hellgrau: Mischung aus den stark verdünnten Grundfarben ungefähr zu gleichen Teilen.
16. Neutrales Mittelgrau: Wie zuvor, aber mit intensiveren Farben.
17. Paynesgrau (ein neutrales bläuliches Grau): Kräftiges Blau mit etwas Karmin und einer Spur Gelb.
18. Neutrales Schwarz: Dichtes, kräftiges Blau mit etwas Karmin und noch weniger Gelb.

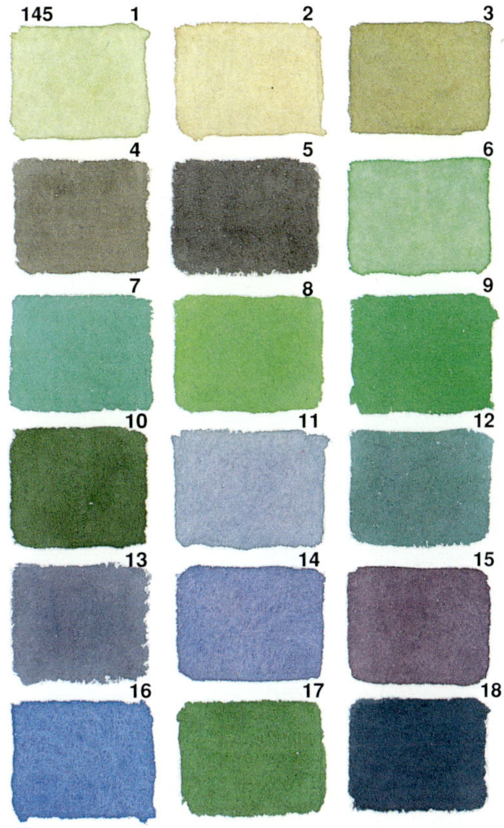

Abb. 145: Verstärkt man den Anteil von Rot und Blau und kontrolliert die Wasserzugabe, kann man diese Skala der kalten Farben erreichen.

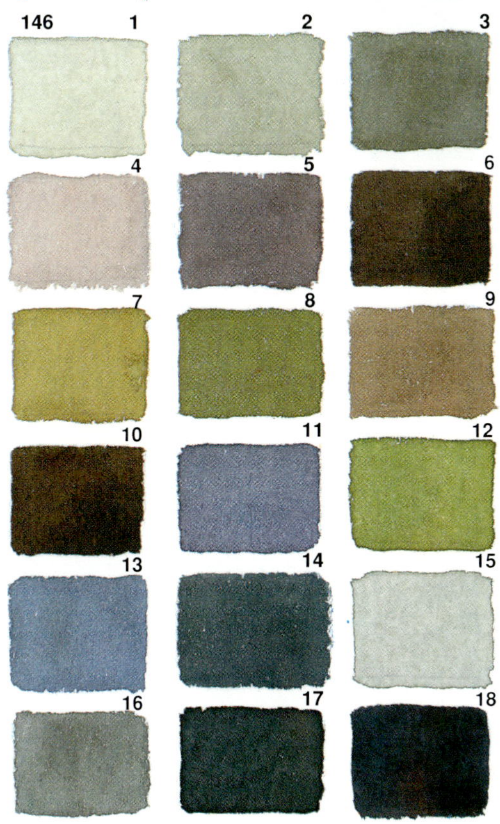

Abb. 146: Gebrochene Farben erhält man aus der paarweisen Mischung von Komplementärfarben plus Weiß. Bei den Aquarellfarben bildet die durchscheinende Papierfarbe das Weiß.

Vicenç Ballestar malt ein Seestück nur mit drei Farben

Auf dem Fischerkai im Hafen von Barcelona wird Vicenç Ballestar nun für uns ein Aquarell mit drei Farben malen. Der Künstler hat dafür Ultramarinblau, Kadmiumgelb mittel und Krappkarmin gewählt. Dazu sagt er: „Ich ziehe Grüntöne aus der Mischung von Ultramarinblau und Gelb denen aus Preußischblau und Gelb vor, denn sie sind heller und wärmer."
Ballestar malt auf einem Blatt Papier vom Format Gestalt Nr. 8 aus der Standardtabelle für Keilrahmen.
Mit einem weichen Bleistift 3B zeichnet er die Hauptlinien der Komposition. Er hat einen Blick im Gegenlicht unterhalb der Horizontallinie gewählt.
Ballestar setzt seine Farben auf einem Steingutteller ab und stellt ein Wassergefäß daneben (Abb. 150). Mit einer Mischung aus den drei Farben und der Dominante Blau malt er den oberen Teil aus. Er verwendet dafür einen flachen Kunsthaarpinsel Nr. 14. Die ersten Striche sind dunkel, etwas violettstichig und kalt, enthalten jedoch warme, leuchtende Nuancen, die für die allgemeine Harmonie sorgen. Ballestars Pinselstriche sind gewunden und unterbrochen. Sie sparen das Weiß für die Reflexe auf dem Wasser von vornherein aus (Abb. 149).

147

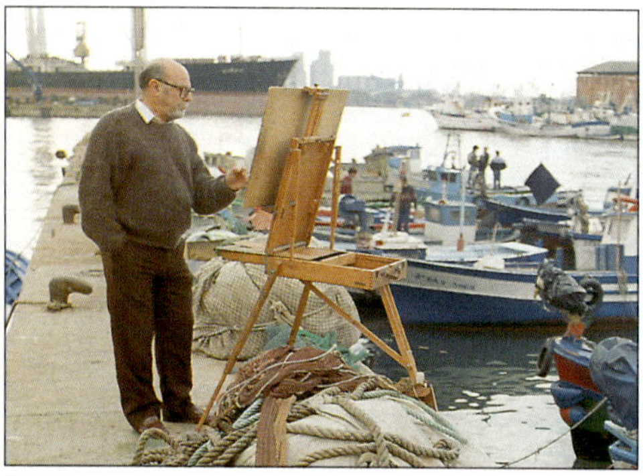

148

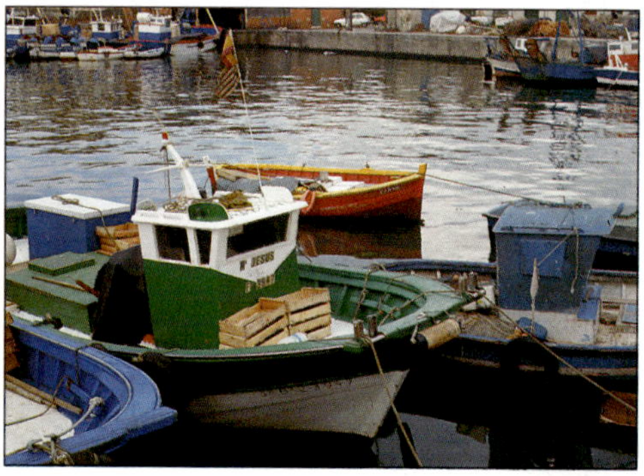

Abb. 147 und 148: Ballestar hat seine Staffelei auf einer kleinen Mole am Fischerkai des Hafens von Barcelona aufgestellt und wird einen Blick auf die festgemachten Schiffe malen (Abb. 148).

Abb. 149: Der Künstler legt vor Beginn des Malens die Hauptlinien des Motivs mit Bleistift an und deckt anschließend etliche Flächen mit den wichtigsten Tönen ab, die die Harmonie seines Aquarells ergeben.

149

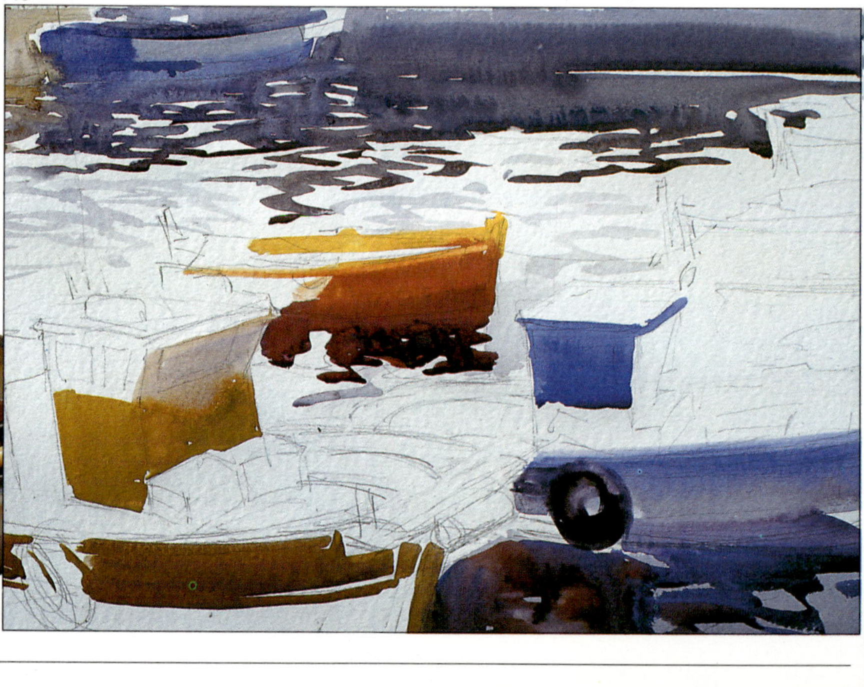

Abb. 150: Seine Mischungen aus drei Farben stellt Ballestar auf einem einfachen Steingutteller her. Das Wasser befindet sich in einem großen Kunststoffgefäß.

150

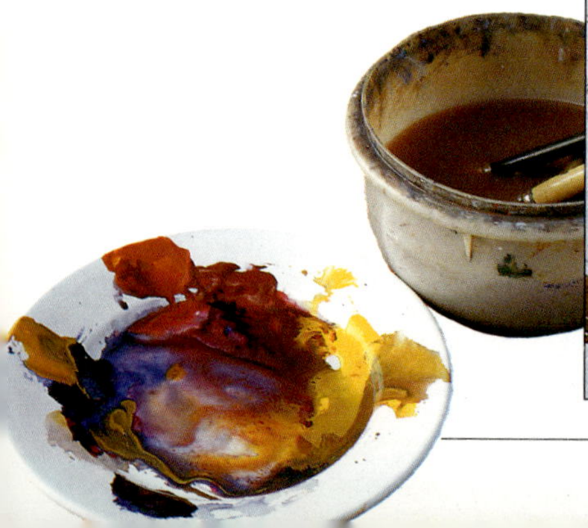

Mit Gelb malt Ballestar nun die Reling des kleinen Bootes im Zentrum der Komposition. Den Bootsrumpf stellt er mit Karmin dar, das er für den unteren Teil mit Ultramarinblau abstumpft. Einen dunkleren Ton benötigt er für den Wurfschatten des Bootes auf dem Wasser.

Mit Siena aus der Mischung von Kadmiumgelb sowie Ultramarin plus Gelb deckt er die Formen der Boote im Vordergrund ab. Damit beginnt das zweite Stadium (Abb. 153). Die Formen fügen sich langsam in die allgemeine Harmonie ein, die durch die Stellen mit den dunkelsten Farben vorgegeben ist.

„Ich strebe kräftige Farbtöne an", sagt Ballestar. „Das Rot, das Gelb und das Grün setzen die Akzente und beleben die bläuliche Tendenz der Komposition."

Ballestar verbindet die Formen mit Hilfe von Kontrasten zwischen den großen Farbblöcken. Sobald er ein Gegengewicht für sie geschaffen hat, wirken die Boote völlig natürlich. Der Farbkontrast läßt das Licht leuchten. Die kleinen Kabinenfenster des Schiffes im Vordergrund malt er mit einem sehr dunklen Ton aus der Mischung von Blau und Karmin. Mit dem Rundpinsel Nr. 12 stellt er die kleinen Details auf dem Deck der Schiffe her und hält dabei die übrigen Pinsel sowie den Lappen zum Trocknen und Reinigen in der anderen Hand.

Mit der Kante des Flachpinsels lassen sich auch feine Linien ziehen wie jene für die Fender des Bootes.

Abb. 151 und 152: Ballestar führt heftige Kontraste aus lebhaften Farben ein, um die Harmonie des Gesamtwerks zu verstärken und die dunklen, gebrochenen Flächen zu beleben.

Abb. 153: In diesem Stadium weist Ballestars Aquarell dank der zahlreichen Farbkontraste bereits klar erkennbare Formen auf. Jetzt muß der Künstler die Schatten verstärken und einige Details umreißen.

Abb. 154: Ballestar betont die dunkle Farbe des Bugs und überarbeitet dessen Umrisse.

151

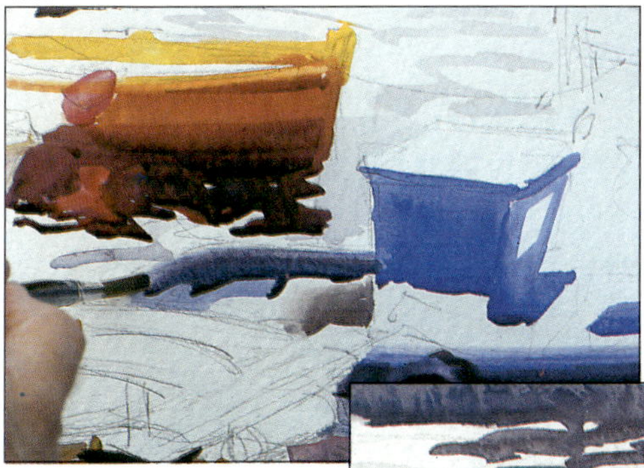

152

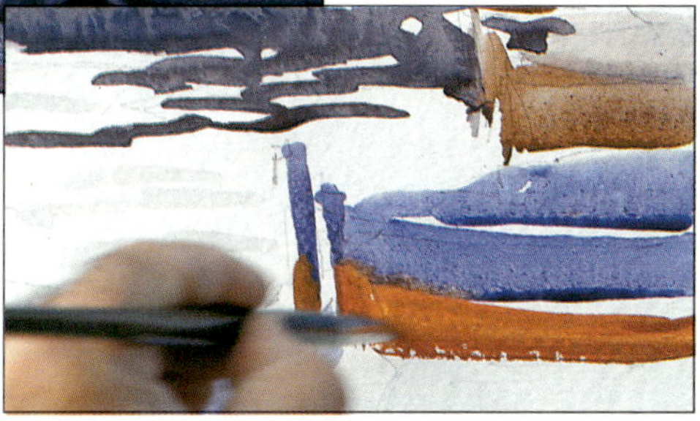

153

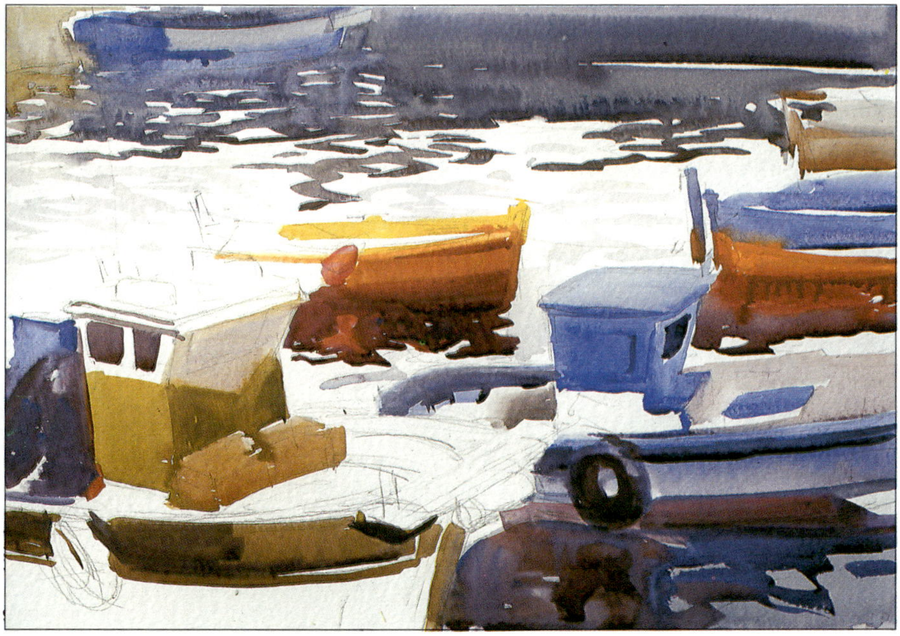

154

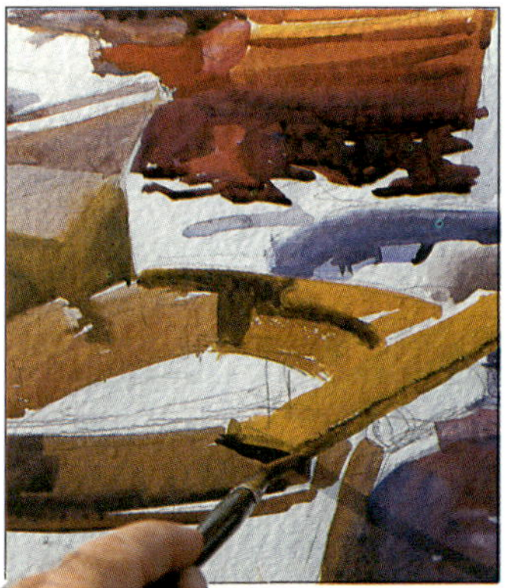

Fortsetzung und Abschluß des Bildes

Abb. 155 und 156: Er betont die Volumen mit Hilfe von Tonwertkontrasten und stumpft zu helle Stellen mit einem weichen, gedämpften Ton ab.

Mit dem kleinen Rundmarderpinsel Nr. 4 präzisiert der Künstler die Formen, hebt Details hervor und konkretisiert die Volumen, indem er die Schatten mit dunkleren Strichen intensiviert.
Nun kommen die Retuschen und die Einzelheiten wie die Gummireifen an den Außenwänden des Schiffes an die Reihe, die Ballestar in einem sehr dunklen, beinahe schwarzen Ton malt (Abb. 156). Er tönt die Reflexe auf dem Wasser ab, die bisher weiß geblieben sind, weil der Kontrast zu den übrigen Tönen sonst zu stark wäre.
Abbildung 157 zeigt, wieviel Nuancen man ausschließlich mit drei Farben in der Aquarelltechnik erzielen kann: graublaue, malvenfarbene, violette, vibrierende gelbe, rote, grüne und unzählige gebrochene Töne, die nicht zuletzt dank Ballestars meisterhaftem Können entstanden sind.

155

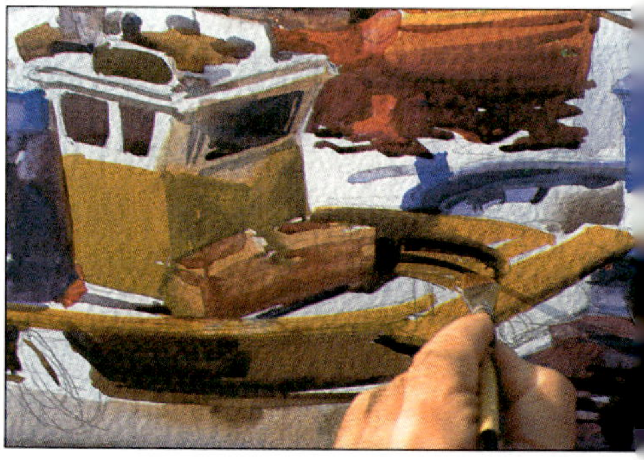

156

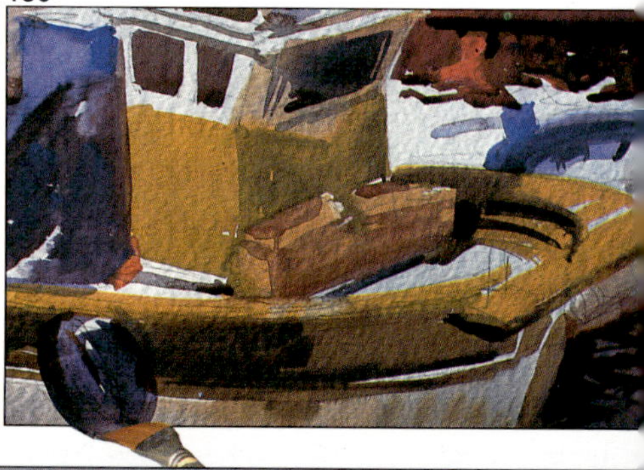

Abb. 157: Das fertige Aquarell weist jene farbliche Vielfalt und jenen Reichtum auf, die alle Werke von Ballestar kennzeichnen. Die präzisen Details fügen sich in die Harmonie des Ganzen ein.

157

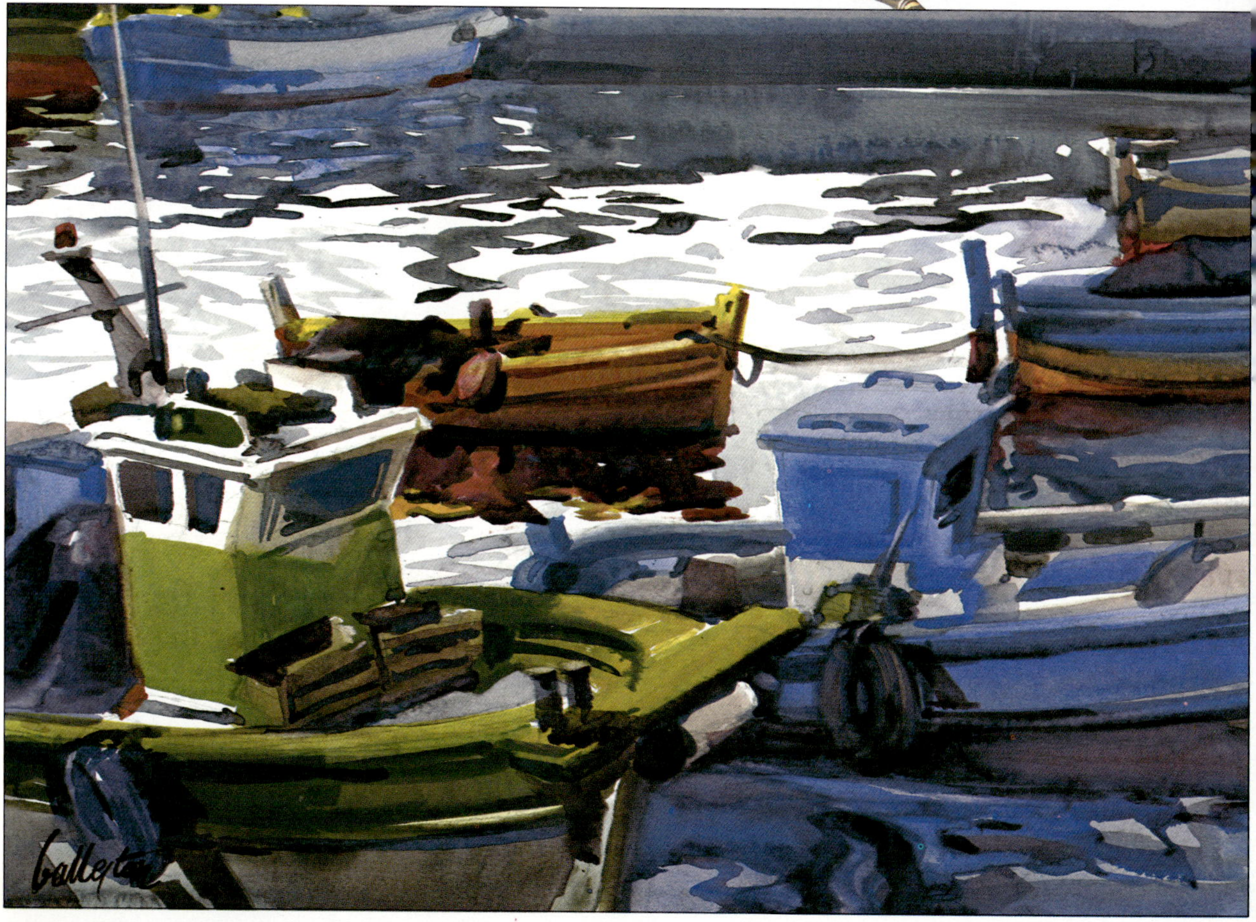

Skala der warmen Farben in Öl

Wenn es Ihnen recht ist, wollen wir nun je eine warme, eine kalte und eine gebrochene Farbskala in Öl malen. Dazu benötigen wir eine Leinwand, Malpappe oder dickes Papier, fünf flache Schweinsborstenpinsel der Nr. 8 bis 10 sowie eine Palette, Balsamterpentin, Lappen, Zeitungspapier und natürlich die drei Ölfarben: Kadmiumgelb mittel, Krappkarmin dunkel und Preußischblau sowie Weiß, und zwar Titanweiß.

Skala der warmen Farben (Abb. 158)

Zunächst wollen wir eine Skala mit warmen Farben malen. Von oben links nach rechts:

1. Leuchtendes Gelb: Reines Kadmiumgelb mittel.
2. Kräftiges Gelb: Das vorige Gelb mit etwas Karmin.
3. Orangegelb: Das vorige Gelb mit etwas mehr Karmin.
4. Siena natur: Gelb mit Karmin und einer Spur Blau.
5. Umbra gebrannt: Die vorige Farbe mit mehr Karmin und Blau.
5. Gelbgrün: Gelb, Weiß, etwas Blau und eine Spur Karmin.
7. Karmin: reines Karmin.
8. Dunkelgrün: Blau, Gelb und eine Spur Karmin.
9. Leuchtende Fleischfarbe: Weiß, Gelb und etwas Karmin.
10. Warme graustichige Fleischfarbe: Weiß, Gelb und geringe Mengen Blau und Karmin.
11. Graustichiges Siena: Die Farbe Nr. 4 mit einer größeren Menge Blau und Karmin.
12. Purpur: Karmin und Weiß.
13. Grüngelb: Mischung aus Weiß und Gelb, zu der schrittweise Blau gegeben wird.
14. Hellgrün: Das vorige Grün mit mehr Blau.
15. Warmes Grau: Weiß, Blau und Karmin, dazu schrittweise Gelb.
16. Mittelgrau: die vorige Farbe mit zusätzlichem Karmin und Blau.
17. Grünblau: Blau, Weiß, Gelb und eine Spur Karmin.
18. Dunkelgrau: Die vorige Farbe mit zusätzlichem Blau und etwas Karmin.

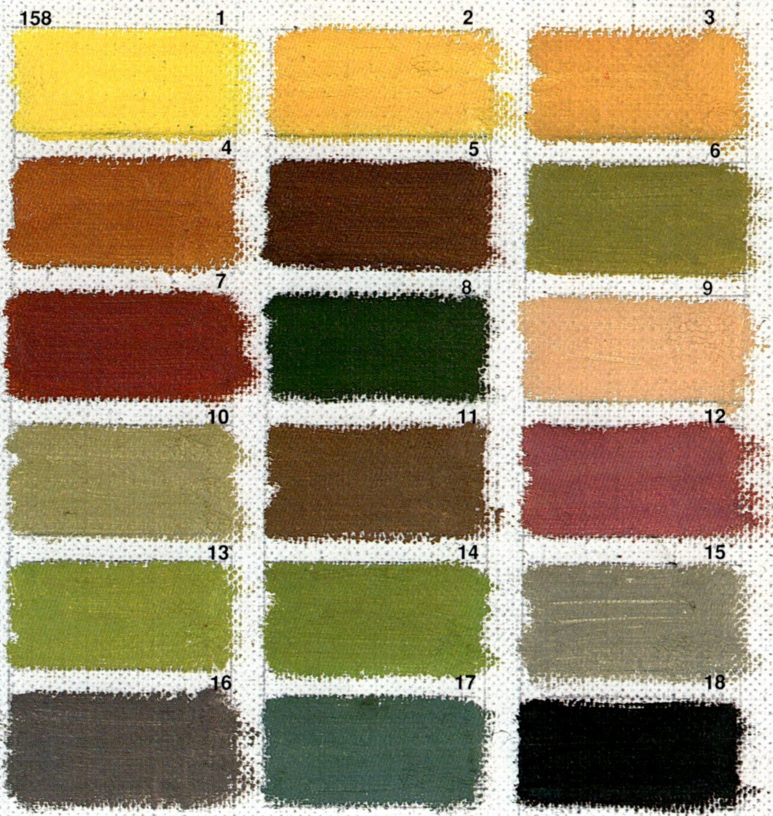

Skala der kalten und gebrochenen Farben in Öl

Skala der kalten Farben (Abb. 159)

Fahren wir fort mit einer Skala der kalten Farben:

1. Kalter heller Ocker: Weiß mit etwas Gelb, Blau und Karmin.
2. Gebrochener Ocker: Weiß, Gelb sowie etwas Karmin und Blau.
3. Hellbraun: Weiß, Gelb, Karmin und Blau.
4. Hellgrün: Weiß, Gelb und etwas Blau.
5. Blaugrün: die vorige Farbe mit mehr Blau.
6. Starkes Permanentgrün: Blau und Gelb.
7. Dunkelgrün: Die vorige Farbe mit mehr Blau und einer Spur Karmin.
8. Helles Graublau: Weiß und etwas Blau.
9. Violettes Blau: Blau, Weiß und eine Spur Karmin.
11. Hellocker: Weiß, etwas Gelb und Karmin sowie eine Spur Blau.
12. Dunkles Umbra natur: Blau, Weiß, Karmin und Gelb.
13. Hellblau: Weiß mit etwas Blau.
14. Kobaltblau: Dasselbe Hellblau mit mehr Blau sowie einer Spur Karmin.
15. Kräftiges Grün: Das vorige Blau plus Gelb.
16. Helles Graublau: Weiß, Blau, ganz wenig Karmin sowie eine Spur Gelb.
17. Siena gebrannt: Karmin, Gelb und Blau.
18. Kaltes Schwarz: Blau, Karmin und eine Spur Gelb

159

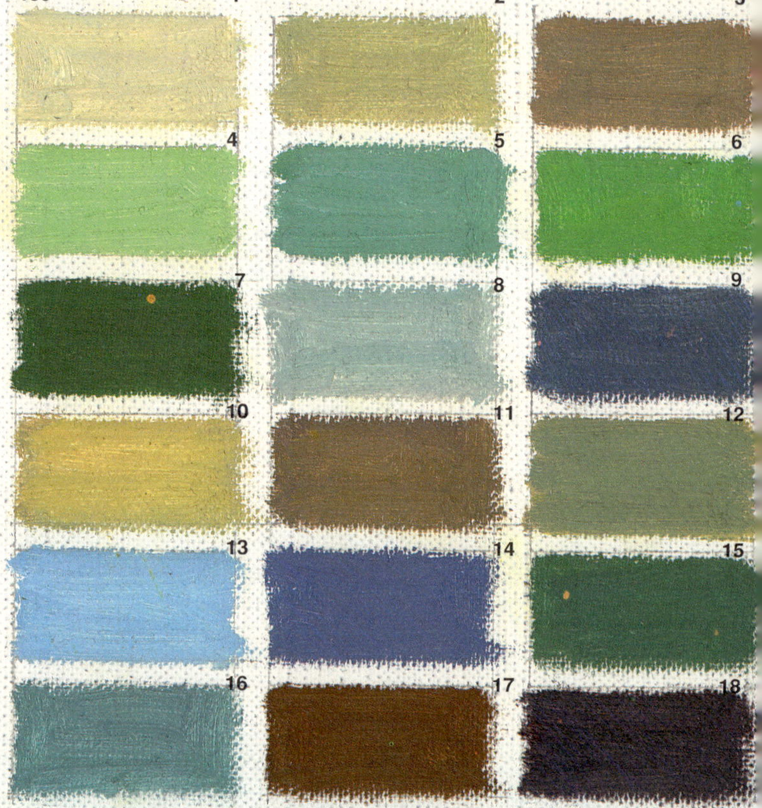

Skala der gebrochenen Farben (Abb. 160)

Zum Abschluß eine Skala mit gebrochenen Farben:

1. Hellgrau: Blau, Weiß, etwas Karmin und Gelb.
2. Mittelgrau: die vorige Farbe mit weniger Weiß.
3. Gebrochenes Hellgrün: Blau, Gelb, Weiß und Karmin.
4. Dunkles schmutziges Grün: die vorige Farbe fast ohne Weiß.
5. Kräftiger Ocker: Gelb, Blau, Weiß und etwas Karmin.
6. Blaugrün: Blau, Weiß, Gelb und eine Spur Karmin.
7. Gebrochenes Grün: Die vorige Farbe mit mehr Gelb und weniger Weiß.
8. Hellbraun: Weiß, Karmin, Gelb und schrittweise Blau.
9. Englischrot: Weiß, Gelb und Karmin (Hellorange) plus etwas Blau.
10. Gebrochenes Dunkelviolett: Zunächst ein sehr helles Orange, dem man Blau und Karmin zufügt.
11. Heller gebrochener Ocker: Gelb, Weiß sowie etwas Karmin und Blau.
12. Hellgrau: viel Weiß, Blau, etwas Karmin und noch weniger Gelb.
13. Kaltes Hellgrau: dasselbe Grau wie zuvor mit weniger Karmin.
14. Bläuliches Mittelgrau: Mittelgrau mit mehr Karmin und Blau.
15. Grünliches Mittelgrau: Hellgrau mit zusätzlichem Grün und Gelb.
16. Neutrales Dunkelgrau: Weiß, Blau, Karmin und Gelb, gut ausgewogen.
17. Paynesgrau: dasselbe neutrale Grau mit weniger Weiß und mehr Blau.
18. Schwarz: dichtes Blau, Karmin und Gelb.

160

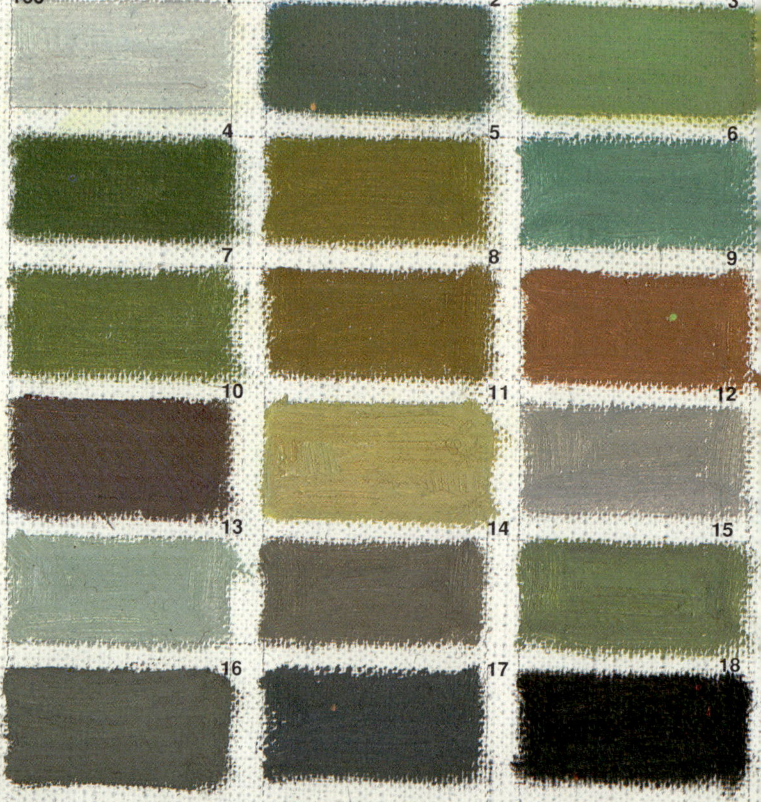

José M. Parramón malt ein Seestück in Öl nur mit drei Farben

161

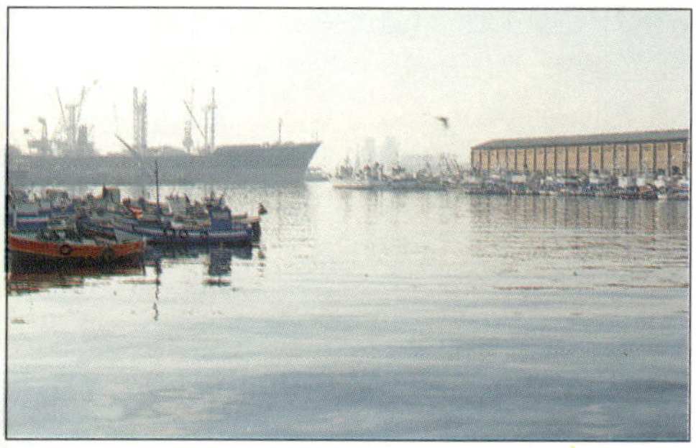

162

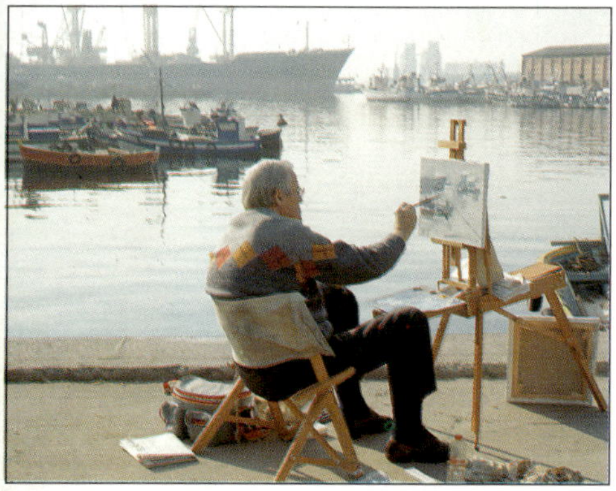

163

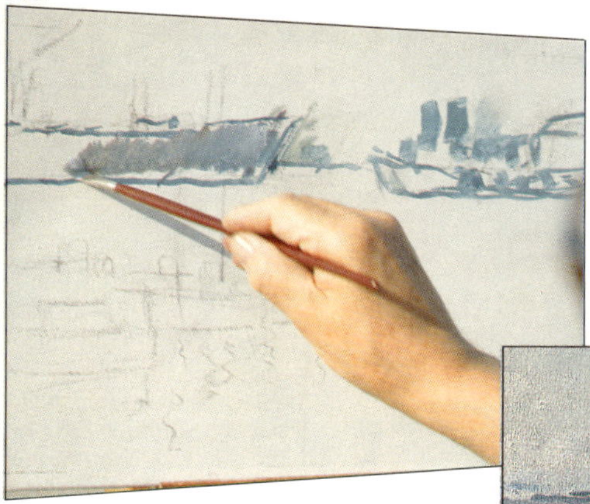

José M. Parramón befindet sich auf dem Fischerkai im Hafen von Barcelona. Neben der Anlegestelle der Schiffe hat er seine tragbare Staffelei und den Klappstuhl aufgestellt und will nun ein Seestück mit Ölfarben malen (Abb. 161 und 162).
Seine Farben bestehen aus Kadmiumgelb mittel, Krappkarmin, Preußischblau und Weiß, ohne das es bei der Ölmalerei nicht geht. Er wählt Titanweiß, weil es rascher trocknet als Kremserweiß.
Nachdem er die Komposition mit leichten Kohlestrichen vorgezeichnet hat, umreißt Parramón die großen Blöcke und legt die Schiffe und Gebäude mit einer Mischung aus Blau und einer Spur Karmin an, die stark mit Balsamterpentin verdünnt worden ist. Dazu zeichnet er mit der Pinselspitze (Abb. 163). Mit einer stark verdünnten Mischung aus Blau, Karmin und etwas Gelb tönt er die dunkelsten Stellen ab: den Schiffsrumpf, die Gebäude und deren Wurfschatten auf dem Wasser.
Gleichzeitig verstärkt er die Schatten an den dunkelsten Stellen und hellt den Hintergrund mit Weiß auf (Abb. 164).

Abb. 161: Diesen Blick hat Parramón als Motiv für sein Seestück in Öl mit nur drei Farben gewählt.

Abb. 162: Er hat seine Staffelei mit integriertem Malkasten und seinen Klappstuhl vor dem Motiv aufgestellt und beginnt, die Hauptlinien des Bildes mit der Pinselspitze zu zeichnen.

Abb. 163: Nachdem die Hauptblöcke, aus denen das Motiv besteht, skizziert sind, legt er die Töne des Schiffes im Hintergrund und der Boote an, die nahe dem Kai im Vordergrund festgemacht haben.

164

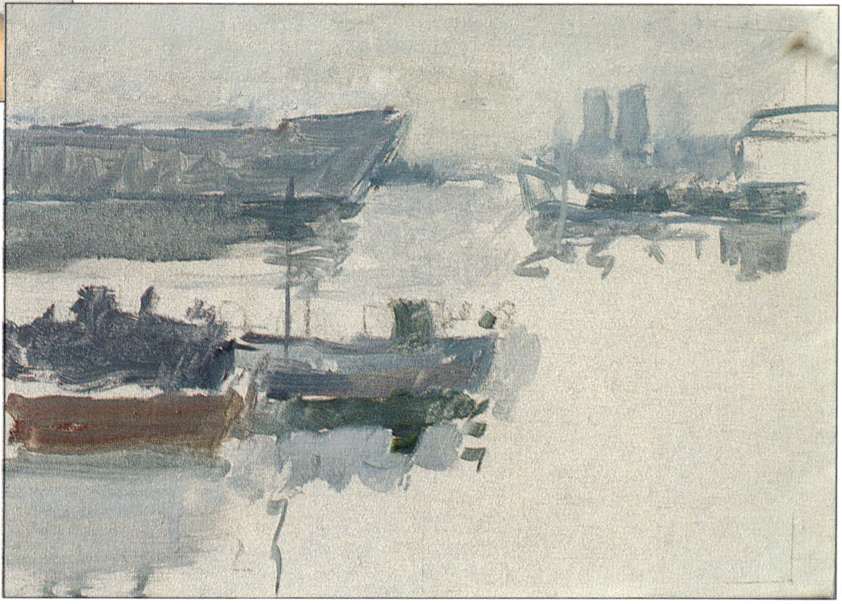

Abb. 164: Das Bild nach Abschluß des ersten Stadiums: Die allgemeine Farbenharmonie liegt fest, und die Hauptkontraste und die Umrisse der Formen sind vorhanden.

Fortsetzung und Abschluß des Bildes

Parramón malt nun den Himmel mit sehr hellem, stark mit Balsamterpentin verdünntem Grau, ohne ihn zu schattieren. Der Ton ähnelt stark dem des Wassers. Der Künstler kann ihn praktisch mit demselben Farbwert malen (Abb. 165).

Mit einem feinen Rotmarderpinsel Nr. 2 präzisiert er die Masten, die Kräne und Ränder der Schiffe. Ferner umreißt er die Schiffsrümpfe und setzt ihnen einen weißen Pinselstrich entgegen, der mit dem dunklen Ton kontrastiert.

Von hier aus betrachtet weist das Modell unzählige kleine Details auf: Masten, Antennen, Kräne, Trossen etc. Alles darstellen zu wollen, wäre unsinnig. Man muß auswählen, das Chaos ordnen, all jene kleinen Formen unbeachtet lassen, die nicht zum Gesamtbild beitragen, etliches zusammenfassen und andere ganz eliminieren. So etwas geschieht während des Malens ohne vorherigen Plan. Man läßt sich von der Leinwand und den vorhandenen Farbflekken „beraten".

Häufig fügt sich eine Farbe auf der Leinwand nicht in die angestrebte Harmonie. Das kann man verbessern, indem man einen weiteren Ton, etwas mehr Gelb oder Blau, direkt auf die vorige Farbe legt, beides auf der Leinwand mischt und so die gewünschte Nuance erhält. Gegen dieses Verfahren ist nichts einzuwenden, auch wenn man sich bemühen sollte, von Anfang an die richtige Nuance zu treffen.

165

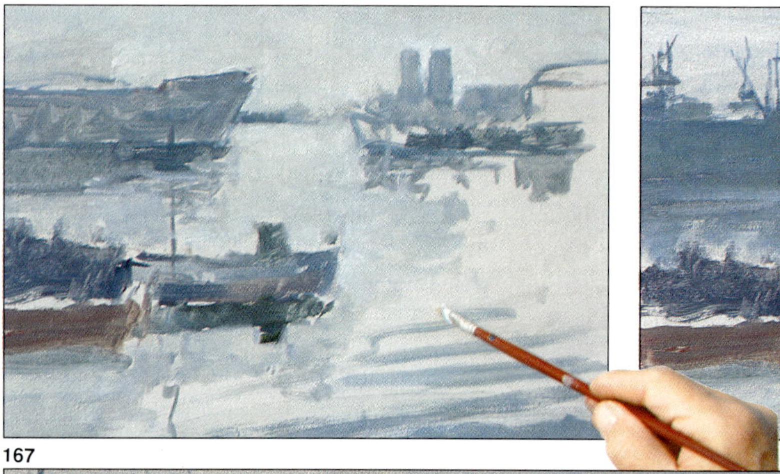

Abb. 165: Mit breiten Pinselstrichen legt Parramón das Wasser sowie die Wellen und deren Reflexe an.

166

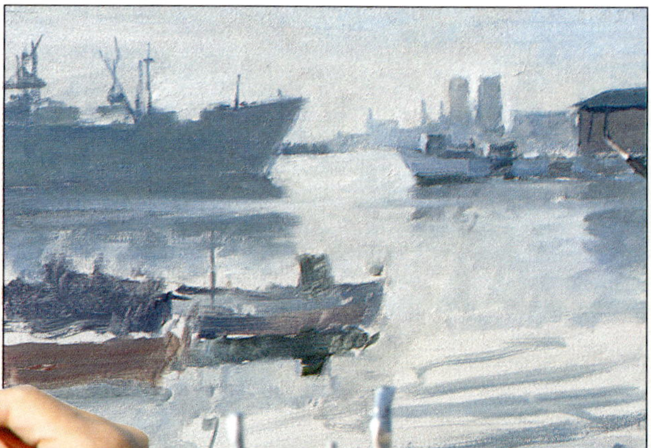

Abb. 166: Der Ton des Meeres ähnelt stark dem des Himmels und ist erheblich heller als der Block aus den Schiffen und den Gebäuden.

167

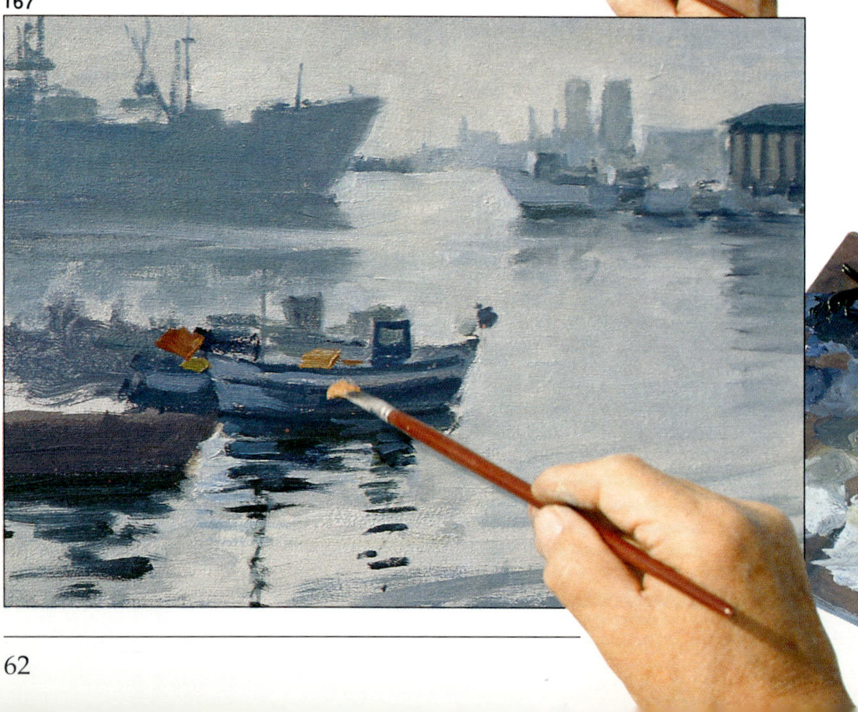

Abb. 167: Nun berichtigt und nuanciert er die Töne der Schiffe, hellt die Decks auf und präzisiert die Formen.

168

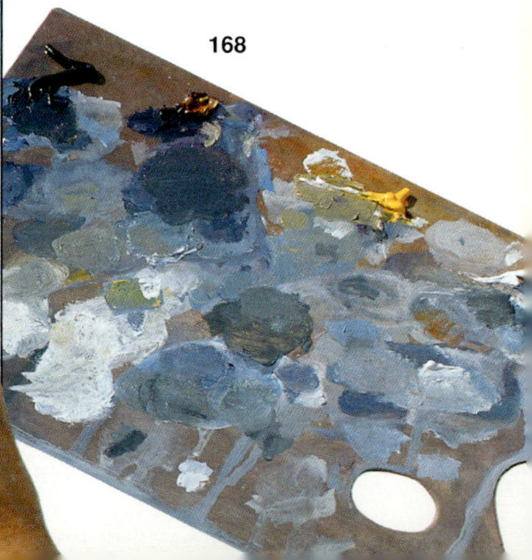

Abb. 168: Eine beschränkte Palette bedeutet nicht automatisch dürftige Farben: Beachten Sie die Vielfalt der Nuancen, die sich aus drei Farben plus Weiß erzielen lassen.

Abb. 169: Der Künstler verstärkt einige Kontraste (so den Rumpf des Frachters im Hintergrund), fügt ein paar kleine Gestalten hinzu, die die Komposition beleben, und beendet sein Bild.

Durch Kontraste zwischen hellen und dunklen sowie kalten und warmen Tönen treten die Formen präziser hervor. Dabei berücksichtigt der Künstler, daß der Hintergrund weniger Kontraste aufweist und eine kältere Farbe besitzt als die näheren Ebenen. (Sie erinnern sich: die Luftperspektive!). Folglich reserviert Parramón die weichen bläulichen Töne für die Gebäude im Hintergrund und fügt mehr Karmin und Gelb für die näheren Schiffe hinzu.

Mit kleinen Tupfern und Linien aus waagerechten Pinselstrichen in grünlichem Blau stellt er die Schatten der Schiffe dar, die sich auf dem Wasser spiegeln. Um den Kontrast zu verstärken und das Ganze zu beleben, schattet er die Fläche für den großen Frachter ab, gibt ihm einen dunkleren Ton und erreicht dadurch, daß das Wasser heller wirkt. Mangels eines richtigen Malstocks stützt er die Hand auf einen Pinselstiel, während er kleine unscharfe Details wie die Masten und Antennen der Schiffe in einer dunklen, bläulichen Farbe anlegt. Außerdem betont er die schattigen Stellen der Schiffsrümpfe im Mittelgrund und deren Spiegelung auf dem Wasser. Dabei arbeitet er stets fett auf mager und verwendet in diesem letzten Stadium fast kein Balsamterpentin. Er fügt einige kleine Gestalten hinzu, um eine Vorstellung von der relativen Größe der Elemente zu geben, und belebt dadurch gleichzeitig die Komposition.

Dabei beläßt er es erst einmal und hat vor, manche Farben noch in seinem Atelier zu überprüfen (Abb. 169). Es ist ein fruchtbarer Arbeitsmorgen im Hafen gewesen, meinen Sie nicht auch?

169

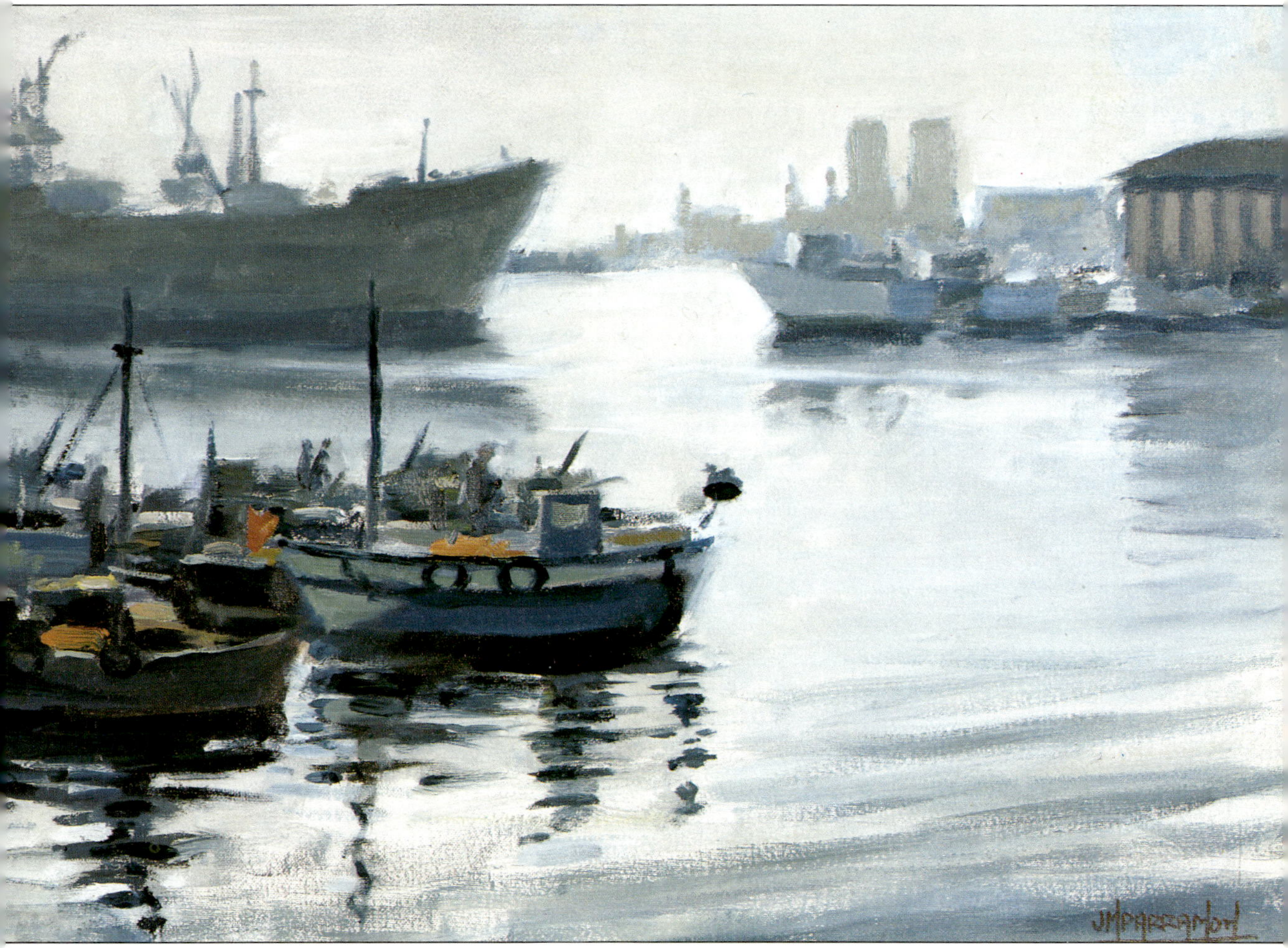

Farbenkarten für Aquarell- und Ölfarben

170

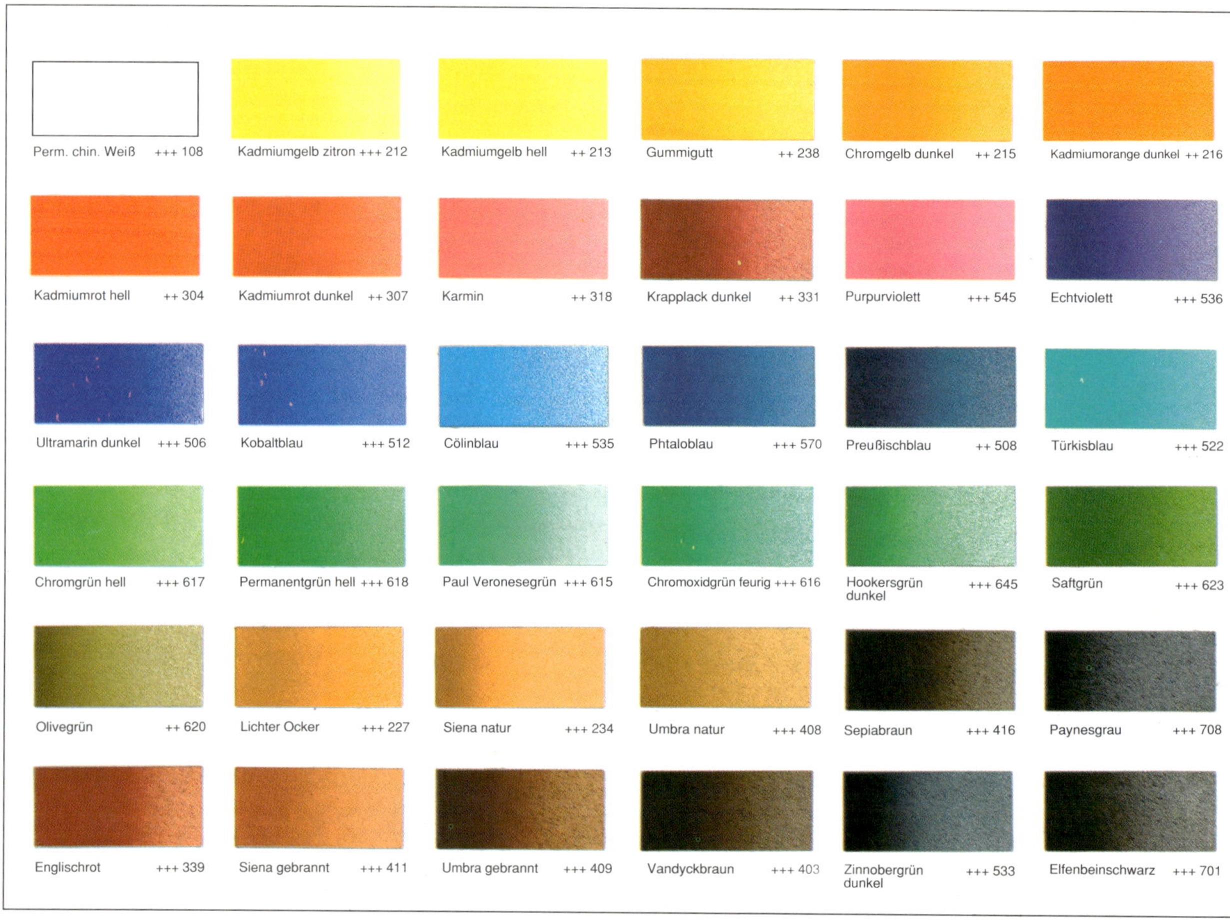

Auf dieser Seite haben wir eine Farbenkarte mit 36 Ölfarben abgebildet und gegenüber eine mit 60 Aquarellfarben. Selbstverständlich benötigt der Maler nicht soviele verschiedene Nuancen. Weshalb dann die große Skala? Die Antwort ist ganz einfach: Jeder Maler wählt daraus, was ihm geeignet erscheint. Anhand einer dieser Karten probiert er die Farben aus und stellt schließlich seine eigene Skala zusammen. Das soll jedoch nicht heißen, daß es keine universelle oder Standardskala gäbe, die normalerweise von allen Künstlern verwendet wird (s. S. 66). Auf den Farbenkarten für Ölfarben befinden sich bei jedem Muster Angaben über die Lichtechtheit und das Deckungsvermögen. Von Ausnahmen abgesehen, brauchen diese Eigenschaften Sie während des Malens jedoch nicht übermäßig zu interessieren.
Auch die Hersteller von Aquarellfarben machen auf ihren Karten Angaben über die Lichtechtheit der Farben. Diese sollte man zwar berücksichtigen, ihnen aber keine herausragende Bedeutung beimessen.

Abb. 170 und 171: Farbenkarten für Ölfarben und Aquarellfarben; gegenüber eine Farbenkarte für Aquarellfarben von Schmincke.

+++ = höchste Lichtechtheit
++ = gute Lichtechtheit

171

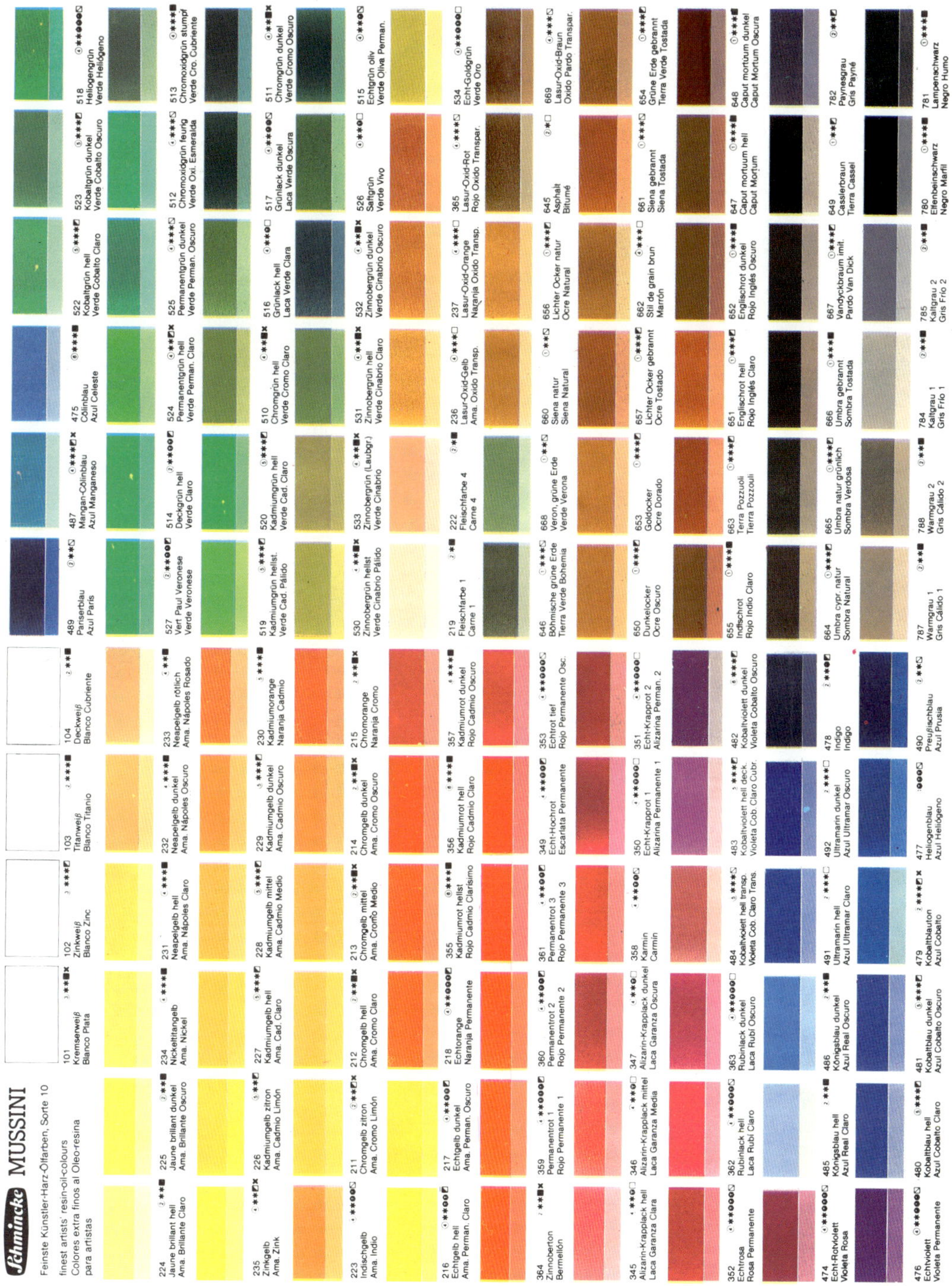
Schmincke MUSSINI
Feinste Künstler-Harz-Ölfarben, Sorte 10
finest artists' resin-oil-colours
Colores extra finos al Oleo-resina para artistas
101 Kremserweiß Blanco Plata
102 Zinkweiß Blanco Zinc
103 Titanweiß Blanco Titanio
104 Deckweiß Blanco Cubriente
489 Pariserblau Azul Paris
487 Mangan-Cölinblau Azul Manganeso
475 Cölinblau Azul Celeste
522 Kobaltgrün hell Verde Cobalto Claro
523 Kobaltgrün dunkel Verde Cobalto Oscuro
518 Heliogengrün Verde Heliógeno
224 Jaune brillant hell Ama. Brillante Claro
225 Jaune brillant dunkel Ama. Brillante Oscuro
234 Nickeltitangelb Ama. Nickel
231 Neapelgelb hell Ama. Nápoles Claro
232 Neapelgelb dunkel Ama. Nápoles Oscuro
233 Neapelgelb rötlich Ama. Nápoles Rosado
527 Vert Paul Veronese Verde Veronese
514 Deckgrün hell Verde Claro
524 Permanentgrün hell Verde Perman. Claro
525 Permanentgrün dunkel Verde Perman. Oscuro
512 Chromoxidgrün feurig Verde Oxi. Esmeralda
513 Chromoxidgrün stumpf Verde Cro. Cubriente
235 Zinkgelb Ama. Zink
226 Kadmiumgelb zitron Ama. Cadmio Limón
227 Kadmiumgelb hell Ama. Cad. Claro
228 Kadmiumgelb mittel Ama. Cadmio Medio
229 Kadmiumgelb dunkel Ama. Cadmio Oscuro
230 Kadmiumorange Naranja Cadmio
519 Kadmiumgrün hellst. Verde Cad. Pálido
520 Kadmiumgrün hell Verde Cad. Claro
510 Chromgrün hell Verde Cromo Claro
516 Grünlack hell Laca Verde Clara
517 Grünlack dunkel Laca Verde Oscura
511 Chromgrün dunkel Verde Cromo Oscuro
223 Indischgelb Ama. Indio
211 Chromgelb zitron Ama. Cromo Limón
212 Chromgelb hell Ama. Cromo Claro
213 Chromgelb mittel Ama. Cromo Medio
214 Chromgelb dunkel Ama. Cromo Oscuro
215 Chromorange Naranja Cromo
530 Zinnobergrün hellst Verde Cinabrio Pálido
533 Zinnobergrün (Laubgr.) Verde Cinabrio
531 Zinnobergrün hell Verde Cinabrio Claro
532 Zinnobergrün dunkel Verde Cinabrio Oscuro
526 Saftgrün Verde Vivo
515 Echtgrün oliv Verde Oliva Perman.
216 Echtgelb hell Ama. Perman. Claro
217 Echtgelb dunkel Ama. Perman. Oscuro
218 Echtorange Naranja Permanente
355 Kadmiumrot hellst Rojo Cadmio Clarísimo
356 Kadmiumrot hell Rojo Cadmio Claro
357 Kadmiumrot dunkel Rojo Cadmio Oscuro
219 Fleischfarbe 1 Carne 1
222 Fleischfarbe 4 Carne 4
236 Lasur-Oxid-Gelb Ama. Oxido Transp.
237 Lasur-Oxid-Orange Naranja Oxido Transp.
365 Lasur-Oxid-Rot Rojo Oxido Transpar.
534 Echt-Goldgrün Verde Oro
364 Zinnoberton Bermellón
359 Permanentrot 1 Rojo Permanente 1
360 Permanentrot 2 Rojo Permanente 2
361 Permanentrot 3 Rojo Permanente 3
349 Echt-Hochrot Escarlata Permanente
353 Echtrot tief Rojo Permanente Osc.
646 Böhmische grüne Erde Tierra Verde Bohemia
668 Veron, grüne Erde Verde Verona
660 Siena natur Siena Natural
656 Lichter Ocker natur Ocre Natural
645 Asphalt Bitumé
669 Lasur-Oxid-Braun Oxido Pardo Transpar.
345 Alizarin-Krapplack hell Laca Garanza Clara
346 Alizarin-Krapplack mittel Laca Garanza Media
347 Alizarin-Krapplack dunkel Laca Garanza Oscura
358 Karmin Carmín
350 Echt-Krapprot 1 Alizarina Permanente 1
351 Echt-Krapprot 2 Alizarina Perman. 2
650 Dunkelocker Ocre Oscuro
653 Goldocker Ocre Dorado
657 Lichter Ocker gebrannt Ocre Tostado
662 Stil de grain brun Marrón
661 Siena gebrannt Siena Tostada
654 Grüne Erde gebrannt Tierra Verde Tostada
352 Echtrosa Rosa Permanente
362 Rubinlack hell Laca Rubí Claro
363 Rubinlack dunkel Laca Rubí Oscuro
484 Kobaltviolett hell transp. Violeta Cob. Claro Trans.
483 Kobaltviolett hell deck. Violeta Cob. Claro Cubr.
482 Kobaltviolett dunkel Violeta Cobalto Oscuro
655 Indischrot Rojo Indio Claro
663 Terra Pozzuoli Tierra Pozzouli
651 Englischrot hell Rojo Inglés Claro
652 Englischrot dunkel Rojo Inglés Oscuro
647 Caput mortuum hell Caput Mortum
648 Caput mortuum dunkel Caput Mortum Oscura
474 Echt-Rotviolett Violeta Rosa
485 Königsblau hell Azul Real Claro
486 Königsblau dunkel Azul Real Oscuro
491 Ultramarin hell Azul Ultramar Claro
492 Ultramarin dunkel Azul Ultramar Oscuro
478 Indigo Indigo
664 Umbra cypr. natur Sombra Natural
665 Umbra natur grünlich Sombra Verdosa
666 Umbra gebrannt Sombra Tostada
667 Vandyckbraum imit. Pardo Van Dick
649 Casslerbraun Tierra Cassel
782 Paynesgrau Gris Payné
476 Echtviolett Violeta Permanente
480 Kobaltblau hell Azul Cobalto Claro
481 Kobaltblau dunkel Azul Cobalto Oscuro
479 Kobaltblauton Azul Cobalto
477 Heliogenblau Azul Heliógeno
490 Preußischblau Azul Prusia
787 Warmgrau 1 Gris Cálido 1
788 Warmgrau 2 Gris Cálido 2
784 Kaltgrau 1 Gris Frío 1
785 Kaltgrau 2 Gris Frío 2
780 Elfenbeinschwarz Negro Marfil
781 Lampenschwarz Negro Humo

Gebräuchliches Farbensortiment

Ich möchte Ihnen zwar nicht zu einer beschränkten Palette raten, halte es aber ebenfalls nicht für notwendig, derart viele Gelb- oder Rotnuancen zu verwenden, wie auf der Farbenkarte auf Seite 64 aufgeführt sind. Jeder muß auswählen können.

Die meisten Künstler, die alten Meister wie die Zeitgenossen, arbeiten mit höchstens zehn oder zwölf Farben plus Weiß und Schwarz.

Die hier aufgeführte Liste kann noch durch jene Farben verringert werden, die mit einem Sternchen versehen sind, denn sie lassen sich auch mischen.

Dasselbe gilt für das übliche Sortiment der Aquarellfarben. Wie gesagt, hier handelt es sich um das Sortiment der normalerweise von Kunstmalern verwendeten Farben. Ich arbeite selbst damit und rate Ihnen, es für ihre ersten Schritte ebenfalls zu wählen. Später können Sie dann – wie Delacroix und zahlreiche weitere Künstler – Ihre eigene Palette zusammenstellen und manche Farben fortlassen und andere hinzufügen.

Abb. 172: Hier jene Farben, die von Kunstmalern am meisten verwendet werden. Auf der Grundlage dieses Sortiments und Ihrer künstlerischen Praxis können Sie einige Farben hinzufügen oder fortlassen und Ihre Palette dem jeweils geplanten Werk anpassen.

172

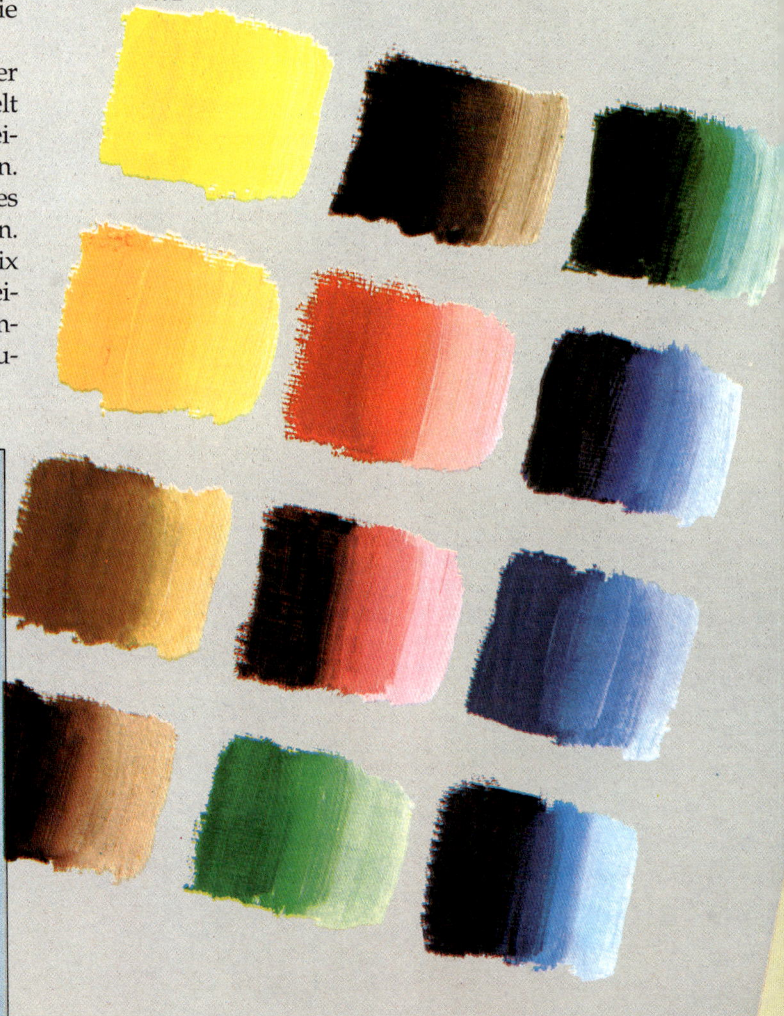

Gebräuchliche Farbskala der Kunstmaler

* Kadmiumgelb zitron	Krappkarmin dunkel
Kadmiumgelb mittel	* Permanentgrün
Lichter Ocker	Chromoxidgrün
* Siena gebrannt	Kobaltblau dunkel
Umbra gebrannt	Ultramarin dunkel
* Zinnober hell	Preußischblau

Titanweiß

*Elfenbeinschwarz

Harmonisierung der Farben

Das Ergebnis einer guten Malerei beruht in erheblichem Maße auf dem Zusammenhalt der Farben. Eine beliebige Ansammlung von hellen und dunklen, warmen und kalten Tönen verstärkt nicht die Aussagekraft, sondern erzeugt im Gegenteil Unruhe. Deshalb muß man die Farben harmonisieren. Was heißt das? Vielleicht wird der Begriff leichter verständlich, wenn man ihn anhand der Musik erklärt. Jeder Komponist stellt seine Noten so zusammen, daß die Töne zueinander in Beziehung stehen und einen vollen Klang ergeben. Deshalb wird er immer eine Verwandtschaft der Noten untereinander anstreben und, falls nötig, einige Dissonanzen als Kontrast einfügen, die das Stück beleben. Genau das bedeutet harmonisieren. Während dies bei der Musik fortlaufend geschieht – über die gesamte Länge des Stücks –, entsteht der Eindruck beim Malen gleichzeitig im ganzen Bild. Alle in sich harmonischen Farben zusammen bezeichnet man als Harmonieskala.

Die Farbenharmonie wird dem Maler stets von der Natur vorgegeben und erfordert einige Erfahrung bei der Auswahl jener Nuancen, die diese Tendenz ausdrücken. Die Anzahl der möglichen Farbskalen ist praktisch unbegrenzt.

Abb. 173 bis 176: Der Künstler entnimmt seine Harmonien der Natur. José M. Parramón macht Fotos von vielversprechenden Motiven zu verschiedenen Tages- und Jahreszeiten, um Beispiele für warme, kalte und gebrochene Farbenharmonien zu erhalten.

173

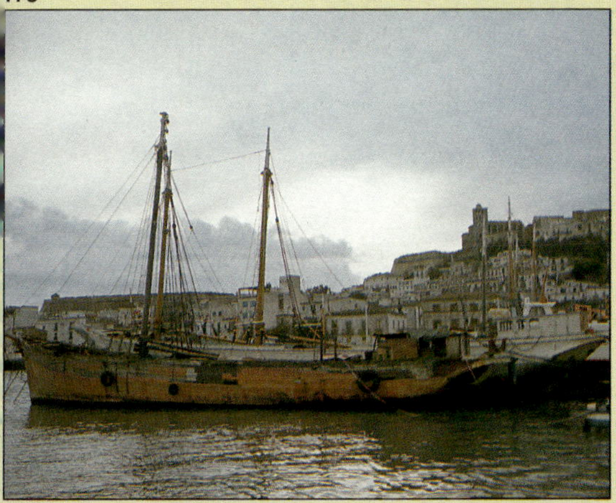

174

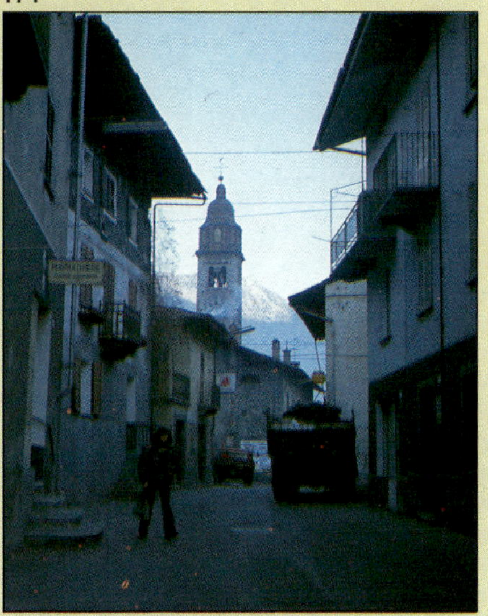

175

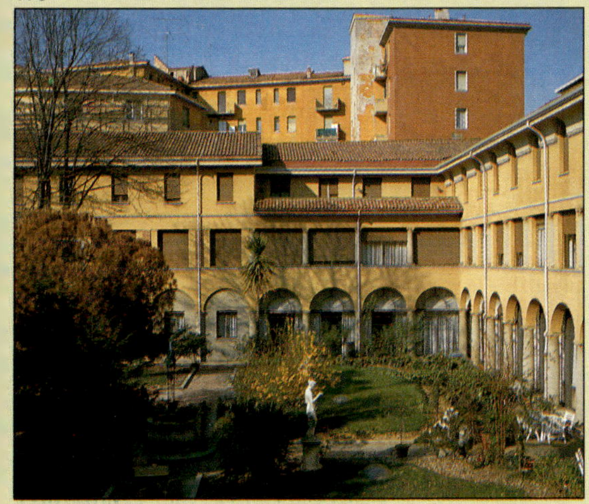

176

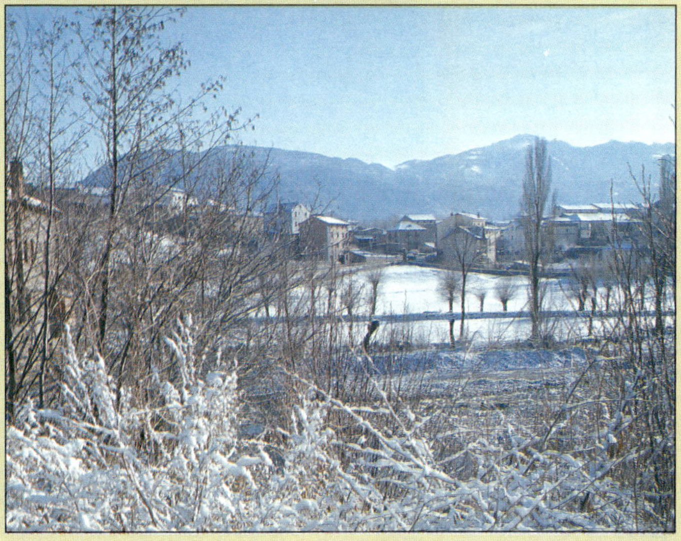

Melodische Skala, Harmonieskala der kalten Farben

Zunächst sei von der sogenannten melodischen Skala die Rede. Diese besteht aus einer einzigen abgestuften Farbe plus Schwarz und Weiß. Im Grunde handelt es sich also um eine Tonwertskala. Gerade weil sie ausschließlich aus einer Variation von Tönen besteht, gibt sie exakt die Werte des Modells, die Form und das Volumen wieder.
Handelt es sich dagegen um die Harmonisierung von Tönen unterschiedlicher Farben und Werte, greifen wir auf die Harmonieskalen zurück. In ihnen sind Farben zusammengefaßt, die sich hinsichtlich ihrer Töne oder ihrer Kontraste ähneln. Allerdings sollte man nicht vergessen, daß ein Übermaß an Harmonie Langeweile erzeugen kann.

Die Harmonieskala der kalten Farben besteht grundsätzlich aus den Familien der Blau- und Grüntöne und schließt Violett und Weiß ein. Ein Bild innerhalb dieser Skala sollte jedoch ebenfalls einige warme Akzente aufweisen, die das Werk beleben und durch ihren Kontrast die kalte Tendenz unterstreichen.

Abb. 177: Die melodische Skala beruht auf einer einzigen Farbe, die mit Weiß und Schwarz abgestuft wird. In diesem Fall handelt es sich um eine kalte, melodische Skala.

177

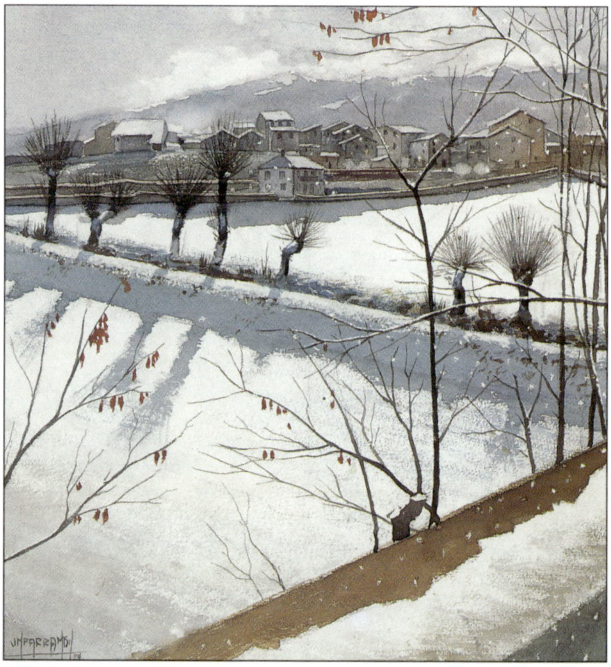

178 A

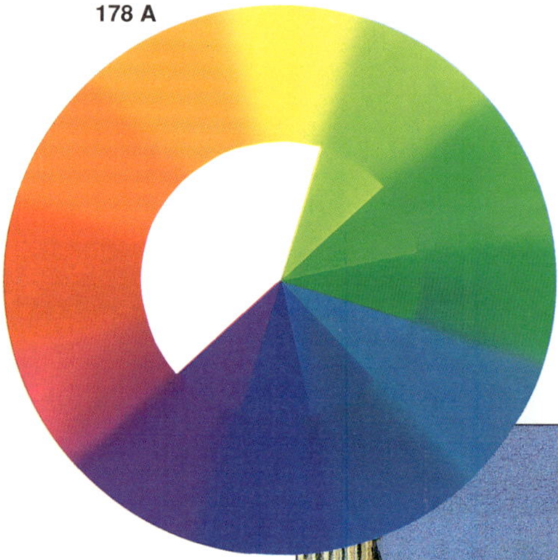

178

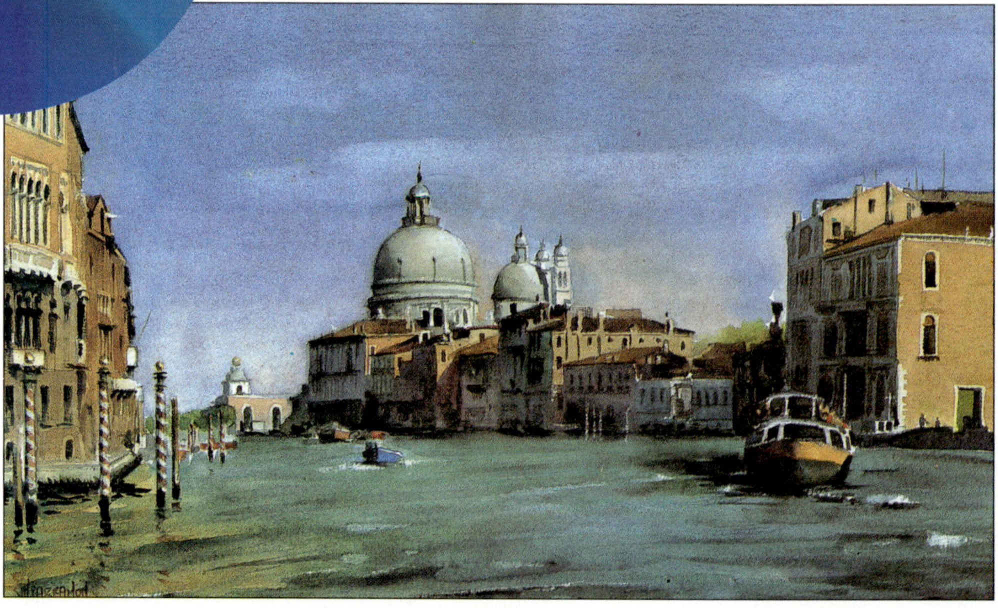

Abb. 178: José M. Parramón, *Winterlandschaft* und *Venedig, Canal Grande,* Privatsammlung. Zwei Beispiele für Bilder in einer kalten Farbskala.

Abb. 178A: Die Skala der kalten Farben setzt sich aus Blau, Violett, Grün und dem intensivsten Rot zusammen.

Harmonieskala der warmen und gebrochenen Farben

Die Harmonieskala der warmen Farben besteht aus Gelb, Ocker, Rot, Siena, Umbra und Karmin, enthält als Kontrast aber auch die notwendigen kalten Töne.
Zum Abschluß sei von der Skala der gebrochenen Farben die Rede. Ihr Hauptmerkmal ist der Graustich. Sie setzt sich aus schmutzigen Farben zusammen, die aus der Mischung von Komplementärfarben zu ungleichen Teilen entstehen und je nach Hauptwert sowohl warm als auch kalt sein können. Zu der Mischung kommt grundsätzlich Weiß, das für die tonale Einheit sorgt. Zur Skala der gebrochenen Farben gehören normalerweise alle Braun-, Beige- und Khakitöne, die warm und kalt sein können, immer jedoch graustichig, also *gebrochen* sind.

Abb. 179: Gelb, Ocker, Rot, Siena, Umbra und Karmin bilden die warme Skala.

Abb. 179A: Mischt man zwei Komplementärfarben mit Weiß, erhält man Töne in der sogenannten Harmonieskala der gebrochenen Farben.

179

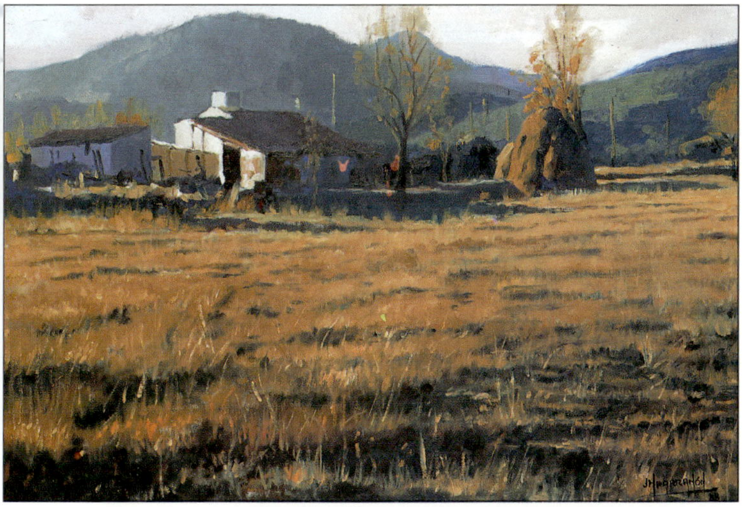

179A

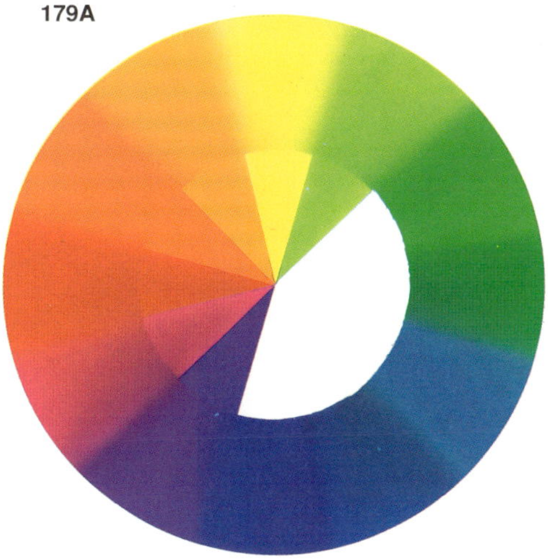

180

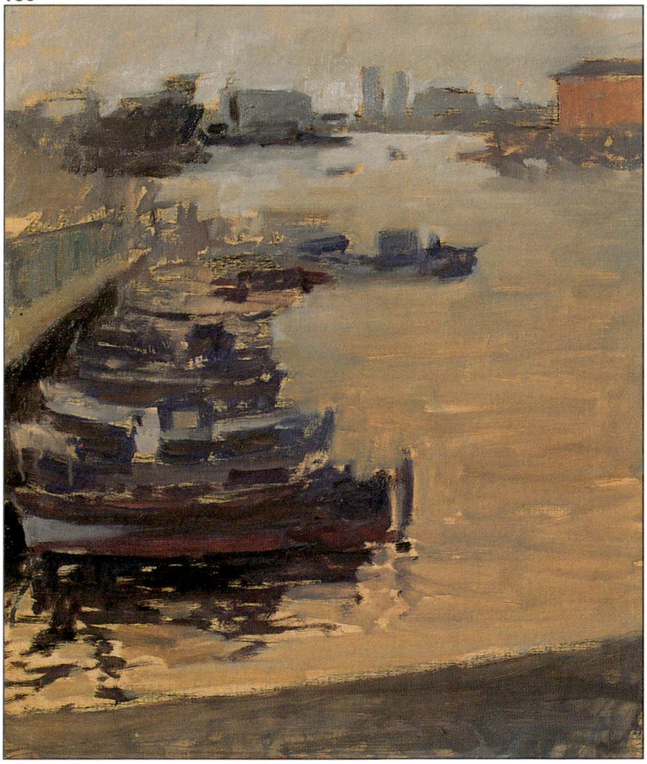

Abb. 180: José M. Parramón, *Herbstlandschaft*, Privatsammlung.

Abb. 180A: Grün und Rot sind zueinander komplementär. Aus ihrer Mischung erhält man Grautöne, also gebrochene Farben.

180A

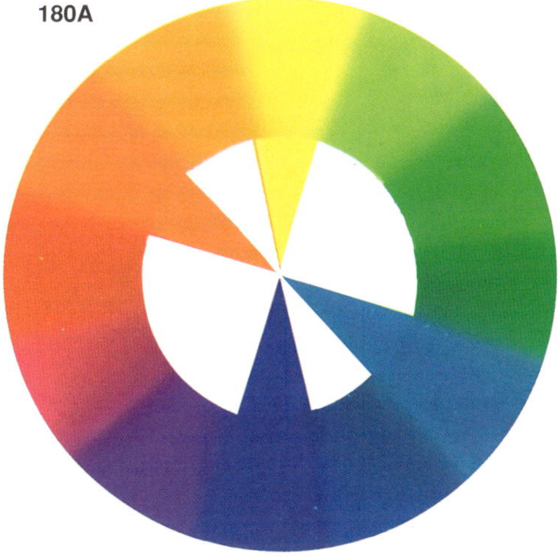

Vincenç Ballestar malt eine Landschaft als Aquarell mit allen Farben

181

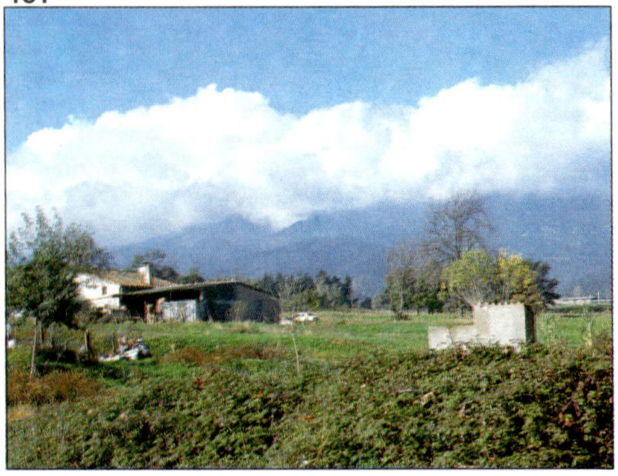

182

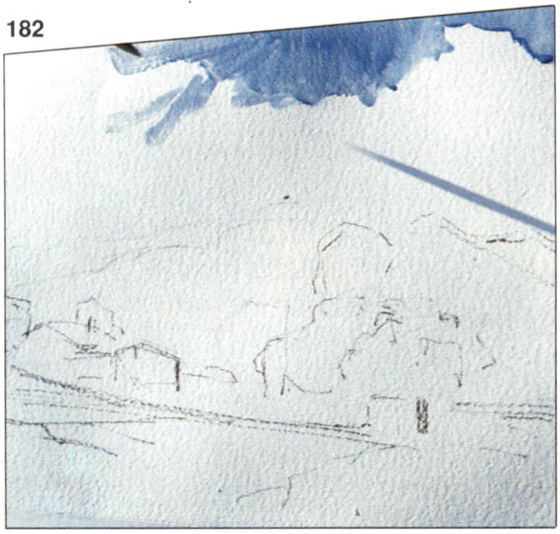

Erneut ist Ballestar bereit, eine Landschaft als Aquarell zu malen, diesmal mit allen Farben. Wir sind mit ihm zu jener Stelle gefahren, die Sie auf Abbildung 183 sehen. Diesmal wird Ballestar seine komplette Palette verwenden. Und wie komplett sie ist! Sie umfaßt Kadmiumgelb mittel, Kadmiumorange, Zinnober, Krappkarmin, Karmin gebrannt, Ultramarinblau dunkel, Kobaltblau, Cölinblau, Lichter Ocker, Siena gebrannt, Vandyckbraun, Permanentgrün hell, Hoockersgrün, Olivegrün, Kobaltgrün und Indigo. Als reichte das noch nicht, rundet Ballestar sie mit einer zusätzlichen Palette aus Neapelgelb, Malve und Oxidrot transparent ab. „Weshalb soviel Farben?" fragen wir ihn. „In einer Landschaft tauchen immer ganz besondere, wertvolle Farben auf, die schwer zu mischen sind. Deshalb verwende ich soviel Farben", antwortet der Künstler.

Auf seinem Papier mit mittlerem Korn, das er mit Klemmen auf dem Zeichenbrett befestigt hat, zieht Ballestar einige stark vereinfachte Linien mit Kohle, die er anschließend mit einem Lappen abschwächt, damit die Farben nicht verschmutzen. Aus Kobaltblau und Cölinblau mischt er Dunkelblau und legt es mit energischen Strichen seines großen, flachen Kunsthaarpinsels an den oberen Rand. Anschließend verdünnt er das Dunkelblau unmittelbar auf dem Papier mit Wasser, um die hellen Stellen für die Wolken über den Bergen darzustellen. Den unteren Teil der Wolken schattet er mit Hellgrau aus der Mischung von Kobaltblau und Siena gebrannt ab und legt anschließend einen grünlichen Ton aus Lichter Ocker mit Permanentgrün an den unteren Bildrand.

183

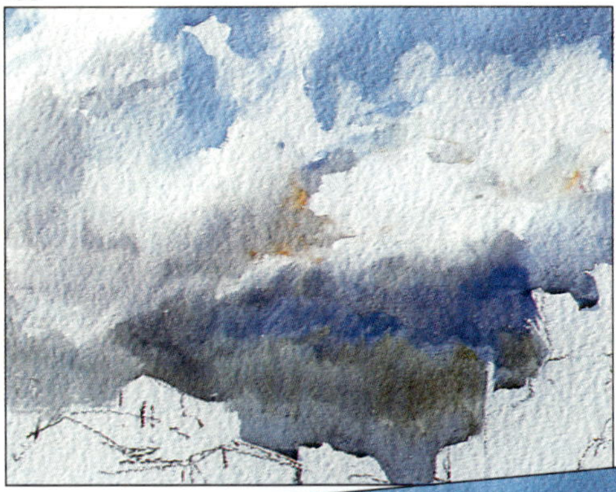

184

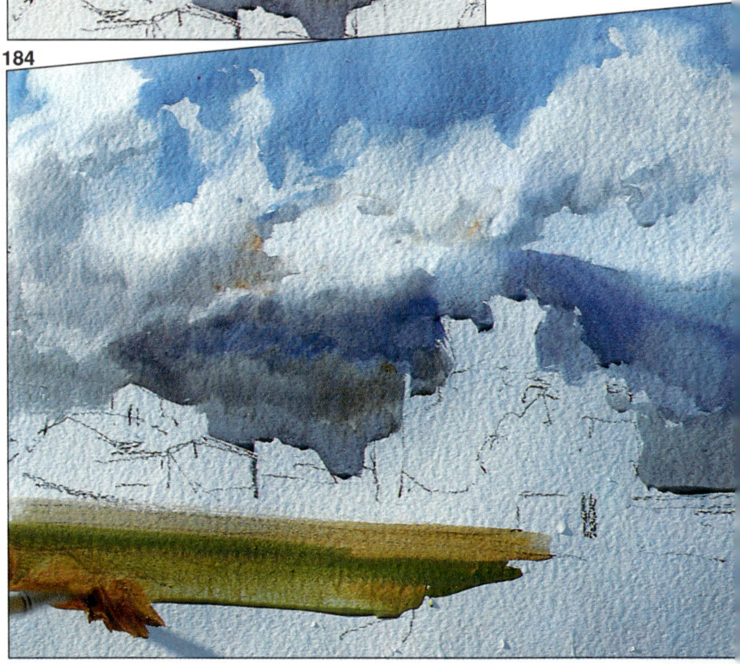

Abb. 181: Diese Landschaft hat Ballestar für sein Aquarell mit allen Farben seiner normalen Palette gewählt.

Abb. 182: Ballestar hat die allgemeinen Linien der Komposition mit einigen Kohlestrichen festgehalten. Bevor er zu malen beginnt, löscht er sie teilweise wieder aus.

Abb. 183: Aufgrund der großen Wolken kann Ballestar den oberen Abschnitt des Papiers mit reichen Blau- und Grautönen abdecken.

Abb. 184: Die Fläche für die Wiese malt Ballestar mit sicheren, lebhaften Pinselstrichen in reichen Nuancen, die genau dem skizzenhaften Stadium der Farbe entsprechen.

Die Baumkronen malt er mit einer braunen Farbe und kontrastiert diese mit sehr hellem, vibrierendem, gelbstichigem Grün.
Die Farbtendenz des Aquarells liegt fest. Die einzelnen Ebenen des Motivs sind bis in den Hintergrund geordnet, und alle Formen beginnen sich abzuzeichnen.
Ballestars Arbeitsweise ist sehr spontan: Sobald er erkennt, daß eine Form oder eine Farbe präzisiert werden muß, wandert er mit dem Pinsel an die Stelle und bearbeitet das Detail oder verstärkt den Ton. Auf diese Weise schreitet das gesamte Aquarell fort, wie eine Landschaft, die aus dem Nebel emporsteigt.
Der Künstler schaut und malt beinahe gleichzeitig und findet den jeweiligen Ton quasi intuitiv. Wenn man ihn sieht, könnte man die Aquarellmalerei für die einfachste Sache der Welt halten. Doch diese Natürlichkeit erreicht man nur durch Erfahrung, durch geduldige, ausgedehnte Praxis.

Abb. 185 bis 187: Nachdem er das Papier mit Farbflecken bedeckt hat, die die verschiedenen Ebenen und die Landschaftselemente festhalten, nimmt Ballestar den feinsten Pinsel und präzisiert die Nuancen und die Umrisse der Häuser und Bäume.

185

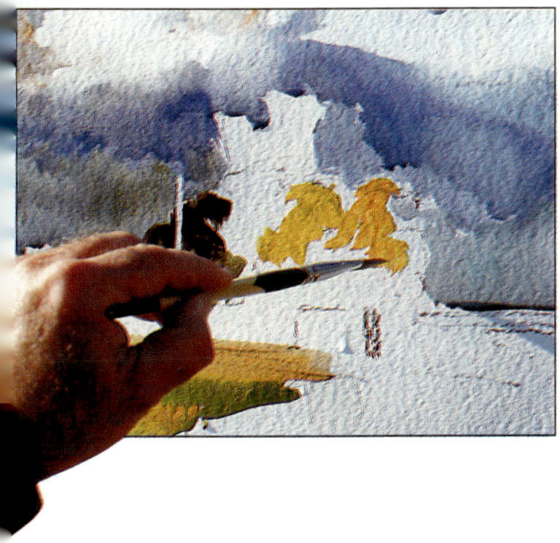

186

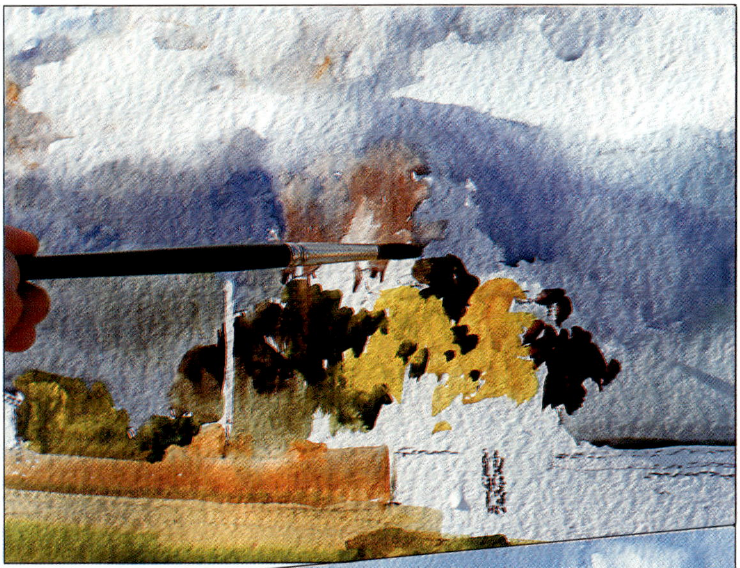

187

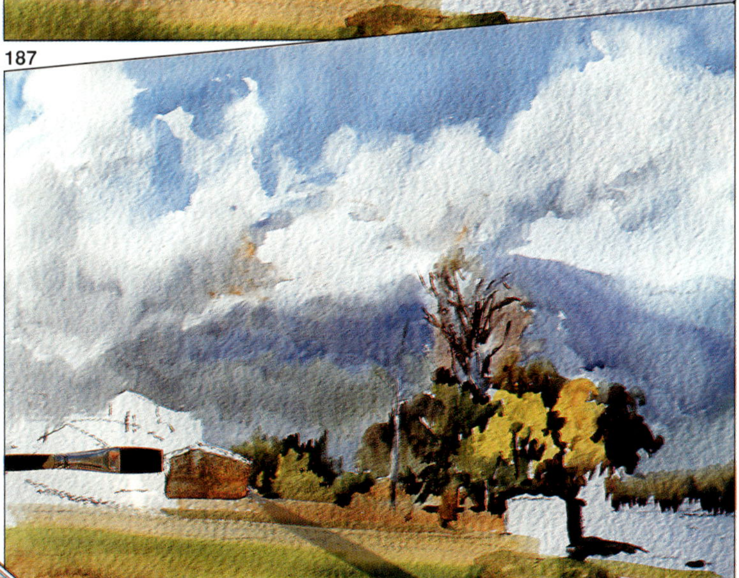

Abb. 188: Hier die Palette mit den Fächern für die Farben und Mischungen, die Ballestar verwendet. Der Künstler malt stets mit cremigen Aquarell-Tubenfarben.

188

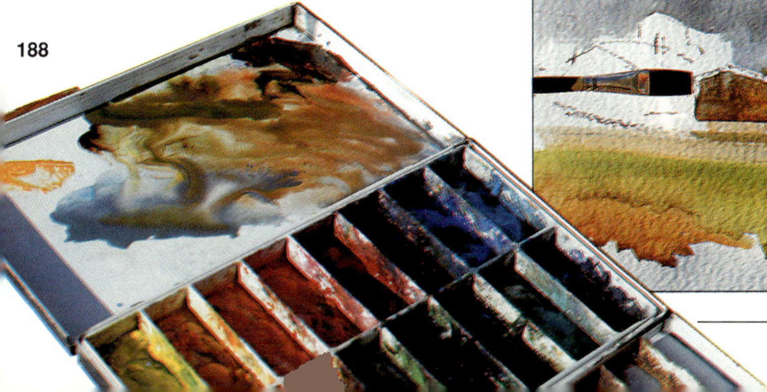

Negatives Malen

Während Ballestar das Laub mit braunen Tönen nuanciert, erklärt er: „Bei der Aquarellmalerei muß man negativ malen. Das heißt, man kontrastiert Stellen, die hell bleiben sollen, indem man sie mit dunklen Tönen umgibt.“ So hat der Künstler bereits die Volumen der Bäume hervorgehoben und den Kontrast der hellen Häuser gegen die dunkle Wand der Vegetation im Hintergrund verstärkt. Gleichzeitig hat er mit bewundernswertem Geschick die jeweilige Farbe und deren Tonwert gefunden. Diese scheinbare Mühelosigkeit wird noch unterstrichen durch die Tatsache, daß Ballestar mit der rechten Hand in der Hosentasche malt, als wäre es alles gar nichts. (Sie haben sicher längst bemerkt, daß Ballestar Linkshänder ist.)

Er nimmt also weiterhin Farbe auf, mischt sie auf der Palette, trägt sie auf, verdünnt sie mehr oder weniger mit Wasser direkt auf dem Papier, trocknet den Pinsel mit einem Tuch, das er immer in Reichweite auf der Staffelei liegen hat, und bereichert das Werk mit beneidenswerter Sicherheit. In diesem Stadium verlangt das Aquarell noch nicht viele Details, sondern vor allem Nuancen: Hier ist ein übermäßiger Kontrast, dort eine nicht ganz korrekte Linie, eine zu helle Farbe. Das Verfahren erfordert eine doppelte Aufmerksamkeit. Einmal von seiten der Natur. Sie ist die Informationsquelle des Künstlers und Hauptkriterium, von dem er sich leiten lassen muß. Vergißt er dies, wird das Aquarell künstlich, mechanisch. Andererseits muß er auch dem Aquarell selbst größte Beachtung schenken: seinem Gleichgewicht und der Harmonie von Farbe und Form. Ballestar erklärt das so: „Hielte ich mich ausschließlich an die Landschaft, würde ich nie fertig. Das Licht wechselt, die Farben wechseln, die Schatten verändern die Formen, die man nicht ständig korrigieren kann.“ Ballestar ist dieses Gleichgewicht gelungen (Abb. 191).

189

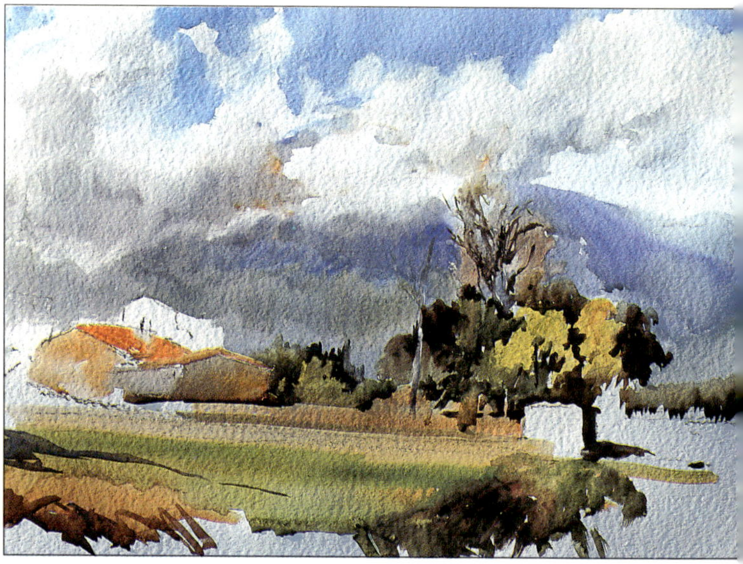

Abb. 189 bis 191: Das Werk ist bereits weit fortgeschritten: Die Töne für den Himmel, die Berge, die Wiese etc. sind angepaßt. Allerdings müssen noch einige Formen und verschwommene Farben präzisiert werden.

190

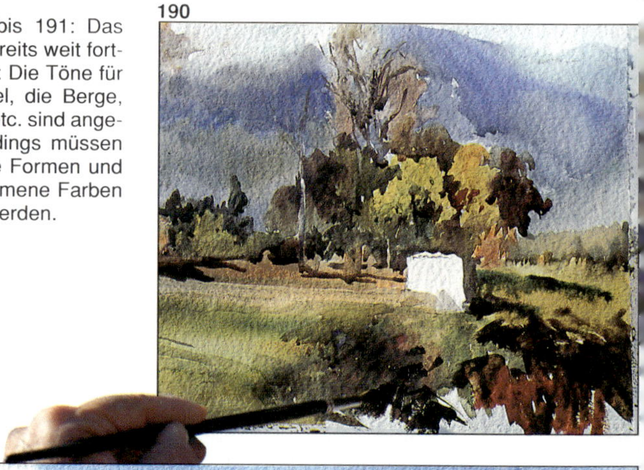

191

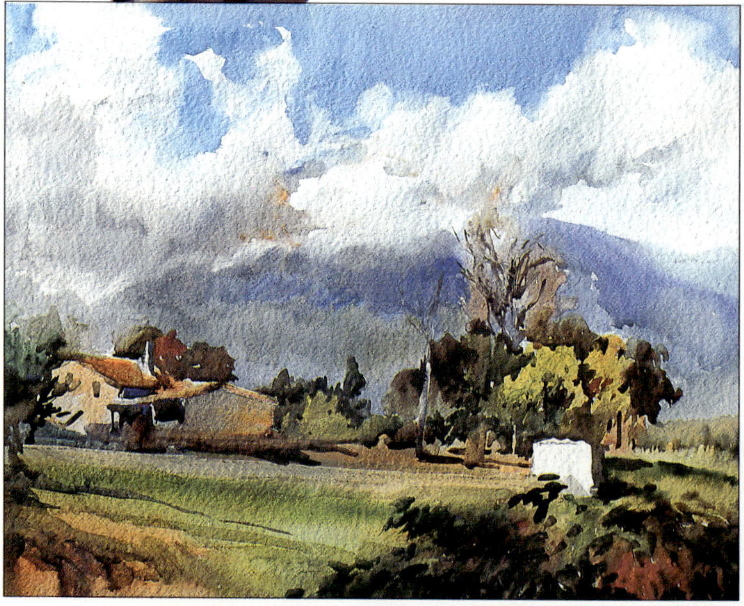

Beachten Sie, daß Ballestar ein kleines weißes Quadrat stehengelassen hat, das dem Häuschen im Mittelgrund entspricht. Damit verstärkt er die Leuchtkraft des Aquarells und deutet das helle Licht an, das an diesem Morgen über der Landschaft liegt. Einige Retuschen an den Blättern, ein paar Nuancen, die das Volumen der Wolken, die Form des Gebüschs oder den Umriß des Gehöfts besser ausdrücken, dann... Ballestar betrachtet immer noch besorgt das Aquarell und scheint erneut retuschieren zu wollen. Endlich entspannt er sich. „Ich würde am liebsten immer weitermachen", gesteht er. „Es fällt mir sehr schwer, ein Aquarell zu beenden. Aber es gibt keinen Zweifel: Dieses ist fertig.

192

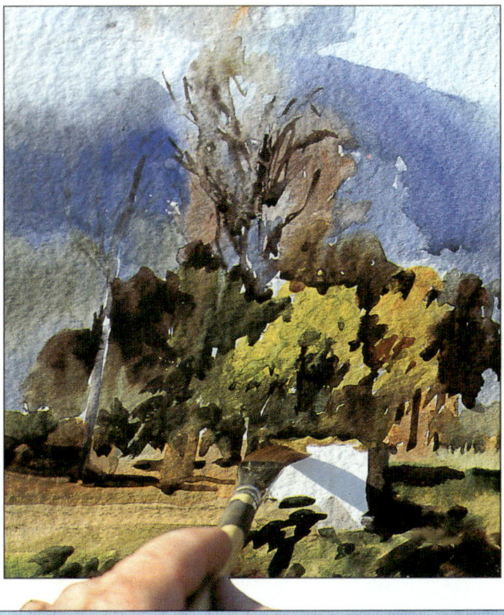

Abb. 192: Der Künstler hat das Weiß des Papiers für die Fläche des Gehöfts im Mittelgrund ausgespart, um einen heftigen Kontrast zu erzeugen, der das Bild belebt und die Leuchtkraft verstärkt.

Abb. 193: Ballestar hat seine Arbeit abgeschlossen. Sein Bild besitzt einen außerordentlichen Farbenreichtum und jene Transparenz und Leuchtkraft, die für das Aquarell charakteristisch sind.

193

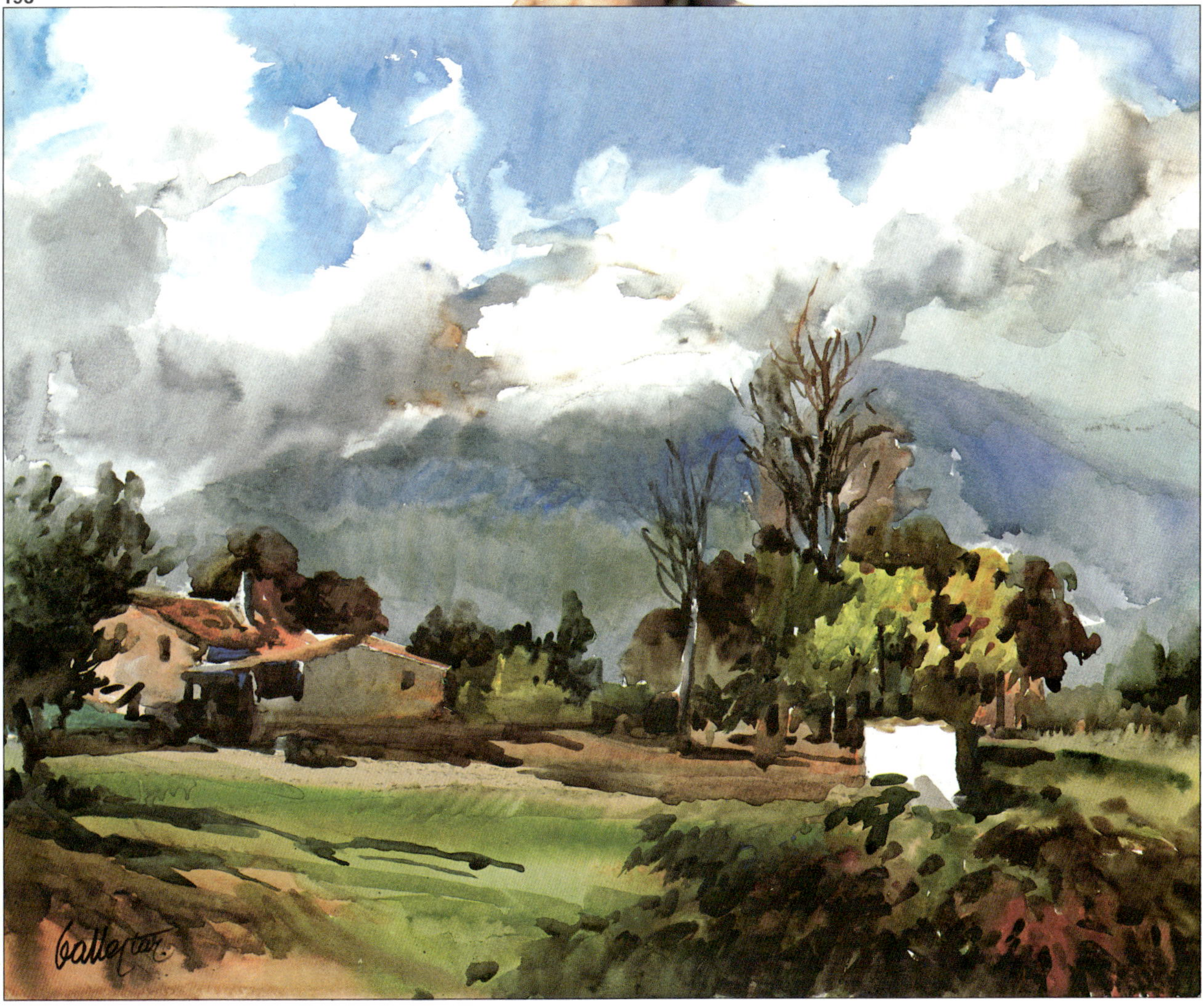

José M. Parramón malt eine Landschaft in Öl mit allen Farben

194

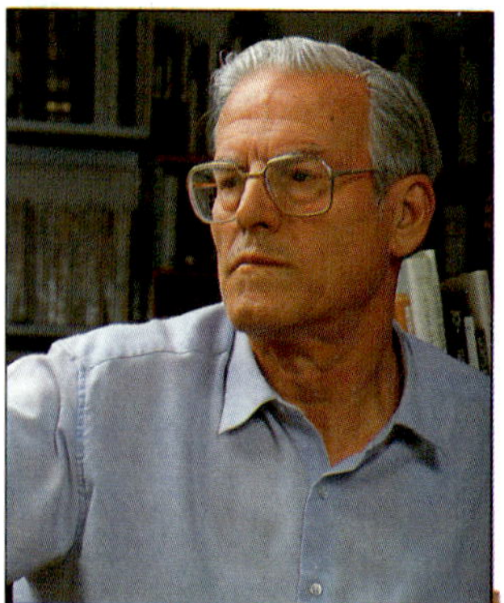

Parramón hat seine Feldstaffelei neben Ballestar aufgestellt und wird ein Ölgemälde malen, während der Freund das erstaunliche Aquarell anfertigt. Er wählt dasselbe Thema. Aus dem Kassettenrecorder erklingt Barockmusik des bekannten englischen Komponisten Henry Purcell. Mit einem Rundpinsel Nr. 6 zeichnet Parramón mit stark verdünntem Dunkelblau das Motiv in großen Zügen vor (Abb. 195). Kaum sind die wichtigsten Massen umrissen, beginnt er, die Leinwand von oben nach unten mit Farbe zu bedecken (Abb. 196). Eine grünliche Mischung aus Lichter Ocker und Ultramarin, die er mal aufhellt und mal mit mehr oder weniger Grün oder Gelb abdunkelt, bildet den Hauptton für das Muster der Wiese im Mittelgrund (Abb. 197 und 198).

Abb. 194: José M. Parramón wird nun ein Landschaftsbild in Öl mit allen Farben seiner Palette für uns malen.

Abb. 195 und 196: Die Skizze dieser Landschaft stellt er mit einer dunklen, bläulichen Farbe unmittelbar auf der Leinwand her und hält gleichzeitig deren Rahmen fest.

195

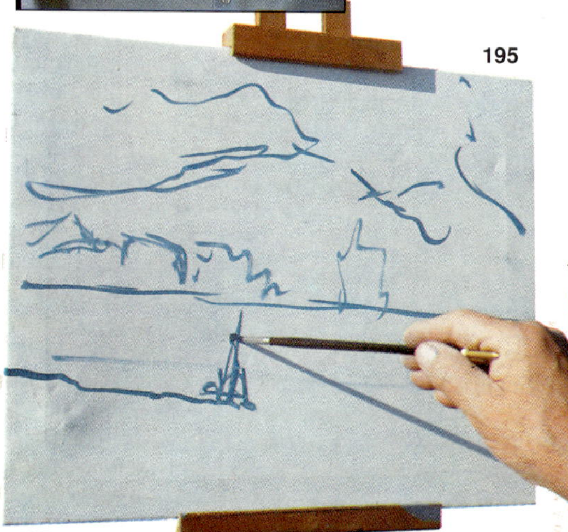

196

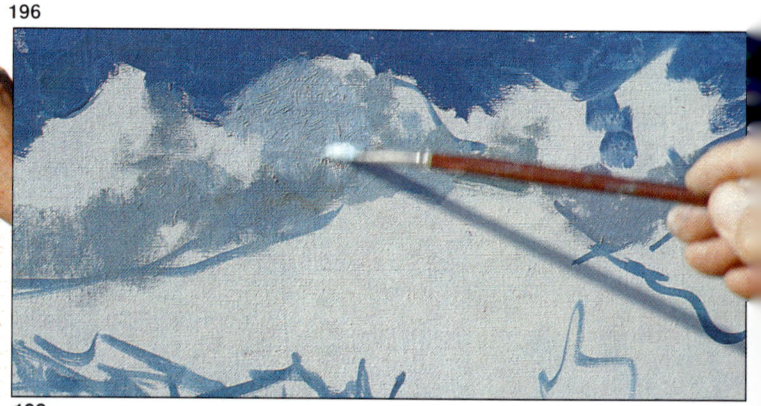

197

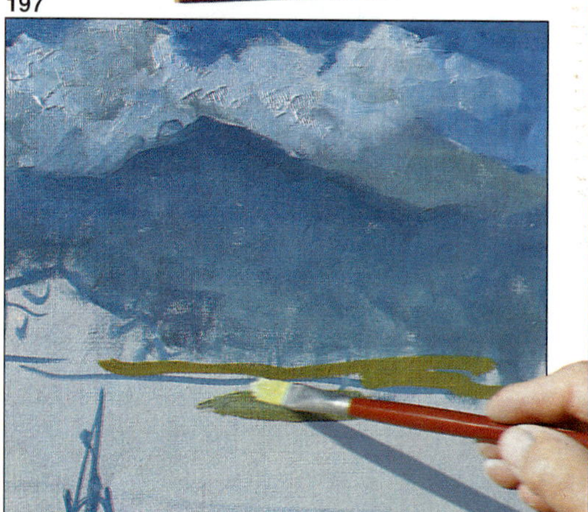

198

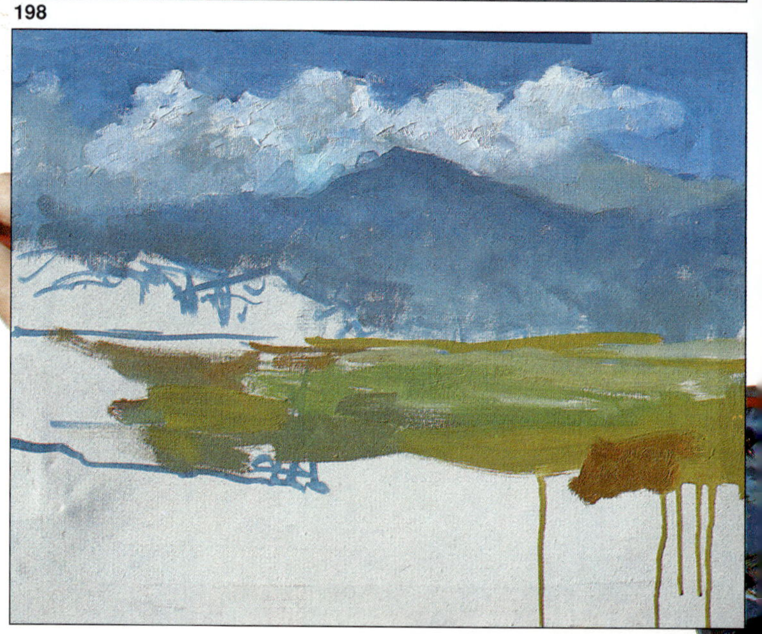

Die Leinwand ist jetzt praktisch vollständig mit Farbe bedeckt. Manche Töne hat Parramón auf Anhieb erreicht, andere hat er tastend unmittelbar auf der Leinwand gemischt, dabei die Nuancen berichtigt und harmonisiert und gleichzeitig das Motiv interpretiert (Abb. 201).

Interpretieren: Parramón legt während des Malens großen Wert auf diese Tätigkeit. „Das Motiv gleicht einer Partitur...", erklärt er. Man merkt, daß er ein großer Musikfreund und -kenner ist. „Der Künstler muß seine Auffassung, seinen Rhythmus, seinen eigenen Charakter und seine Erfahrung darauf übertragen."

Parramón sagt dies, ohne den Blick von der Leinwand zu wenden. Der Kassettenrecorder an seiner Seite spielt in voller Lautstärke. Es ist wirklich interessant, dem Künstler beim Mischen seiner Farben auf der Palette zuzusehen (Abb. 202). Jeder Ton besteht aus mindestens drei Farben, die zum Teil gar nicht zusammenzupassen scheinen. Gerade wenn man glaubt, daß daraus höchstens etwas Unsauberes, Undefinierbares entstehen kann, legt Parramón ein paar Pinselstriche auf die Leinwand, und plötzlich erscheint eine präzise Nuance, die absolut zu der Wolke (Abb. 200), dem Baum mit den goldenen Blättern (Abb. 201) oder einem anderen Landschaftselement paßt. Immer handelt es sich um gebrochene Töne, die meistens auf der Palette des Malers entstanden sind und nicht aus der Farbtube stammen. Solche Farben gefallen Parramón. Daran erkennt man seinen Stil und seine Interpretation einer Landschaft.

Abb. 202: Die Palette füllt sich rasch mit den verschiedensten Nuancen. Deshalb sollte man eine gewisse Ordnung bei den Mischungen einhalten und für jede eine bestimmte Stelle vorsehen.

202

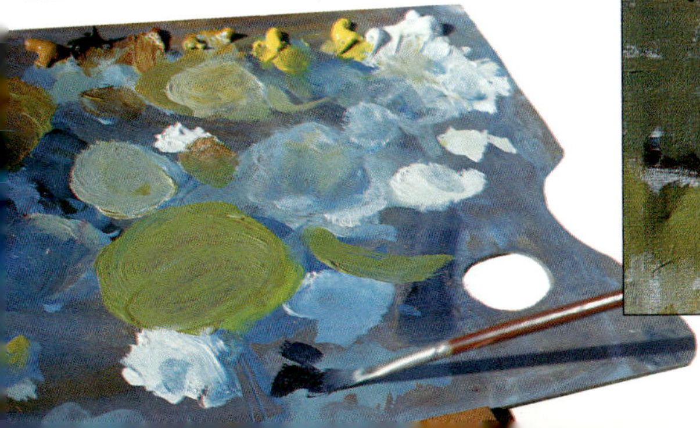

Abb. 199: Die Form des Gehöfts baut er mit flachen Farben auf, die sowohl das Volumen als auch die Wirkung des Helldunkel der Mauern ausdrücken.

Abb. 200: Auch die Wolken besitzen einen außerordentlichen Farbenreichtum.

Abb. 201: Das Laub der Bäume drückt er interpretierend mit Farbflecken aus, die die allgemeine Farbgebung bestimmen, jedoch nicht sonderlich detailliert sind.

199

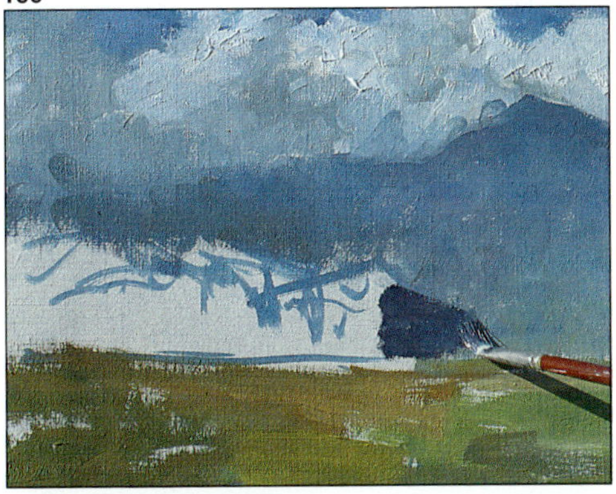

200

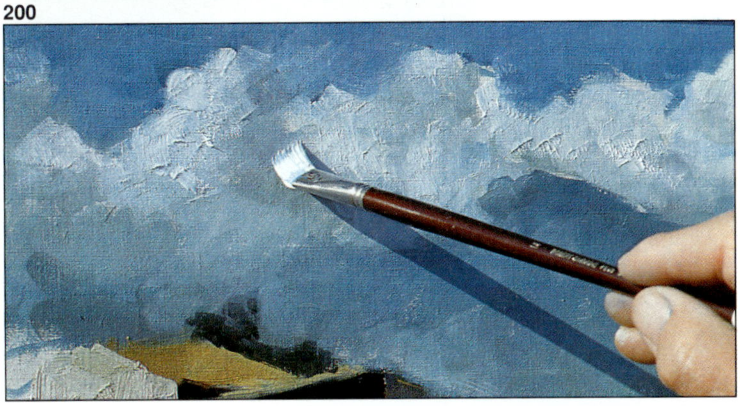

201

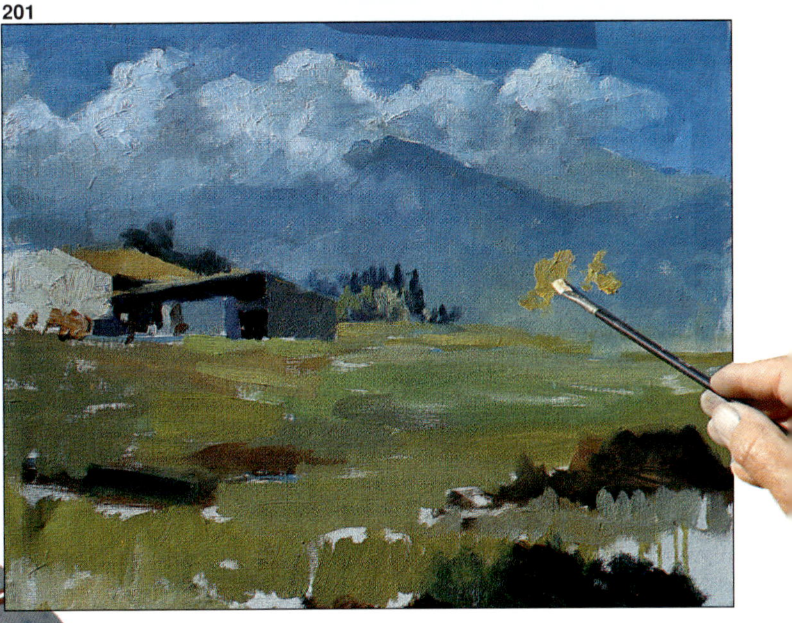

Der Aufbau der Landschaft

Parramón beginnt nun, das Gehöft auf der linken Seite im Mittelgrund aufzubauen. In gewisser Weise gleicht die Arbeit der des Maurers: Alles muß solide hergestellt werden.

Die sonnenbeschienenen Wände malt er mit warmen Tönen aus der Mischung von Weiß mit etwas Lichter Ocker und wechselt sie mit flachen kälteren und dunkleren Farben für die Schatten ab. Aus der Zusammenstellung dieser Farben in entsprechender Größe ergibt sich die Architektur.

Mit unterschiedlichen Grüntönen berichtigt er den Vordergrund am unteren Bildrand und verleiht ihm durch Schattierungen, die die Form nicht mehr als nötig ausdrücken, Tiefe und Relief. Wie bereits Corot sagte: „Es empfiehlt sich, den Vordergrund etwas unscharf zu halten, um den Blick zu führen und dem Bild mehr Tiefe zu verleihen. In diesem Fall wirkt das Buschwerk im Vordergrund ausgesprochen flach. Parramón verstärkt dessen Volumen, indem er die Schatten mit Dunkelkarmin malt, also mit der Komplementärfarbe. Ein herrliches breites Wolkenband erstreckt sich über das Gebirge. Wenn es nur nicht zu schnell wieder verschwindet! Parramón nutzt den Augenblick, um sich das Volumen und die Farbgebung einzuprägen: bräunliche Grautöne, Violett, Blau, gebrochene Farben, die das Weiß der am stärksten beleuchteten Flächen unterstreichen.

Abb. 203 und 204: Zum Präzisieren gewisser Details, wie die Gräser und Bäume auf der Wiese verwendet Parramón den feinen Pinsel und bei Bedarf auch den Finger, mit dem er mögliche Fehler korrigiert.

Abb. 205: Nun hellt er das Dach des Gehöfts auf, um einen Kontrast zwischen den Dachpfannen und den Bäumen im Hintergrund zu schaffen, der diese Stelle des Bildes belebt.

205

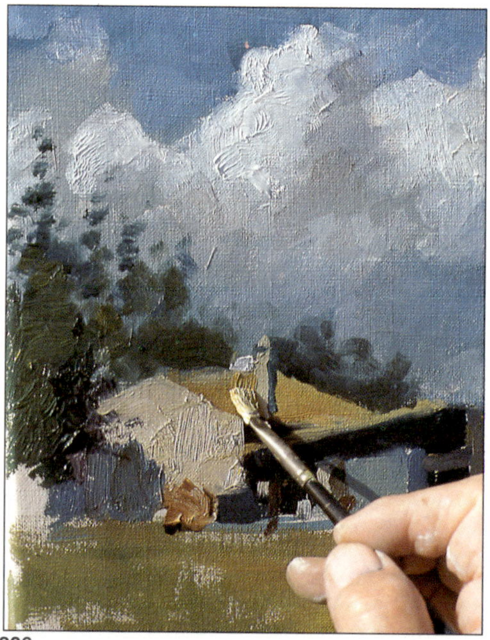

Abb. 206: So sieht das Bild zum Abschluß dieses Stadiums aus. Da Parramón die Formen nicht übermäßig ausarbeiten möchte, erledigt er die letzten Retuschen im Atelier.

203

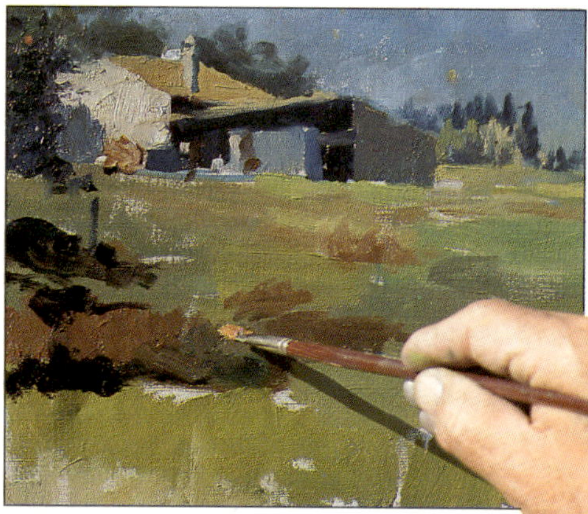

204

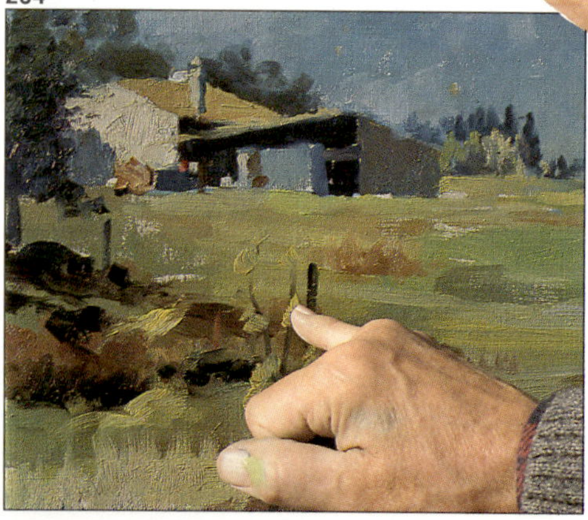

206

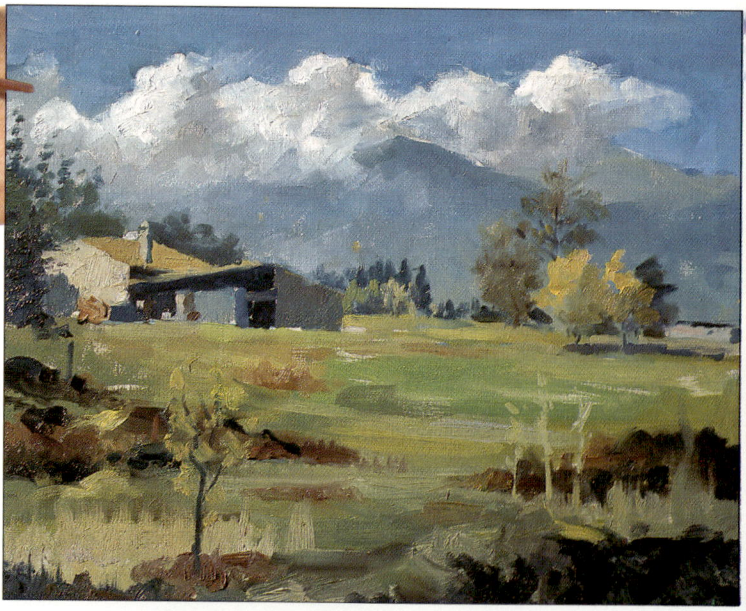

Um die Entfernungen anzudeuten, faßt der Künstler die Laubkronen einiger Bäume zusammen, die präzise die jeweiligen Ebenen angeben.
Auf der rechten Bildseite schließt Parramón die Komposition mit einer Baumkrone ab. Um die kleinen Ocker- und Sienaflecken für die Bäume im Vordergrund anlegen zu können, zeichnet er den Stamm und die Äste mit einem feinden Rundpinsel in Umbra gebrannt und Blau. Nun braucht er nur noch einige Stellen wie das Laub zu bereichern. Dazu legt er kleine Punkte in Grün, Blau und etwas Violett darauf. Parramón verliert sich nicht gern in Details.

Er beendet seine Arbeit – zumindest für den Augenblick.
Wie es seiner Malweise und der der meisten Ölmaler entspricht, läßt der Künstler sein Bild ruhen, ohne es zu signieren, und überprüft es noch einmal im Atelier.
In der Tat folgt er am nächsten Tag Corots Rat, die Tiefe mit Hilfe eines kontrastreichen, aber verwischten Vordergrunds zu verstärken. Er übermalt ihn mit einem bläulichen Dunkelgrau, retuschiert ein paar Grüntöne und läßt das Werk, wie auf Abbildung 207 zu erkennen. Endlich signiert er es.

Abb. 207: Nachdem er sein Bild im Atelier noch einmal prüfend betrachtet hat, verändert Parramón einige Stellen. Vor allem den Vordergrund und die Blätter retuschiert er mit dunklen Tönen und einigen Details. Dann schließt er das Bild ab.

207

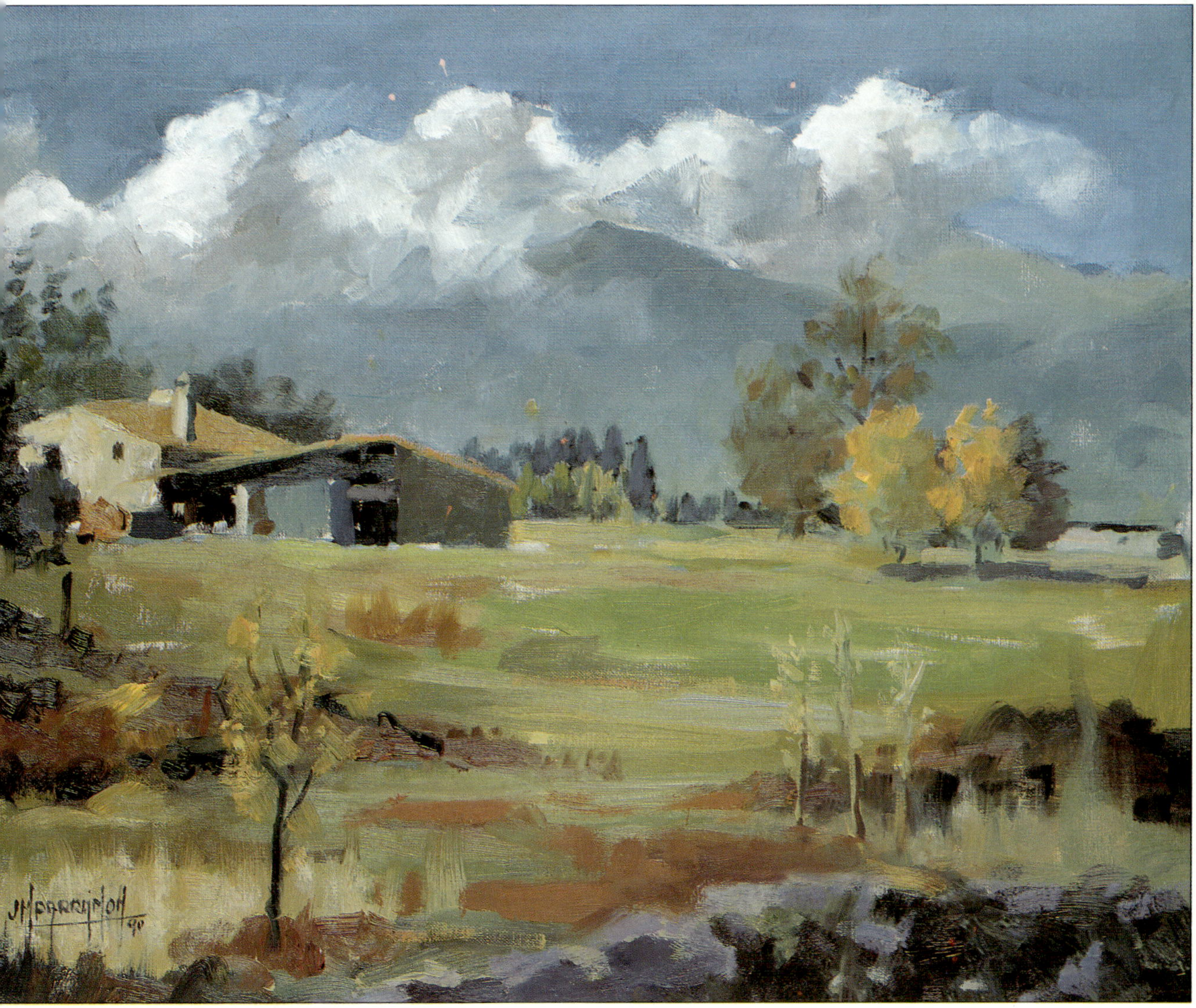

Der große englische Wissenschaftler Sir Joshua Reynolds behauptete: „Um festzustellen, welche Themen sich zum Malen eignen und welche nicht, braucht man ein gutes Urteilsvermögen." Dieses Urteilsvermögen, würde ich hinzufügen, erhält man jedoch nur durch ständige Praxis im Zeichnen und Malen. Natürlich gibt es Motive, die den einen Maler anziehen und den anderen restlos gleichgültig lassen. Wichtiger als das, was das Motiv darstellt, ist allerdings der malerische, der künstlerische Nutzen, den der Künstler daraus ziehen kann. Im folgenden Kapitel möchte ich Ihnen einige Themen aufzeigen, die zu allen Zeiten und in allen Stilen von den Malern aufgegriffen wurden. Sie sind allen zugänglich, die in ihnen ein suggestives Motiv und einen Anreiz zum Malen entdecken. Es handelt sich um Gegenstände und Orte, die sich in Ihrer Umgebung, in Ihrem Haus, in der Stadt, in der Sie wohnen, oder in deren unmittelbarer Nähe befinden. Zweifellos haben Sie sie schon dutzendemale gesehen, ohne zu erkennen, daß sie äußerst reizvolle malerische Motive ergeben können.
Meine Absicht ist es, mit diesen Seiten Ihr Interesse und Ihren Wunsch zu wecken, Motive aus dem Alltag zu malen.

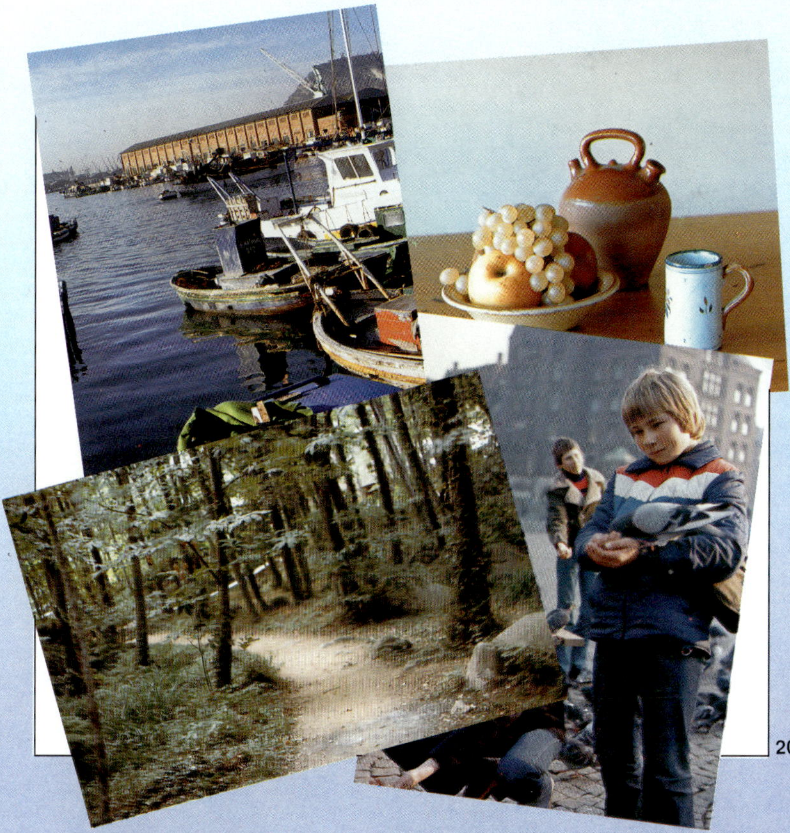

208

DIE WAHL DES THEMAS

Im Haus: das Stilleben

Ein Stilleben als Motiv hat der Künstler am ehesten zur Hand. Dafür braucht er nicht außer Haus zu gehen, denn es setzt sich aus Gegenständen des täglichen Bedarfs zusammen.
Schon im alten Rom stellte man Stilleben als Ergänzung der großen Wandgemälde und dekorativen Mosaiken dar. Doch erst zu Beginn des Barock wurde das Stilleben zu einer eigenständigen Bildgattung. Holländische Meister wie Claesz Heda oder Willem Kalf verwandelten es in ein verfeinertes, äußerst realistisches Motiv. Die Spanier Meléndez, Cotán sowie Zurbarán und Velazquez malten einige der nüchternsten, minutiösesten Stilleben aller Zeiten.
Im 18. Jahrhundert schuf Chardin herrliche Kunstwerke ausschließlich aus *drei Äpfeln, einem Kochkessel, einem Brot, einer Tonschüssel und einem Messer auf dem Tischtuch.* Zu seiner Zeit wurde das Stilleben noch als minderwertiges Thema von geringem künstlerischem Wert betrachtet. Ein Jahrhundert später erhoben es die Impressionisten zu einer den anderen Themen gleichwertigen Gattung. Einer von ihnen, Paul Cézanne, studierte und komponierte seine Stilleben mit außerordentlicher Sorgfalt. Die Gemälde, die er nach diesen Modellen herstellte, besitzen eine komplexe, ausgeglichene Komposition, in der jedes Element seinen genauen Platz im Verhältnis zu den übrigen einnimmt. Cézanne bewies, daß ein Stilleben denselben Schwierigkeitsgrad und denselben malerischen Reichtum wie die ergiebigsten Themen der Kunstgeschichte aufweisen kann.

Abb. 209 bis 211: J. M Parramón, *Stilleben*, Privatsammlung. Martír Antón, *Stilleben*, Privatsammlung (Abb. 211) Drei Beispiele für Stilleben nach alltäglichen Gegenständen.

209

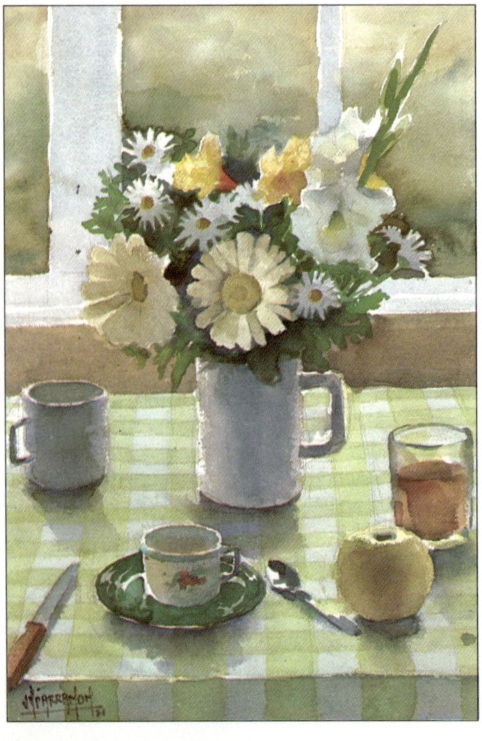

210

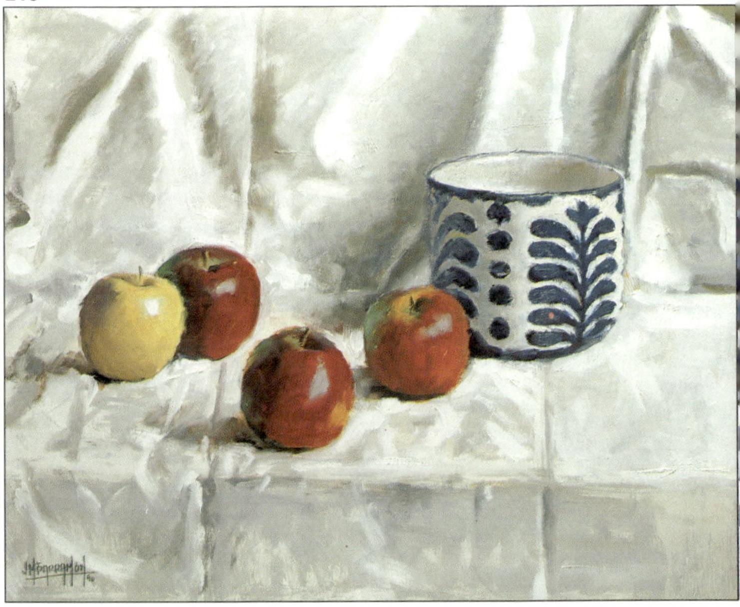

211

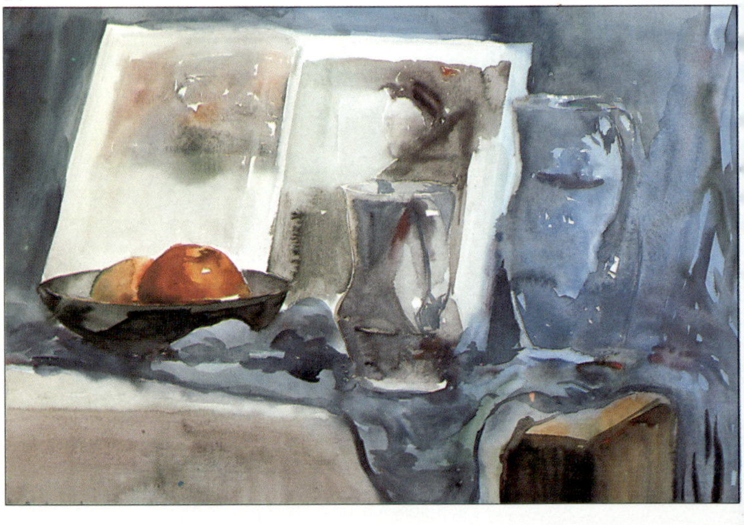

Die Komposition

Die Komposition eines Stillebens beginnt nicht beim Malen, sondern bei der Verteilung der Elemente, die gemalt werden sollen, auf einer bestimmten Fläche. Diese Verteilung ist normalerweise die Frucht zahlreicher, genau berechneter Vorstudien. Im allgemeinen sind die Elemente auf verschiedenen Ebenen im Raum verteilt; sie können jedoch auch in einer Reihe oder auf einem Fries stehen, wie es bei Zurbarán der Fall war. Generell läßt sich sagen, daß jede Komposition denkbar ist, die einen Grundsatz beherzigt, den der große griechische Philosoph Platon so formulierte:

Komponieren heißt, Einheit in der Vielfalt oder Vielfalt in der Einheit herzustellen.

Ihnen stehen alle Elemente zur Verfügung, die Sie für ein Stilleben benötigen: Früchte, Flaschen, Gläser oder ähnliche Haushaltsgeräte, die aufgrund ihrer Form oder Farbe Teil eines attraktiven malerischen Ganzen sein können. Sie brauchen nur die Auswahl zu treffen und die Elemente ordentlich vor sich aufzustellen. Das ist eine so gute Übung wie jede andere und ebenso heikel: Kleine Herausforderungen gibt es in der Malerei nicht. Wie schon Picasso sagte: *Ein Päckchen Zigaretten zu malen ist ebenso schwierig wie die Wiedergabe einer Schlacht.*

Abb. 212 bis 214: Die Komposition eines Stillebens oder jedes beliebigen Bildes muß eine Einheit bilden und gleichzeitig Variationen aufweisen, die verhindern, daß sie monoton wirkt. Anhand der schematischen Zeichnungen erkennen Sie, weshalb Sie eine zu einheitliche (212) oder zu zerstreute (213) Komposition vermeiden sollten. Abbildung 214 zeigt dagegen eine Komposition, in der Einheit innerhalb der Vielfalt herrscht.

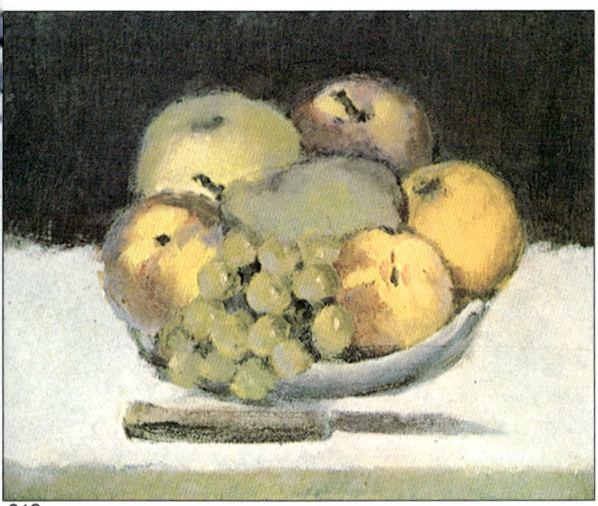
212

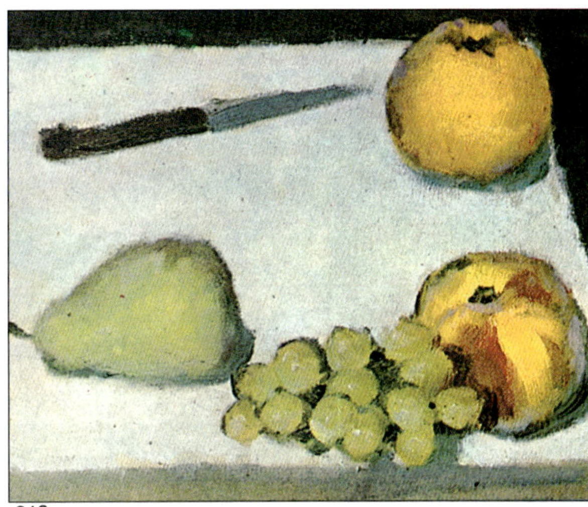
213

212 A

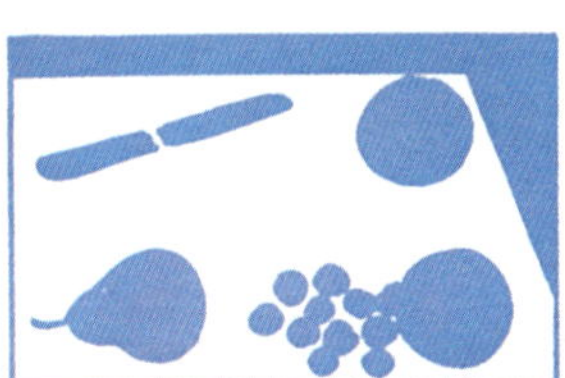
213 A

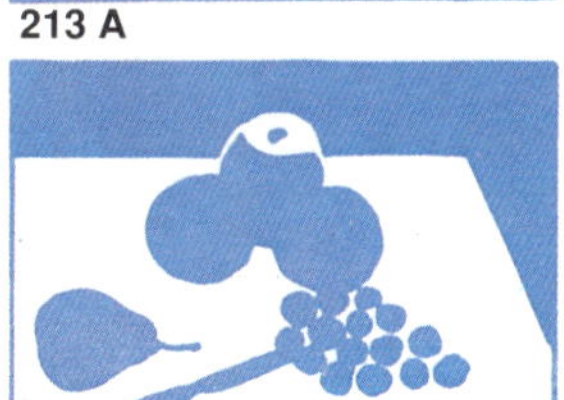
214 A

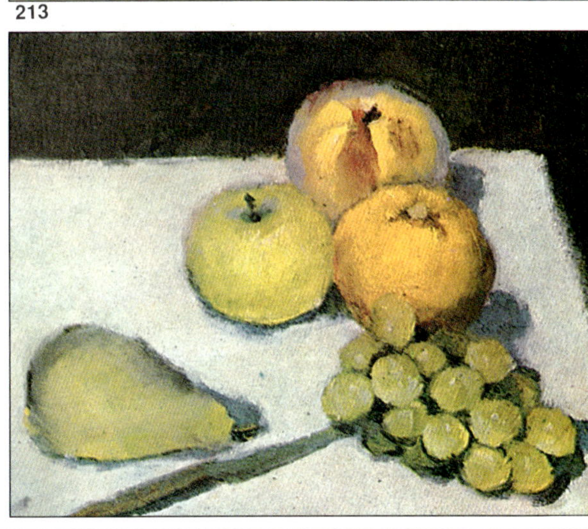
214

Abb. 212 A: Eine eindeutig zu langweilige Komposition.

Abb. 213 A: Bei zu großer Vielfalt wirkt das Bild zerstreut.

Abb. 214 A: Weder Monotonie noch übermäßige Vielfalt: Einheit in der Vielfalt

Im Haus: das Interieur

Viele Künstler fühlen sich zu Themen hingezogen, die ihrer unmittelbaren täglichen Erfahrung entsprechen: das Atelier, das Schlafzimmer oder das familiäre Umfeld. Aus dieser Vorliebe für die unmittelbaren Dinge entstand die Malerei von Interieurs. Als erste behandelten vermutlich die großen Holländer dieses Thema, die schon immer Pioniere von Bildgattungen waren. Zu einer Zeit, als das Bildthema üblicherweise mythologisch war und historische Gemälde entstanden (normalerweise religiösen Inhalts), scheuten sie sich nicht, das bescheidene Leben der kleinen Bürger darzustellen. Vermeer war zweifellos der bedeutendste Künstler dieser Gattung. Seine Bilder zeigen fast immer ein vom schwachen Licht Hollands beleuchtetes Interieur, in dem ein oder mehrere Gestalten äußerst einfachen alltäglichen Verrichtungen nachgehen: Frauen nähen, kochen oder spielen ein Instrument. Um derart malerische Motive zu finden, brauchte Vermeer nicht das Haus zu verlassen. Die intime Malerei wurde anschließend von zahlreichen weiteren Malern gepflegt, u. a. von Chardin, Vuillard und Bonnard.

Es gibt noch eine Variante der Malerei von Interieurs, bei der sich eine Tür oder ein Fenster zur Landschaft öffnet und einen heftigen Lichtkontrast zum Halbschatten des Zimmers bildet. Dieses Mittel setzte Henri Matisse in zahlreichen Werken äußerst erfolgreich ein. Es ist keine Ausnahme, wenn bei diesen Bildern der Blick nach draußen praktisch die ganze Fläche einnimmt und das Zimmer von Licht und Farbe durchflutet ist.

In Zusammenhang mit den Interieurs muß auch van Gogh erwähnt werden. Sein *Zimmer in Arles* ist eines der berühmtesten Werke dieser Gattung. Dem Künstler gelang es, den bescheidenen, spärlich möblierten Raum mit seinen Stühlen aus Holz und Strohgeflecht und dem rustikalen Bett in eine äußerst reiche malerische Komposition zu verwandeln, in der die Farben harmonisieren und sich gegenseitig mit ihren Blau-, Gelb- und Grünskalen steigern. Dieses Werk ist eine wahrhaft meisterhafte Lektion, angewandt auf eines der am wenigsten gewählten oder beliebten Themen der Kunstgeschichte. Sie können jedes Zimmer Ihres Hauses als Modell für ein Interieur wählen. Ich rate Ihnen jedoch, vorab einige Faktoren zu berücksichtigen. Erstens die Verteilung der Elemente und Möbel. Bei der Behandlung des Stillebens sprachen wir bereits davon, daß die Komposition ein Gleichgewicht von Einheit und Vielfalt besitzen muß. Dasselbe gilt für das Malen von Interieurs.

Abb. 215: Santiago Rusiñol, *Interieur*, Museum für moderne Kunst Barcelona. Beinahe ohne Kontraste und mit einer Leuchtkraft, die dem intensiven Außenlicht nicht widerspricht, stellt Rusiñol eine feinfühlige Szene im Innern eines Heims dar.

215

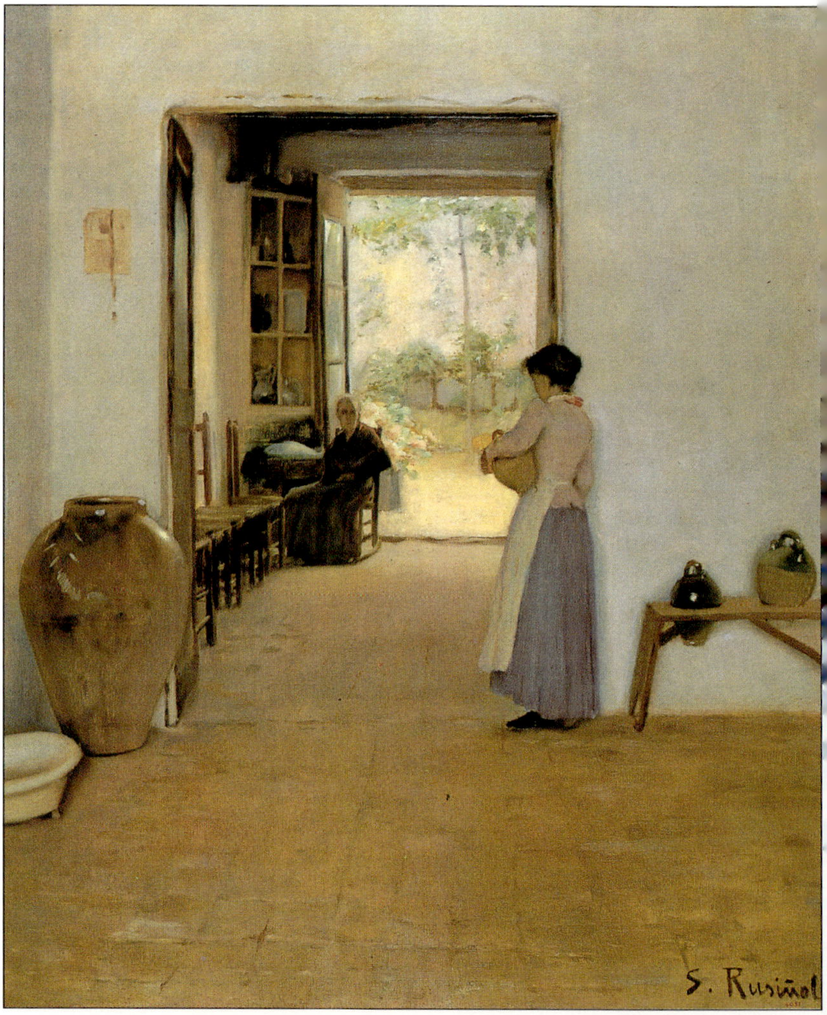

Alle Elemente, die sich im Zimmer befinden, müssen so verteilt sein, daß sie ein vielfältiges, visuell interessantes Ganzes ergeben, was man ggf. mit Hilfe eines zusätzlichen Krugs oder eines exotischen, unüblichen Möbelstücks erreichen kann. Doch selbst, wenn Sie nicht über so etwas Außergewöhnliches verfügen, ruft eine gute Komposition immer Interesse für das Bild hervor.

Der zweite Faktor betrifft das Licht. Ein Interieur sollte vorzugsweise von Tageslicht beleuchtet werden. Dieses sollte möglichst so fallen, daß nicht alle Gegenstände gleich viel Licht empfangen. Gelingt es, einige Elemente seitlich zu beleuchten, während andere das Licht von hinten oder von oben erhalten, wird das Modell bereichert und gewinnt an malerischem Interesse.

Beachten Sie diese Faktoren, und untersuchen Sie schon einmal die Möglichkeiten, die Ihr Haus als künstlerisches Motiv bietet.

216

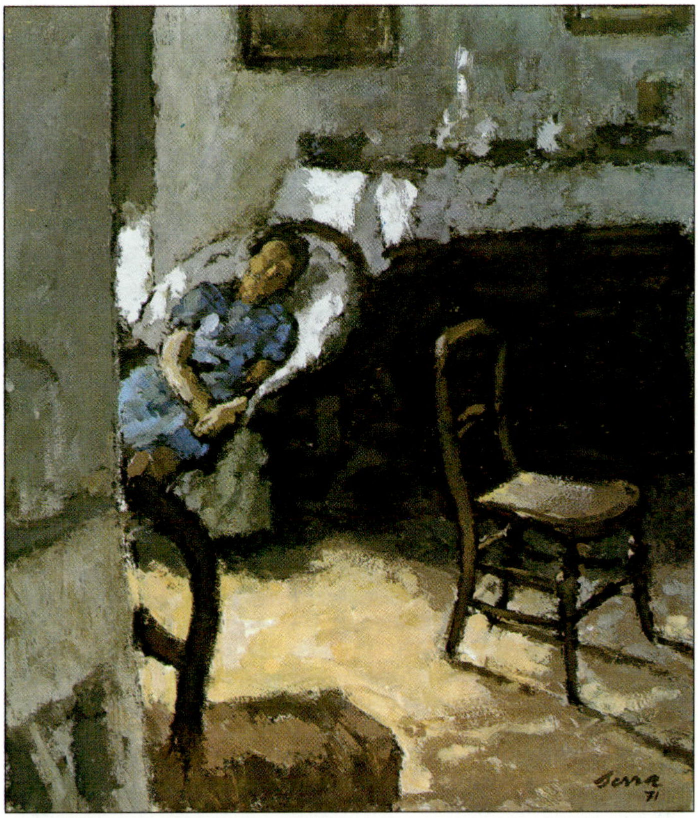

217

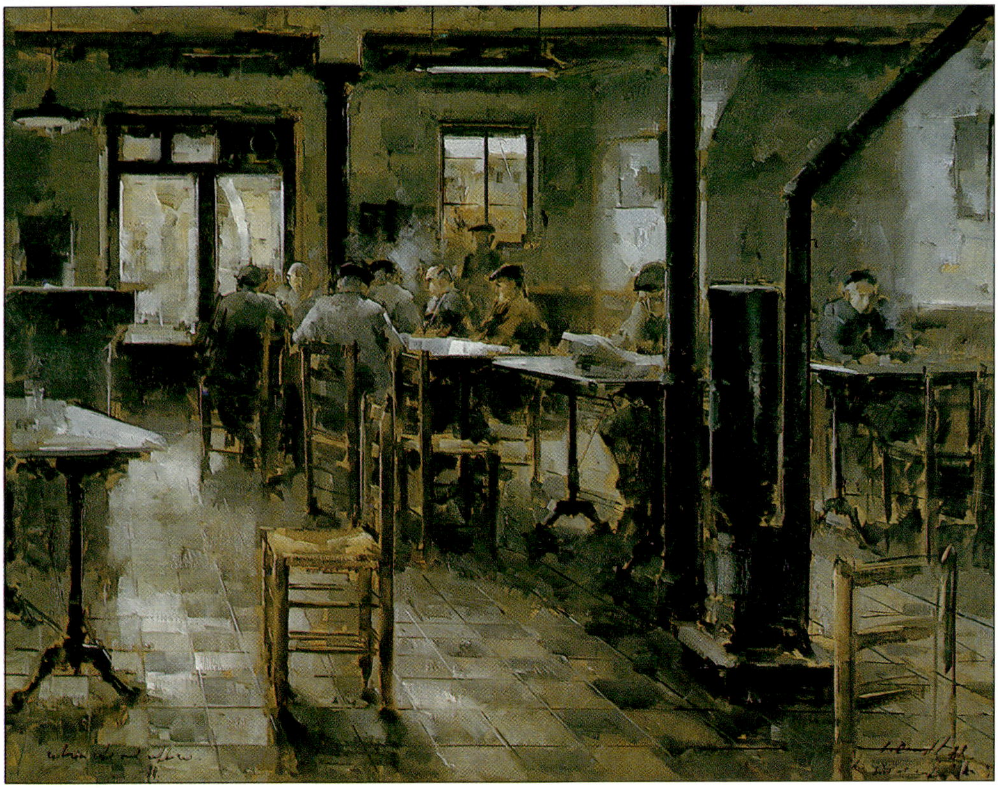

Abb. 216: Francesc Serra, *Interieur*, Privatsammlung. Hier ist es dem Künstler gelungen durch sorgfältige Wahl des Blickpunkts, der Bildelemente und der Wirkung des Lichts auf die verschiedenen Gegenstände unser malerisches Interesse zu erregen. Die alltägliche Wirklichkeit im Heim des Malers wird auf diese Weise in eine künstlerische verwandelt.

Abb. 217: J. Queralt, *Die Bar*, Privatsammlung. Die perspektivische und räumliche Wirkung und das Licht werden in diesem Interieur perfekt wiedergegeben. Die graustichige, nüchterne Farbgebung erfaßt hervorragend die vorherrschende Atmosphäre in den Tavernen und Gasthäusern kleiner Ortschaften. Beachten Sie, wie ein Gefühl von Ruhe und Heiterkeit aus der geschlossenen, ausgewogenen Komposition entsteht.

Im Haus: das Selbstporträt

218

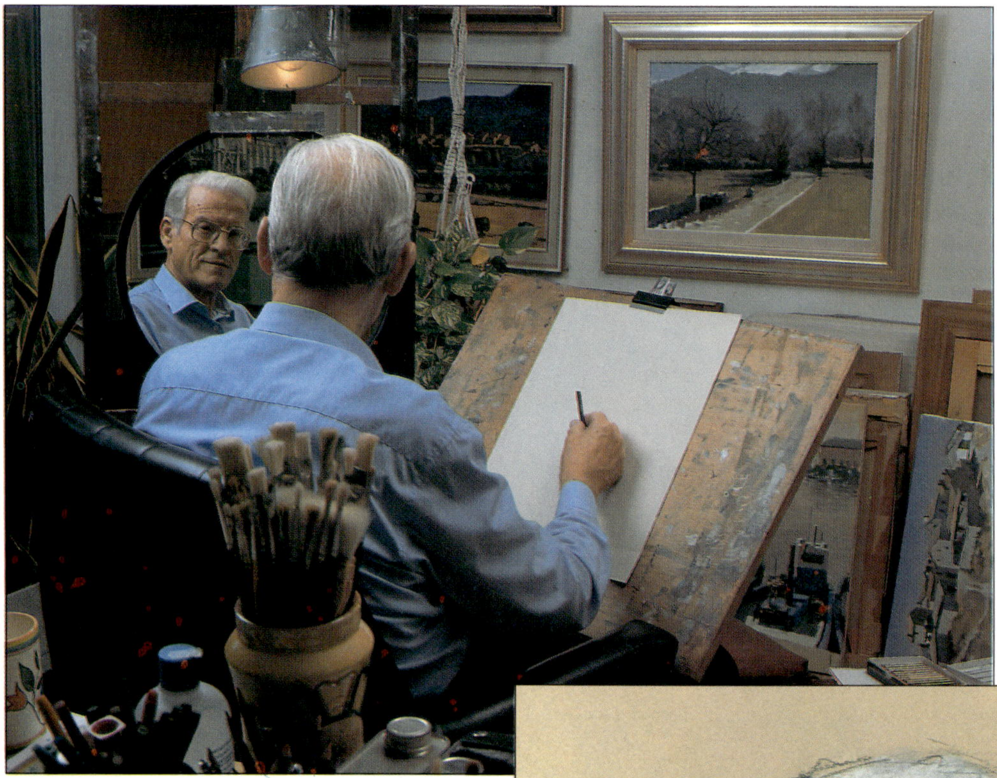

Abb. 218 und 219: José M. Parramón vor dem Spiegel beim Zeichnen des Selbstporträts, das Abbildung 219 zeigt.

219

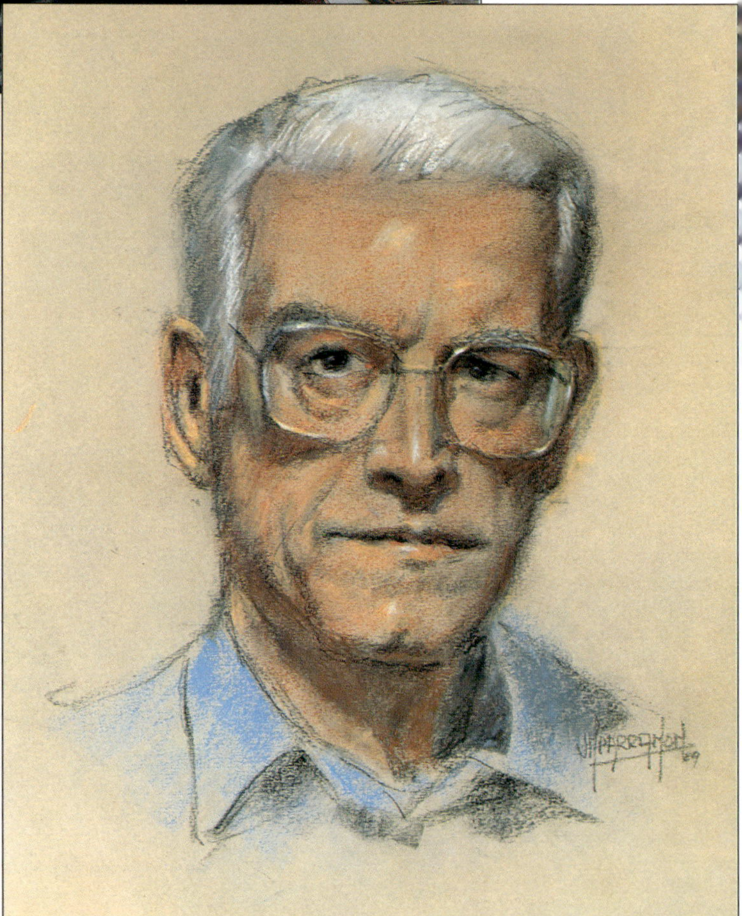

Seit der Renaissance haben fast alle großen Maler irgendwann ein Selbstporträt angefertigt. Dürer malte sich in glänzender, kostbarer Kleidung und fürstlicher Haltung, zeichnete sich bei anderen Gelegenheiten aber auch nackt als Märtyrer. Leonardo da Vinci, Velazquez und Goya interessierten sich gleichermaßen für ihre eigene Physiognomie. Rembrandt pflegte diese Bildgattung am meisten. Von Jugend an zeichnete und malte der große Holländer immer wieder sein eigenes Gesicht in einer ganzen Reihe von erschütternden Werken, in denen sich die Spuren der Zeit mit unerbittlicher Wahrhaftigkeit spiegeln: Sein letztes Bild vor seinem Tod war ein Selbstporträt.

Auch die Künstler des zwanzigsten Jahrhunderts interessierten sich lebhaft für das Selbstporträt: van Gogh, Miró, Matisse und Picasso haben sich mehrmals gemalt, und heutzutage gibt es kaum einen Maler, der sich nicht von Zeit zu Zeit vor einen Spiegel setzt.

Untersuchung des Motivs

Die Geschichte des Selbstporträts zeigt unterschiedliche Möglichkeiten für dieses Genre auf. Zunächst war der Künstler in eine Gruppe von Gestalten integriert, ohne einen besonderen Platz darin einzunehmen – so bei „Das Jüngste Gericht" von Michelangelo – oder er war im Gegenteil die Hauptperson, wie in „Das Atelier" von Courbet. Außerdem konnte der Künstler eine historische oder allegorische Figur verkörpern und als eine weitere Gestalt innerhalb des Bildes verkleidet auftauchen. So hielt es Rembrandt bei zahlreichen Gelegenheiten. Schließlich gibt es noch das eigentliche Selbstporträt, bei dem der Künstler sich realistisch als einzige Gestalt im Bild darstellt. Diesen letzten Typ des Selbstporträts bevorzugen die zeitgenössischen Maler.

Die Anfertigung eines Selbstporträts ist aus mehreren Gründen sehr zu empfehlen. Aus rein technischer Sicht ist das menschliche Gesicht mit seinen vielfältigen Formen, seinen unterschiedlichen Proportionen und der Erscheinung als Ganzes eines der komplexesten Motive der Malerei. Es zwingt den Künstler, seinen gesamten visuellen und malerischen Scharfsinn einzubringen. Andererseits braucht man niemanden zu bemühen und benötigt nur einen Spiegel. Ein Selbstporträt kann man jederzeit und überall anfertigen. Sie selbst sind Ihr geduldigstes und gehorsamstes Modell: Sie behalten die Pose bei, bewegen sich nicht, ermüden niemals und halten soviel Sitzungen wie nötig durch.

220

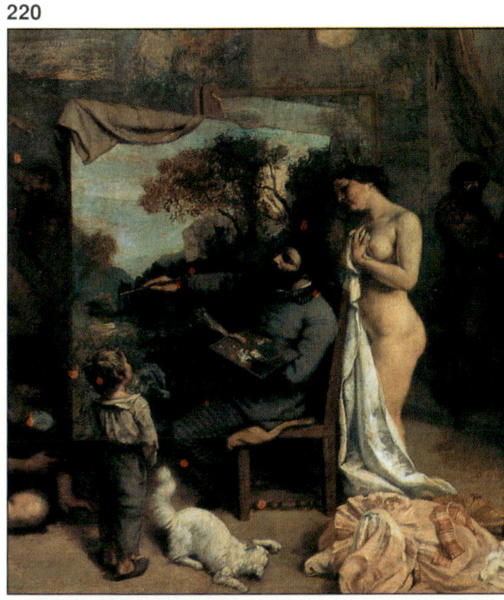

Abb. 220: Gustave Courbet, *Das Atelier des Künstlers* (Ausschnitt), Louvre, Paris. Courbet stellt in diesem Bild seine Freunde und seine Modelle einschließlich der nackten Frau dar, die neben dem Künstler posiert.

221

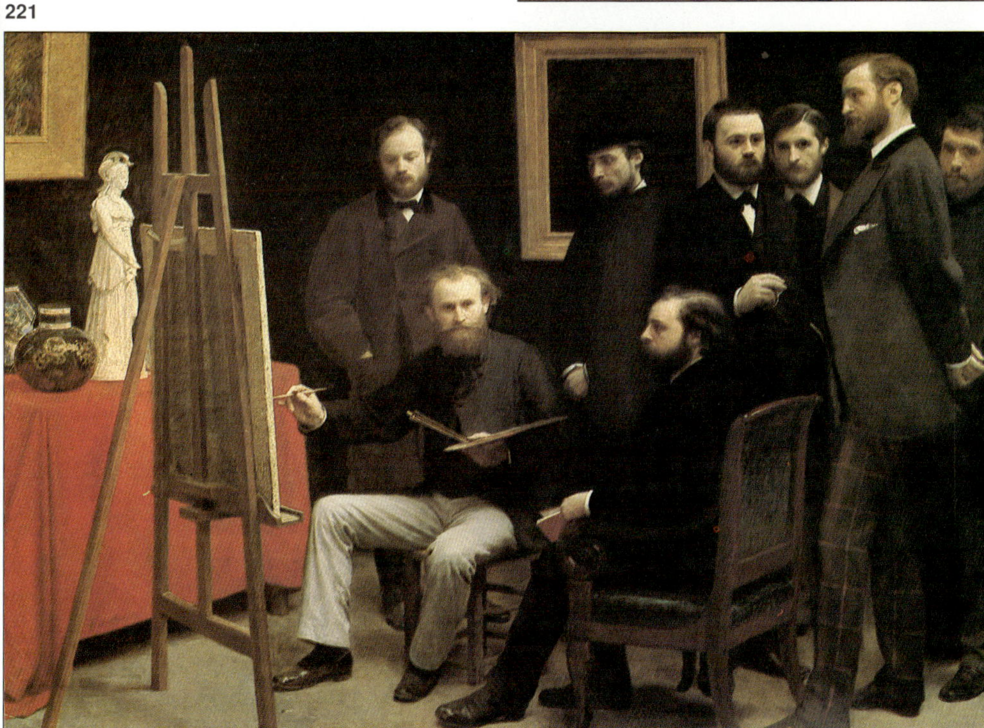

Abb. 221: Henri Fantin Latour, *Das Atelier in Batignolles,* Musée d'Orsay, Paris (Foto: RMN). Selbstporträt und Darstellung der Gruppe, zu der neben dem Künstler der Schriftsteller Emile Zola und die Impressionisten Manet, Bazille etc. gehören.

Im Haus: das Porträt

Die Porträtmalerei ist sehr alt. Bereits im dritten Jahrtausend v. Chr. malte man Porträts. Sie galten religiösen Zwecken und sollten das Ansehen des Dargestellten erhöhen. Auch im alten Rom herrschte die Sitte, verstorbene Vorfahren als Skulptur oder in einem Gemälde zu verewigen. Während des Mittelalters verschwand das Porträt als Bildgattung und tauchte erst während der Renaissance wieder auf. Anschließend entstanden immer mehr offizielle und private Porträts und füllten schließlich ganze Wände der Paläste und Herrenhäuser. Raffael und Tizian gehörten zu den bevorzugten Malern der großen Herren. In ihren Werken nimmt das Porträt sowohl hinsichtlich der Anzahl als auch der Qualität eine zentrale Stellung ein. Während des 17. und 18. Jahrhunderts wuchs die Bedeutung des Porträts weiter: Jeder, der wirtschaftliche Macht besaß, wollte von einem geachteten Künstler porträtiert werden, und die Monarchen hielten sich Maler wie zusätzliche Höflinge. Velazquez und Goya waren offizielle Hofmaler, während Rembrandt mit seinen Porträts von bedeutenden holländischen Bürgern reich wurde.

Abb. 222 bis 224: Hier einige Beispiele für zeitgenössische Porträts in unterschiedlichen Techniken. Oben links eine Porträtzeichnung von Joan Sabater mit Kohle, Rötel und Kreiden in Sepia und Englischrot mit weißen Spitzlichtern auf cremefarbenem Papier (222). Unten links ein Porträt von Miquel Ferrón mit Farbstiften (223); rechts ein Pastellporträt von Joan Martí (224). Beachten Sie, daß jede Technik dem Porträt entsprechend dem Temperament des Künstlers und des Modells einen anderen Charakter verleiht.

222

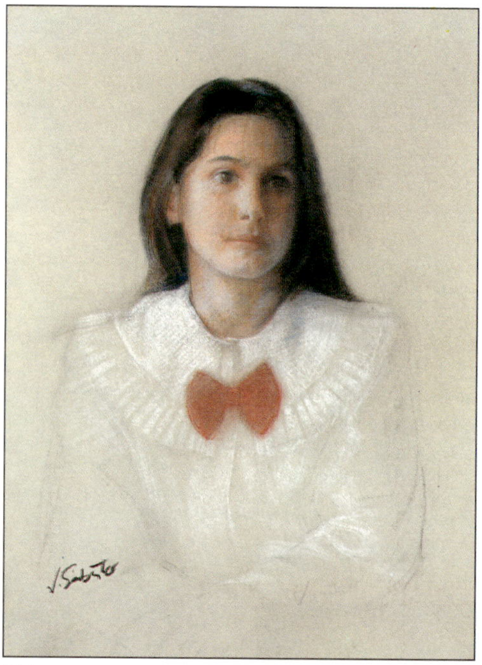

223

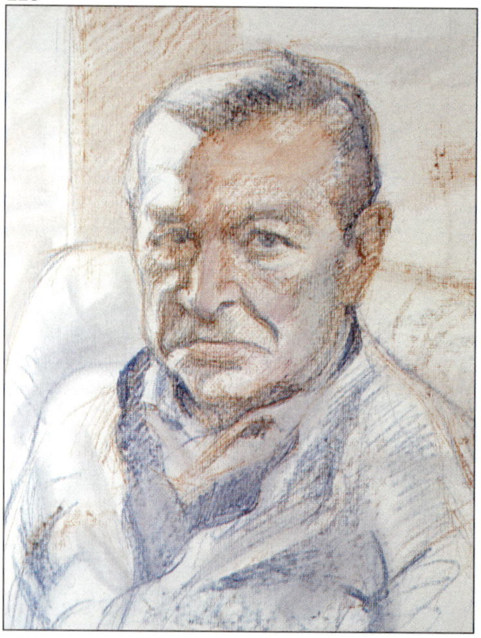

224

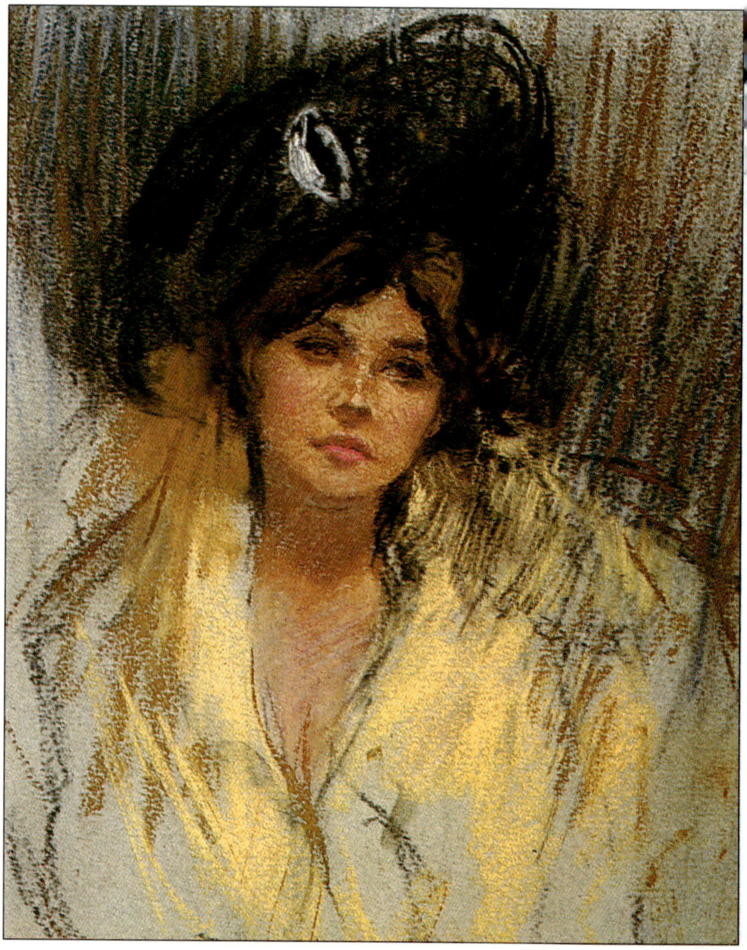

Ähnlichkeit und künstlerische Qualität

Wer ein gutes Porträt zeichnen oder malen will, muß den Aufbau des Kopfes, die Proportionen der Gesichtsteile und die Formen von Auge, Nase, Mund, Ohren, Kinn und Haare kennen und die Zeichnung im allgemeinen beherrschen. Ähnlichkeit und künstlerische Qualität charakterisieren ein gutes Porträt. Logischerweise muß die dargestellte Person im Porträt zu erkennen sein. Aber diese Ähnlichkeit reicht nicht aus. Das Bild muß einen Eigenwert besitzen, nämlich die Qualität eines Kunstwerks. Dafür ist auf weitere Faktoren zu achten:

a) Der perfekte Aufbau des Kopfes.
b) Die Darstellung der charakteristischen Züge.
c) Die Geste und die Pose des Modells.

Die beiden ersten Faktoren beziehen sich auf die physischen Eigenschaften des Modells, der dritte leitet sich von seiner Persönlichkeit ab. Kommen alle Faktoren in einem Bild zusammen, geht das Resultat über die einfache Ähnlichkeit hinaus und nähert sich einem Kunstwerk.

Den meisten Leuten gefällt es, wenn man sie porträtiert. Nutzen Sie diesen Umstand bei einem Familienmitglied oder einem Freund, damit er oder sie für Sie posiert. Je vertrauter einem das Modell ist, desto leichter wird die Arbeit, weil Künstler und Porträtierter sich natürlich verhalten.

Abb. 225: Jedem guten Porträt liegt ein korrekter Aufbau des Kopfes zugrunde, der die unterschiedlichen Proportionen der Gesichtsteile berücksichtigt. Die Abbildungen A, B und C zeigen eine proportionale Unterteilung des Gesichts im Verhältnis zur Kopfhöhe. Beachten Sie, daß der Abstand zwischen Kinn und Nase genau dem zwischen Nase und Augenbrauen bzw. Augenbrauen und Haaransatz entspricht. Diese Proportionen werden ergänzt von denen des Kopfes im Profil.

225

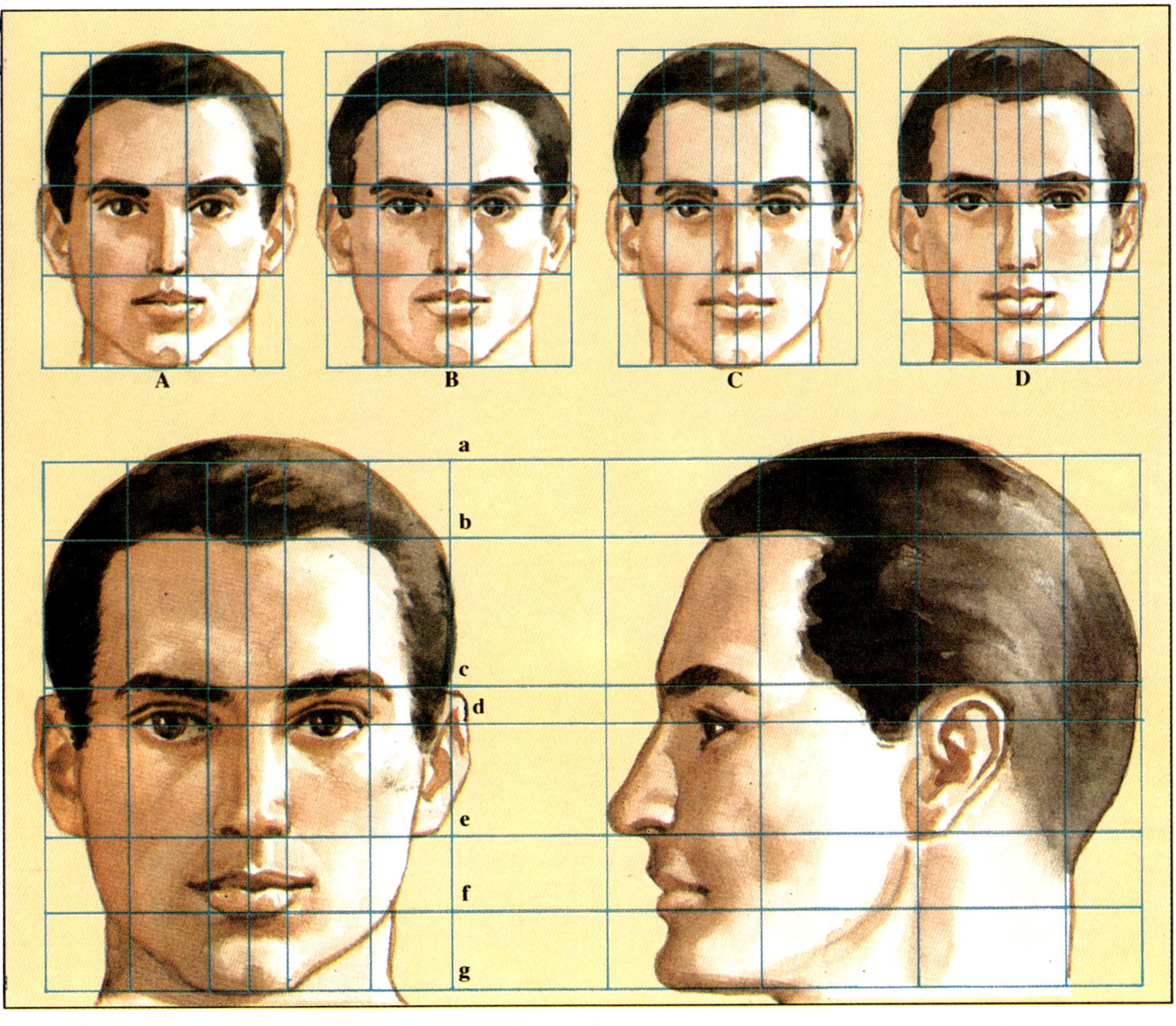

Im Haus: die Gestalt

In der klassischen Malerei verkörpert die Gestalt in der Regel eine historische oder mythologische Figur. Selten steht sie allein, sondern ist fast immer von weiteren Gestalten umgeben, die gemeinsam eine Szene darstellen und häufig im Freien angesiedelt sind. Der Rückgriff auf die Antike während der italienischen Renaissance bedeutete, daß die Kompositionen von griechischen und römischen Statuen inspiriert wurden. Die Gestalten wurden normalerweise nackt gezeigt, damit das gesamte anatomische Wissen des Künstlers zum Ausdruck kam. Das Ergebnis waren heroische Werke, die sich weit von der Wirklichkeit des Alltags entfernten.

Ab 1620 tauchten jedoch in Holland einige Meister auf, die eine neue Bildgattung schufen. Diese hatte nichts mit den großen religiösen oder mythologischen Kompositionen der Italiener gemein. Es handelte sich um kleine Bilder, auf denen einfache familiäre Szenen in bürgerlichen Räumen dargestellt wurden: die sogenannte intime Malerei. Dieser Begriff wurde auf zahlreiche Werke zu Beginn unseres Jahrhunderts angewendet, deren Maler vom Impressionismus beeinflußt waren: Bonnard, Vuillard und die Gruppe der sogenannten Nabis. Deren Bilder hatten kein anderes Ziel, als einen intimen Augenblick festzuhalten, einen „candid shot", eine Momentaufnahme.

Abb. 226: José M. Parramón, *Ballerina*, Privatsammlung. Es gib zahlreiche Möglichkeiten bei denen eine Gestalt ei äußerst interessante Bildmotiv darstellt. Ballerinen wurden aufgrun der Originalität und Vielfalt ihrer Posen von vieler Künstlern gemalt. In diesem Fall wird die Gestal vom Spiel des Lichts hervorgehoben.

226

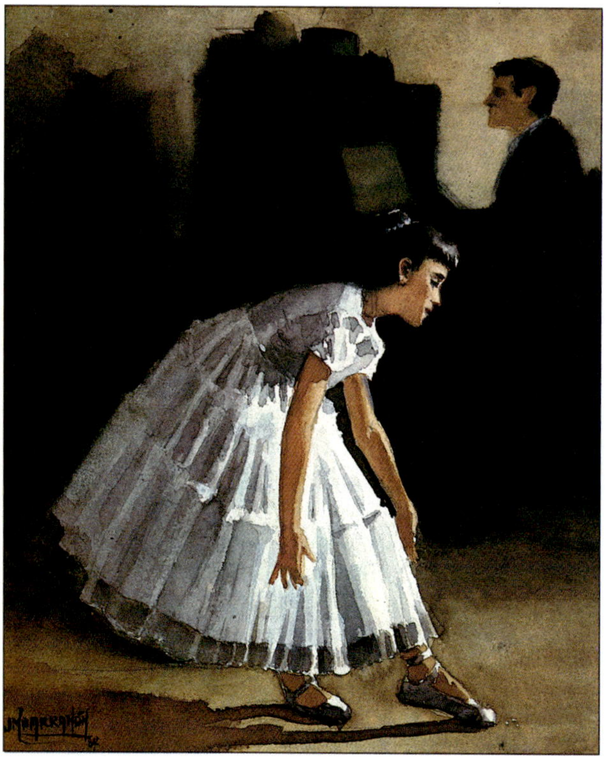

227

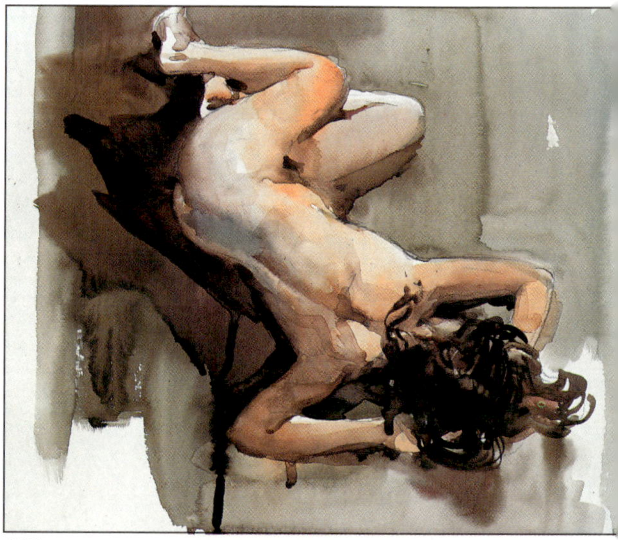

228

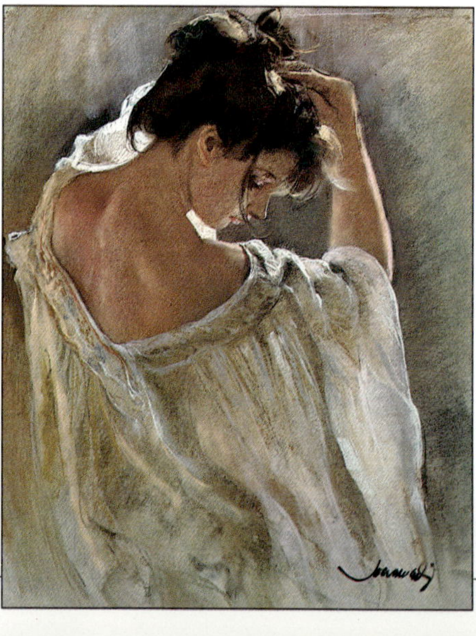

Abb. 227 und 228: Das Thema Gestalt bietet unendlich viele reizvolle malerische Möglichkeiten. Um bei diesem weiblichen Akt ein künstlerisches Interesse zu erregen, hat Ballestar einen ungewöhnlichen Blickpunkt gewählt (Abb. 227). Joan Martí hat sein Modell mit Gegenlicht beleuchtet. Dadurch betont er die Umrisse und hält die Stellen im Halbschatten in weichen Tönen.

Die intime Malerei

Die intime Malerei stellt kein Porträt dar, der Künstler hält vielmehr die Atmosphäre, die Situation und die Stimmung des Augenblicks – mit einem Wort: die Natürlichkeit – fest. Dafür muß er mehrere Faktoren berücksichtigen: die Örtlichkeit, die Beleuchtung und die Pose. Es empfiehlt sich, das Modell in ein häusliches, alltägliches Umfeld neben vertraute Elemente zu stellen, die Intimität suggerieren: Bücher, Krüge, Töpferwaren, Tassen, Teller, Flakons, Flaschen, Blumen etc. Zweitens darf die Beleuchtung weder zu hart noch zu direkt sein. Empfehlenswert ist seitliches diffuses Licht, nach Möglichkeit Tageslicht, das für Reflexe und Nuancen sorgt und die Gestalt in eine warme helle Atmosphäre hüllt. Die Pose sollte ebenfalls natürlich sein. Natürlich heißt, die Pose darf nicht wie eine solche wirken, sondern muß der natürlichen Haltung des zu porträtierenden Menschen entsprechen. Keinesfalls darf sie steif sein. Ansonsten ist jede Pose geeignet: sitzend, stehend, geneigt, sogar von hinten. Bei letzterer umgehen Sie das heikle Problem der Ähnlichkeit, die der Mensch, der sich Ihnen vertrauensvoll als Modell angeboten hat, sicher erwartet.

229

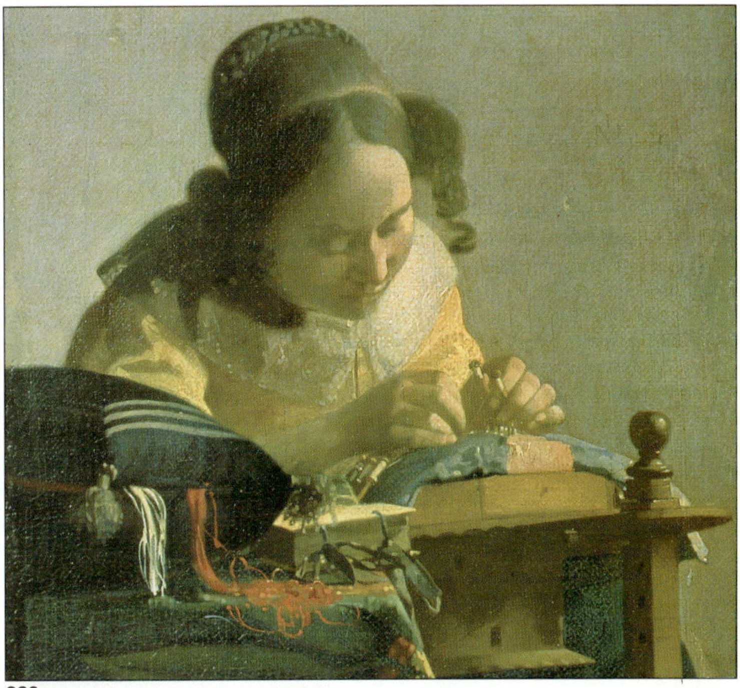

230

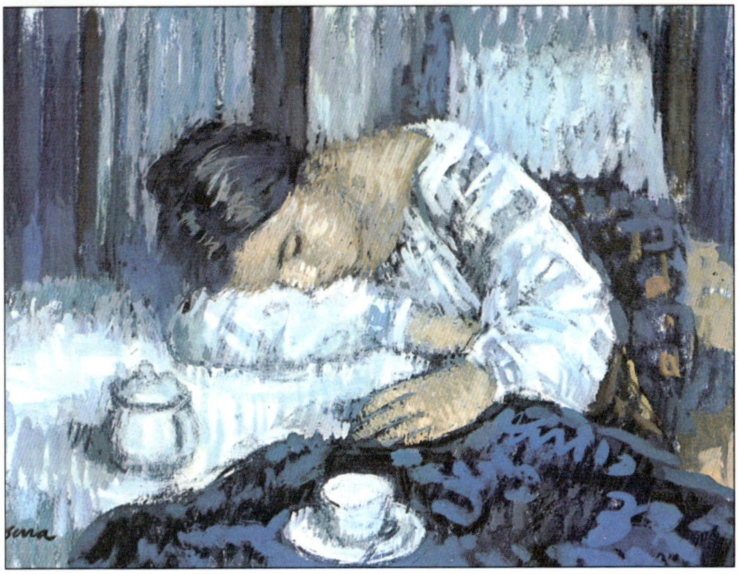

231

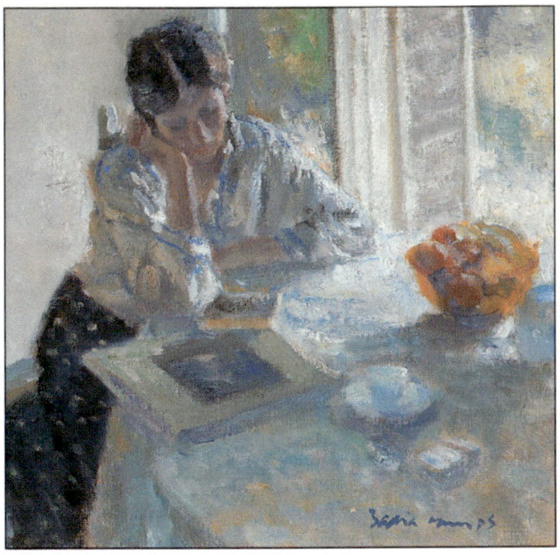

Abb. 229: Jan Vermeer, *Die Spitzenklöpplerin,* Louvre, Paris. Der Holländer ist einer der wichtigsten Vertreter der intimen Malerei. Bei diesem Bild beruht das Interesse auf der Verteilung der Nähutensilien, der Haltung der Gestalt und der subtilen, wohlüberlegten Wirkung von Licht und Schatten, die an die Mühen der Arbeit erinnern.

Abb. 230: Francesc Serra, *Gestalt,* Privatsammlung. Beachten Sie bei diesem Beispiel, daß der Künstler seine Palette auf ein Minimum beschränkt hat, um ein Gefühl von Ruhe und klarem nuanciertem Licht zu suggerieren. Darüber hinaus hat Serra Elemente gewählt, die ausgezeichnet geeignet sind, eine intime Stimmung zu erzeugen.

Abb. 231: Badía Camps, *Sitzende Gestalt,* Privatsammlung. Badía Camps verwendet bei seinen Szenen im Haus stets große Sorgfalt auf die Wahl der angemessenen Umgebung und das passendste Licht. Verteilt man sorgfältig einige alltägliche Gegenstände, erreicht man jene Natürlichkeit, die man von einem intimen Bild erwartet.

Außer Haus: die Stadtszene

Vorläufer der modernen Stadtszene findet man bereits in der dekorativen römischen Malerei, in der großartige Ansichten von Gebäuden in illusionistischer Perspektive erscheinen, wie sie der Städter bei einem Blick aus dem Fenster haben könnte. Doch abgesehen von diesen sehr konkreten Werken ist festzustellen, daß die Stadtszene in der westlichen Malerei erst spät auftaucht. Ihre Entwicklung ist untrennbar mit der Blüte eines reichen städtischen Bürgertums verbunden, das seine Sitten und sein Umfeld in der Kunst gespiegelt sehen wollte. Die Eigenständigkeit der Landschaft als Bildgattung im Holland des 17. Jahrhunderts führte zur Darstellung von Stadtszenen. Zahlreiche Kunsthistoriker sehen in Vermeers *Blick auf Delft* das erste Beispiel dieser Gattung.

Die erste große Schule der Maler von Stadtszenen entstand im 18. Jahrhundert in Venedig. Canaletto und Guardi sind ihre hervorragendsten Vertreter. Ihre Werke bezeichnet man als *Veduten*, die Künstler als *Vedutisten*. Es war die Zeit der großen Reisen, in der die Adeligen und Großbürger Nordeuropas, insbesondere Englands, nach Venedig zogen, um die dortige Pracht zu bewundern. Bei ihrer Abreise nahmen sie einige Veduten mit zurück – wie der heutige Urlauber Postkarten von seinem Ferienort ersteht. Im folgenden Jahrhundert ließen nur die Impressionisten die Stadtszene malerisch mit dem nötigen Nachdruck wieder aufleben: Monet, Pissarro, Degas und einige weitere Maler verwandelten die Pariser Straßen in ein populäres Motiv.

Heutzutage begegnet man nicht selten einem Maler, der seine Staffelei inmitten des Trubels unserer Städte aufgestellt hat. Ich selbst habe es ebenfalls unzählige Male getan und kann Ihnen daher nur raten, auf die Straße zu gehen und diesen bevorzugten Ort in vollem Licht zu malen.

232

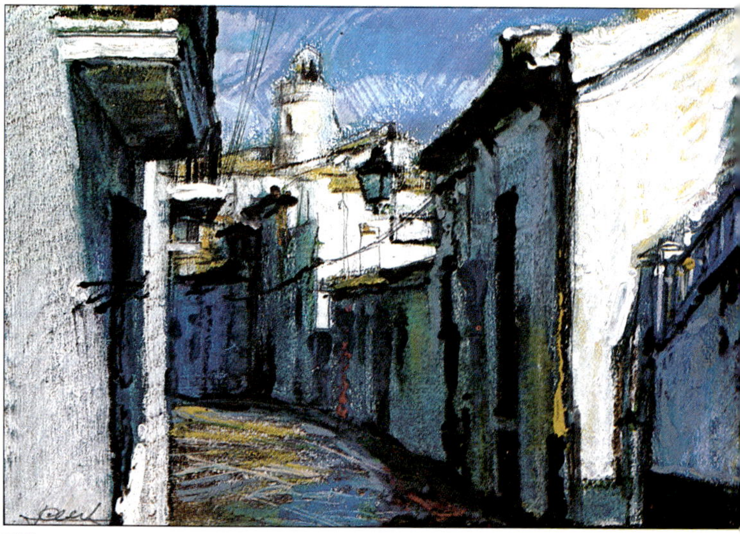

233

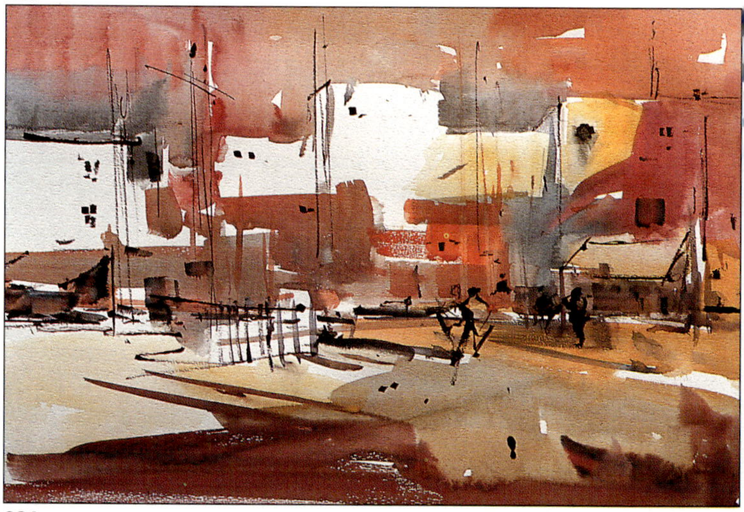

234

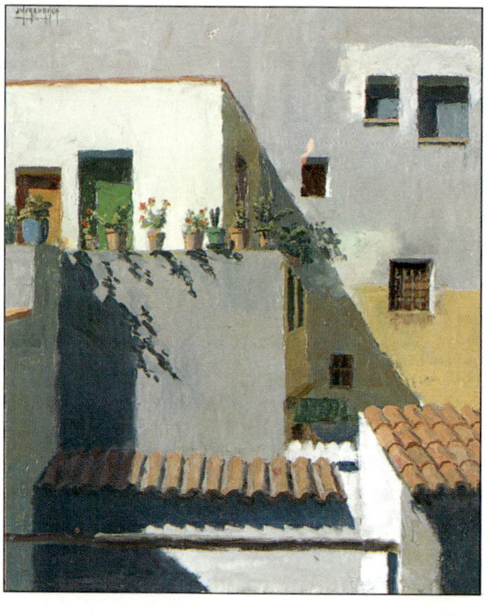

Abb. 232 bis 234: Unterschiedliche Beispiele für Stadtszenen von Miquel Ferrón, Martínez Lozano, und José M. Parramón.

Die Wiedergabe der Tiefe

Die malerischen Probleme einer Stadtszene unterscheiden sich kaum von denen anderer Motive: Immer geht es um Komposition, Tonwertbestimmung, Farbe, Zeichnung etc. Trotzdem beinhaltet die städtische Szene einige sehr charakteristische Aspekte: die Wirkung der Atmosphäre und der Umwelt, die Tiefe und die großen Volumen, die den Raum einnehmen. Für ihre Darstellung gibt es mehrere Lösungen, die man auch gleichzeitig einsetzen kann, nämlich:

1. *die Überlagerung der Ebenen,*
2. *Atmosphäre und Kontraste und*
3. *die Perspektive.*

Die Technik der Überlagerung beruht auf der Tatsache, daß die Elemente einer Landschaft hintereinander liegen, unterschiedlich groß wirken und deshalb ein Gefühl von Tiefe erzeugen. Um das besser zu verstehen, braucht man sich nur einige Gegenstände vorzustellen, die ohne weitere Anhaltspunkte auf einer ebenen Fläche verteilt sind. Ergebnis: Es entsteht keinerlei Gefühl von Tiefe. Häufig plaziert der Landschaftsmaler daher ein Element so in den Vordergrund, daß es die nachfolgenden Ebenen überlagert. Dadurch betont er die Entfernung zu den übrigen Bestandteilen des Bildes.

Die Atmosphäre drückt sich durch Präzision und Kontraste der Umrisse und Farben im Vordergrund und stärkeres Verschmelzen im Hintergrund aus, wo die Farben verschwommen und graustichig erscheinen.

Die Frage der Perspektive haben wir bereits behandelt. Deshalb beschränke ich mich hier auf den Hinweis, daß sie bei der Anlage von Motiven wie große Alleen, Fassaden von Häuserreihen, Parks und Gärten etc. außerordentlich hilfreich sein kann.

235

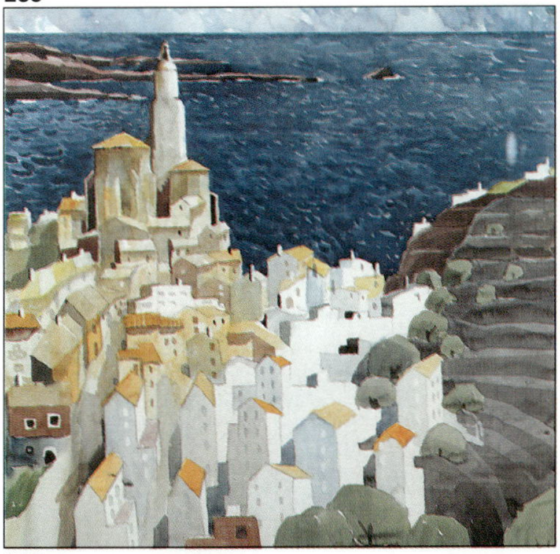

236

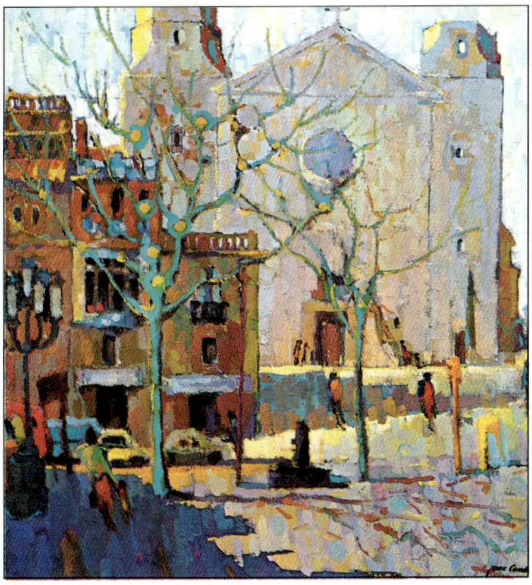

237

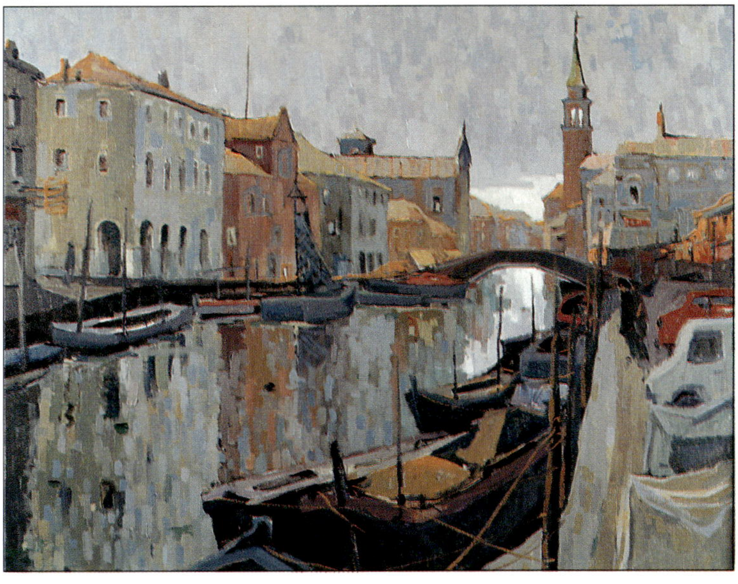

Abb. 235 bis 237: Diese drei Stadtszenen von Joan Condins habe ich ausgesucht, weil sie ein ausgezeichnetes Beispiel für die korrekte Lösung der Probleme der Überlagerung der Ebenen, der Atmosphäre und der Perspektive bilden, die für die gesamte Malerei von Stadtszenen kennzeichnend sind. Condins legt stets großen Wert auf die räumliche Aufteilung seiner Bilder und sorgt dafür, daß die Abstände zwischen den Ebenen klar zum Ausdruck kommen.

Außer Haus: die Vorstädte

Einer der Lieblingswinkel der Impressionisten war der Bahnhof Saint-Lazare in Paris. Die ständige Bewegung an diesem Ort und vor allem der malerische Anblick des Rauchs der Lokomotiven unter dem Glasdach zog die Künstler unwiderstehlich an. Solche Szenen findet man nicht im Zentrum der Städte. Dafür muß man in die Vorstädte oder in die Umgebung hinausziehen, wo man mit Sicherheit etwas Überraschendes entdeckt.

Der Maler und Kunsttheoretiker André Lhote fragte sich: „Weshalb malt man immer ein Stück Fluß und die Spiegelung im Wasser? Es gibt wahre Metallandschaften, die von Menschenhand geschaffen wurden. Silos, Gasometer, Wassertürme etc. ergeben in ihrer Kombination eine ebensogroße Mannigfaltigkeit wie die natürlichen Elemente." Man braucht nur einen Spaziergang an die Stadtgrenze zu machen, um die Vielfalt der Motive zu erkennen, die uns die industrielle Architektur bei jedem Schritt liefert. Daraus können wunderbare Werke entstehen, für die man ebenfalls die Grundsätze der Malerei von Stadtszenen anwendet.

238

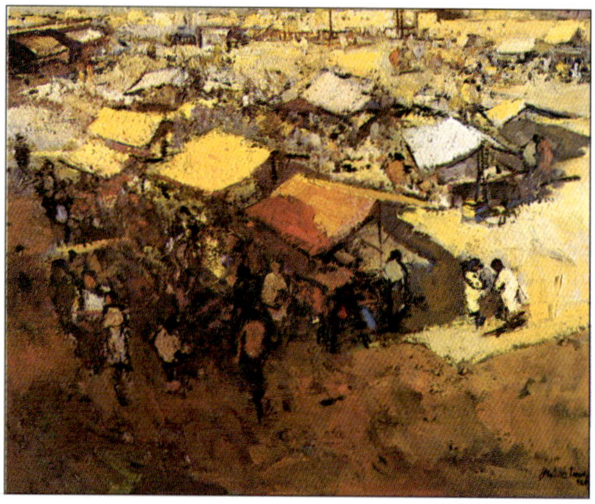

239

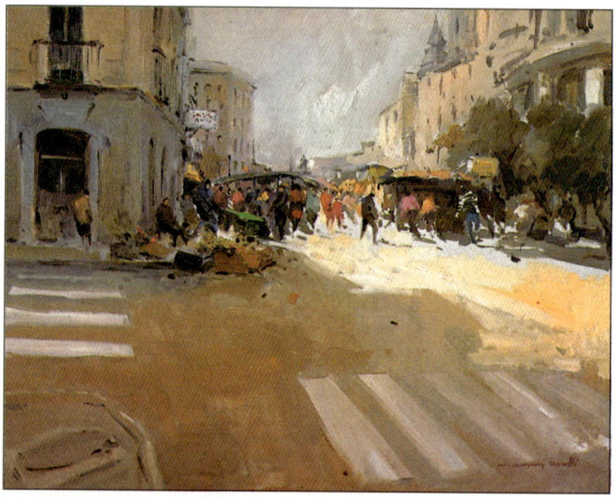

Abb. 238 und 239: Zwei Beispiele für die Malerei von Martínez Lozano (Abb. 238) und Rosell (Abb. 239), die von den Vororten einer Stadt inspiriert wurden. Beide Maler wählten einen Markt in den Außenbezirken als Motive für Bilder, in denen die Wirkung des Lichts und die Vitalität des städtischen Lebens die größte Rolle spielen.

240

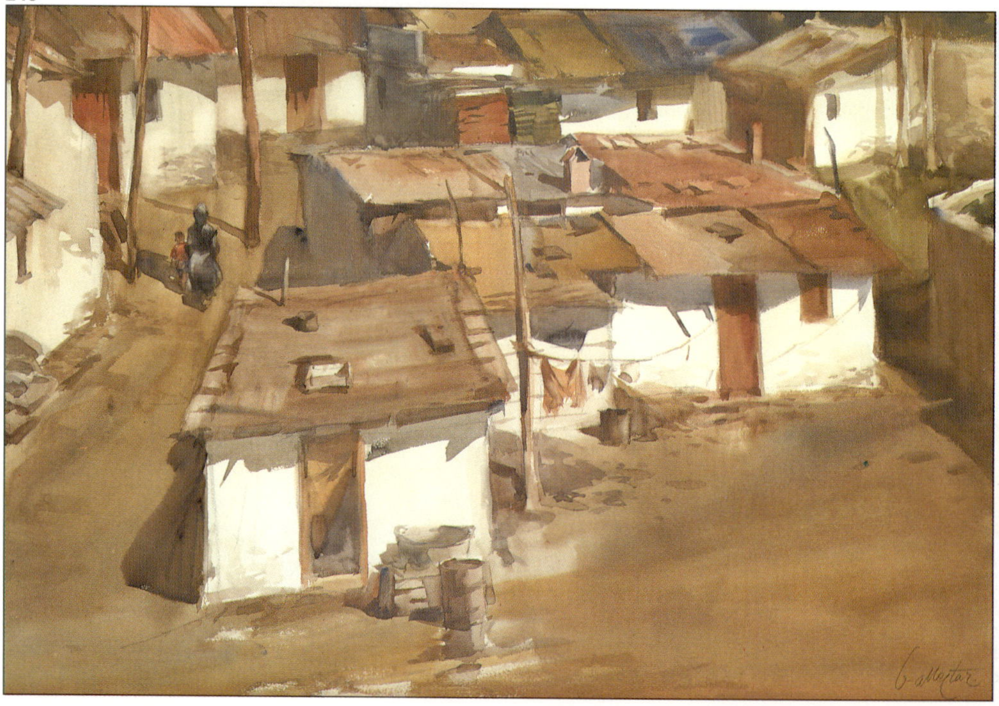

Abb. 240: Für dieses ausgezeichnete Aquarell hat Ballestar ein Elendsviertel als Motiv gewählt. Farbe und Komposition des Themas, das nicht gerade vielversprechend zu sein scheint, wurden hervorragend interpretiert.

Außer Haus: die Landschaft

Der Maler Albrecht Dürer sagte mehrmals, *daß die Kunst in der Natur selbst liegt und daß derjenige sie besitzt, der sie daraus zu lösen versteht*. Obwohl sich der große deutsche Künstler nicht ausschließlich auf die Landschaft bezog, sondern alle natürlichen Formen einschloß, läßt sich die Aussage hervorragend auf die Kunst der Landschaftsmalerei anwenden. Zahlreiche Maler stimmten ihr zu, zum Beispiel Corot. Der hervorragende französische Landschaftsmaler des 19. Jahrhunderts malte immer wieder dieselben Motive, auch dieselben Bäume, um jene erstaunliche Natürlichkeit und Farbgebung zu erreichen, die seine besten Gemälde auszeichnen. Cézanne malte dutzendemale den *Mont St. Victoire* nahe seiner Geburtsstadt Aix-en-Provence und entdeckte ständig neue malerische Motive von einem Reichtum, den ein Kritiker einmal symphonisch nannte. Beide Maler stellten ihre Werke nach dem Modell auf dem Lande her. Das war nicht immer so. Diese Arbeitsweise ist relativ jung und begann erst Ende des vorigen Jahrhunderts, als den Künstlern plötzlich leicht zu transportierende Tubenfarben zur Verfügung standen. Bis dahin hatten alle Maler ihre Landschaften im Atelier angefertigt.

242

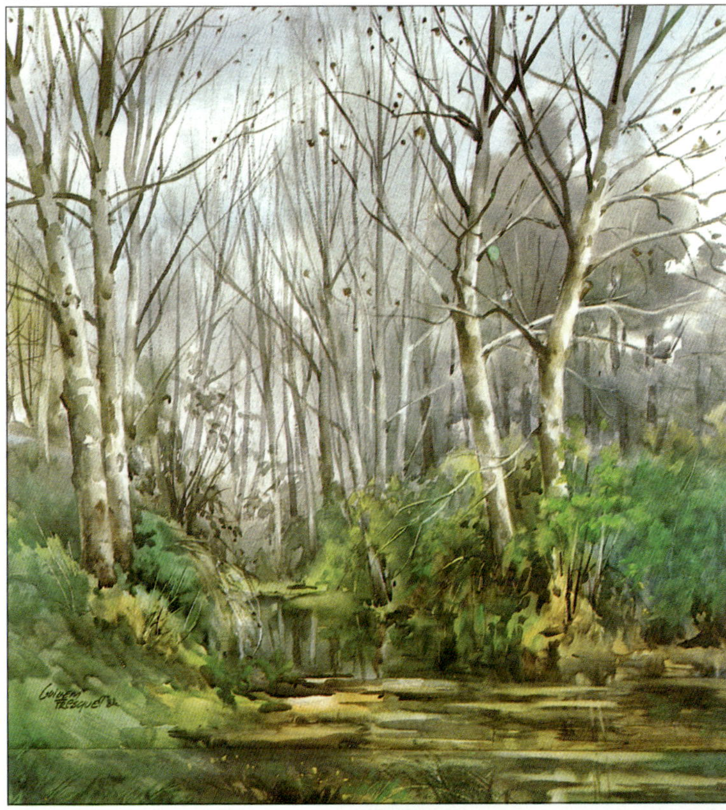

243

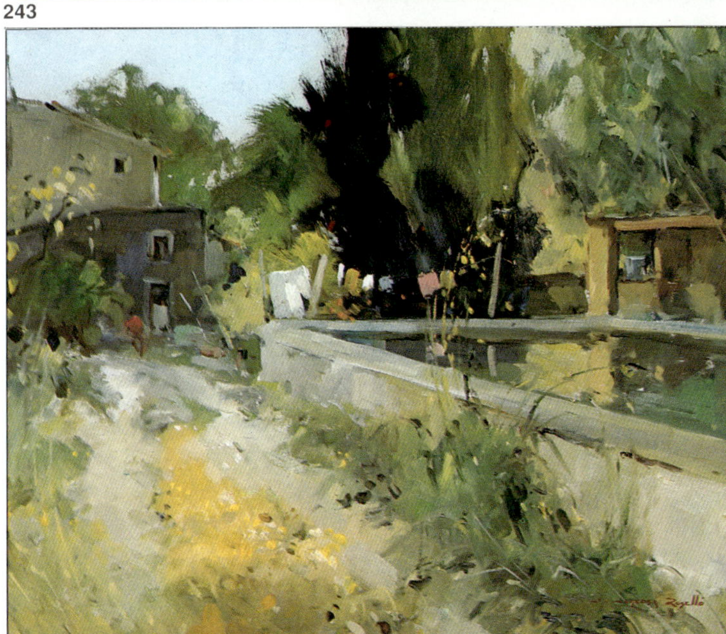

241

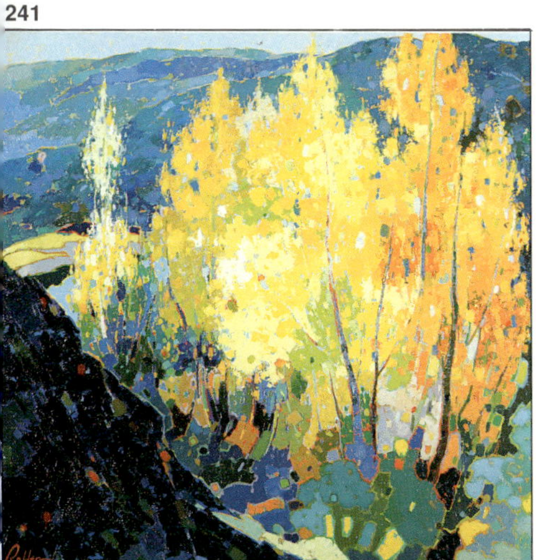

Abb. 241: Pedro Roldán ist ein außerordentlich koloristischer Maler. Bei diesem Motiv reizten den Künstler insbesondere die Wirkung des Lichts und die leuchtenden Farben des Herbstlaubs.

Abb. 242: Der bedeutende Aquarellmaler Guillermo Fresquet wählte für dieses Aquarell ein schwieriges, mühsames Motiv voller kleiner Details. Um es anzufertigen, studierte der Künstler aufmerksam die Natur und erfaßte hervorragend die kalte Atmosphäre eines Wintertags.

Abb. 243: In diesem Landschaftsbild hat der Maler Roselló die Form des Wasserbeckens genutzt, um eine perspektivische Wirkung zu erzeugen, die dem Werk Tiefe verleiht.

Außer Haus: die Landschaft

Abb. 244 und 245: Zwei völlig verschiedene Landschaftsbilder, die eine Vorstellung von den zahlreichen Möglichkeiten dieses Bildgenres geben. Im Werk von Teresa Llàcer vibrieren die Farben. Die Malerin strebt stets heftige Kontraste zwischen Komplementärfarben an, um eine intensive Leuchtkraft zu erhalten (Abb. 244). J.M. Parramón bevorzugt Harmonieskalen der gebrochenen Farben und die nüchterne Verteilung der Elemente, die eine kalte, ruhige Atmosphäre widerspiegeln.

244

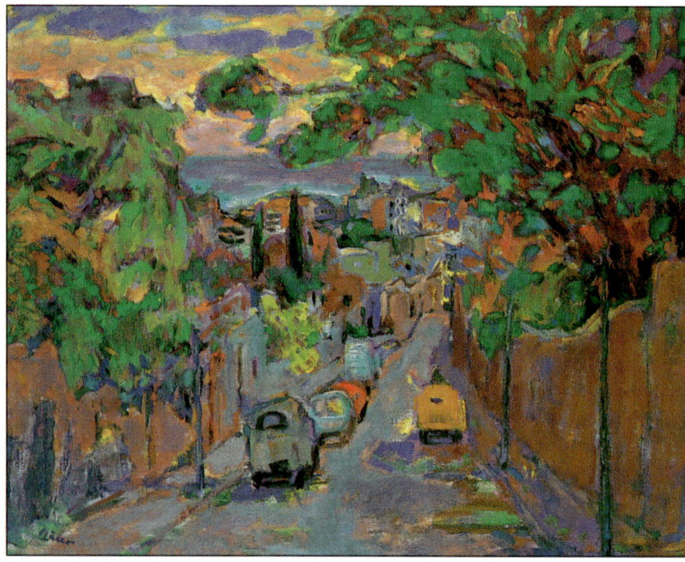

245

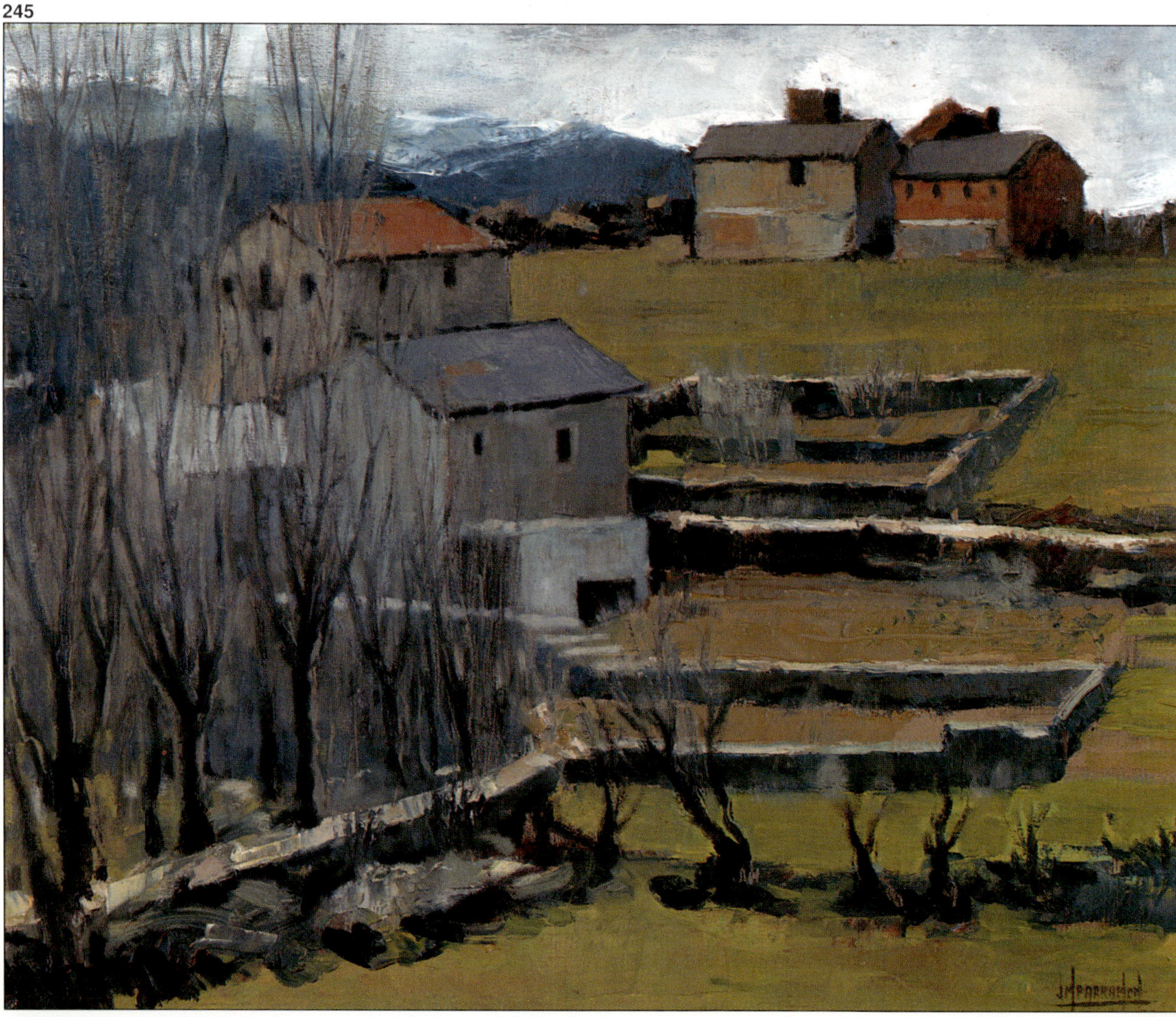

Untersuchung des Motivs

Der Engländer Thomas Gainsborough, der in der zweiten Hälfte des 18. Jahrhunderts lebte, komponierte seine Werke zunächst aus zerschlagenen Steinen, Moos, getrockneten Gräsern und Spiegelscherben. Diese versetzte und verbesserte er solange, bis er sie auf der Leinwand in Felsen, Bäume und Wasser verwandeln konnte – und zwar ohne je das Atelier verlassen zu haben. Auch der große klassische französische Maler Nicolas Poussin verließ sein Atelier nicht, um seine Kompositionen auszuarbeiten: Er verwendete dafür eine kleine Theaterbühne mit einer Landschaftsdekoration in Form von Soffitten.

Auch heutzutage malen zahlreiche Künstler ihre Landschaften im Atelier, jedoch immer mit Hilfe von Skizzen nach der Natur. Andere ziehen es vor, ihr Bild ausschließlich mit dem Motiv vor Augen herzustellen. Mancher benötigt den ständigen Kontakt mit der Natur, andere werden von ihr am Ende behindert. Ich rate Ihnen, aufs Land hinauszuziehen, einen Ort nach Ihrem Belieben zu wählen und dort etliche Entwürfe sowie Kompositions- und Farbstudien anzufertigen. Erst wenn Ihnen klar ist, wie Sie Ihr Bild malen wollen, sollten Sie zu Leinwand, Pinsel und Farbe greifen.

246

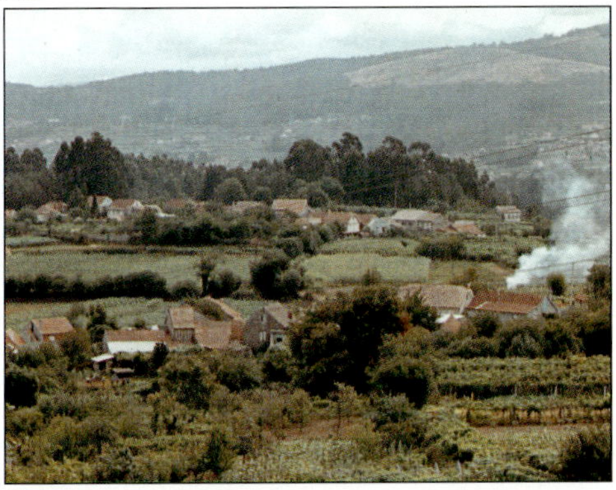

247

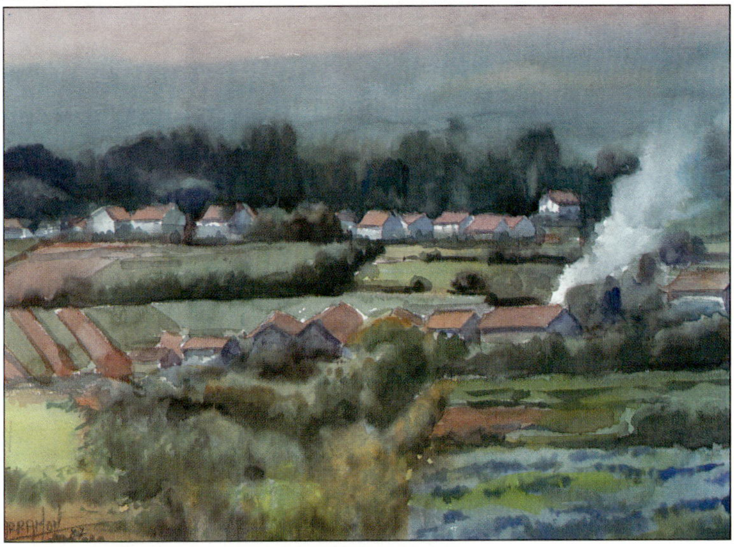

248

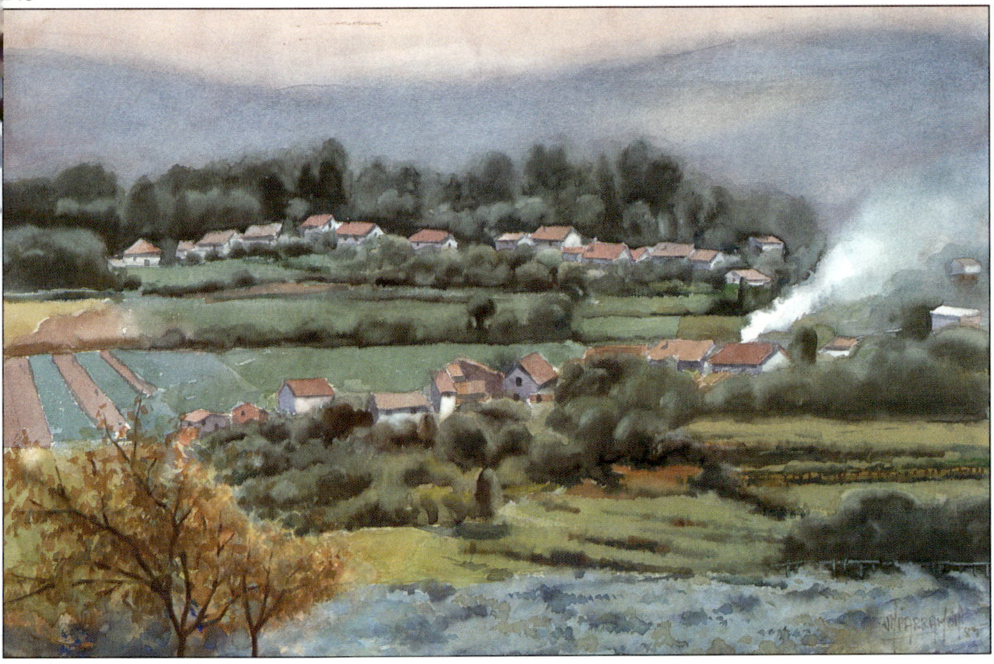

Abb. 246 bis 248: Die Fotografie ist ein ausgezeichnetes Hilfsmittel für die Landschaftsmalerei. Hier sehen Sie die Anfertigung eines Aquarells nach einem Foto des Modells (Abb. 246). Mit diesem Foto und einer Vorskizze, die er nach der Natur angefertigt hat (Abb. 247), besitzt der Künstler die notwendigen Informationen, um im Atelier das endgültige Werk auszuarbeiten (Abb. 248).

Außer Haus: das Seestück

Das Meer ist eines der häufigsten Bildmotive der Landschaftsmaler. Ob es sich um den Anblick auf hoher See wie bei dem Amerikaner Homer handelt, um Küstenlandschaften wie bei Monet und Courbet oder Fischerhäfen wie häufig bei der Gruppe der Fauves zu finden: Die See hat die Maler jeder Stilrichtung immer angezogen. Auf den ersten Blick scheint das Meer eines der einfachsten Bildmotive zu sein. Man braucht es jedoch nur in Ruhe zu betrachten, dann erkennt man, wie extrem schwierig es ist, die ständige Bewegung, die Reflexe und jene Farbe festzuhalten, die nur gelegentlich blau ist. Albert Marquet, ein Maler der impressionistischen Schule und daher gewohnt, diese Farbwirkungen wiederzugeben, malte zahlreiche Seestücke. In nicht wenigen nimmt das Wasser einen gebrochenen, warmen, beinahe sienaartigen Ton an. Das Ergebnis ist sehr überzeugend und wahrheitsgetreu und gleichzeitig derart gefühlsbetont, das ich es als *poetisch* bezeichnen würde. Der Grund dafür ist, daß Marquet, wie alle großen Maler, seine Seestücke entsprechend seinem Temperament und seiner künstlerischen Erfahrung *interpretierte.* Falls Sie die Möglichkeit haben, an einem Hafen am Meer zu malen, empfehle ich Ihnen, jene Stelle zu wählen, wo die Fischerboote festmachen. Studieren Sie diese aufmerksam aus verschiedenen Blickwinkeln und möglichst zu unterschiedlichen Tageszeiten, weil sich die Farbe des Wassers je nach Licht ständig verändert. Ich bin sicher, Sie werden eine interessante Erfahrung machen.

Wählen Sie Ausschnitt und Stunde, stellen Sie einige Entwürfe her, studieren Sie die Komposition, und überlegen Sie sich eine mögliche Farbskala. Erst wenn Sie eine Vorstellung davon haben, *wie* Sie Ihr Bild malen möchten – selbst wenn sie noch nicht präzise ist –, dürfen Sie Ihre Sachen nehmen und Ihre Staffelei vor dem Motiv aufstellen. Auf diese Weise wird es Ihnen mühelos gelingen, jene Nuancen des Meeres zu erfassen, die auf den ersten Blick ausgesprochen reizvoll erscheinen, demjenigen jedoch leicht entgehen, der ohne vorab auszuwählen und zu interpretieren übereilt mit seinem Werk beginnt.

Abb. 249: Mit diesem Werk beweist Martínez Lozano seine außerordentliche Fähigkeit zur Synthese, denn er entnimmt dem Modell nun jene wesentlichen Aspekte, die die Ruhe eines Morgens im Hafen widerspiegeln.

249

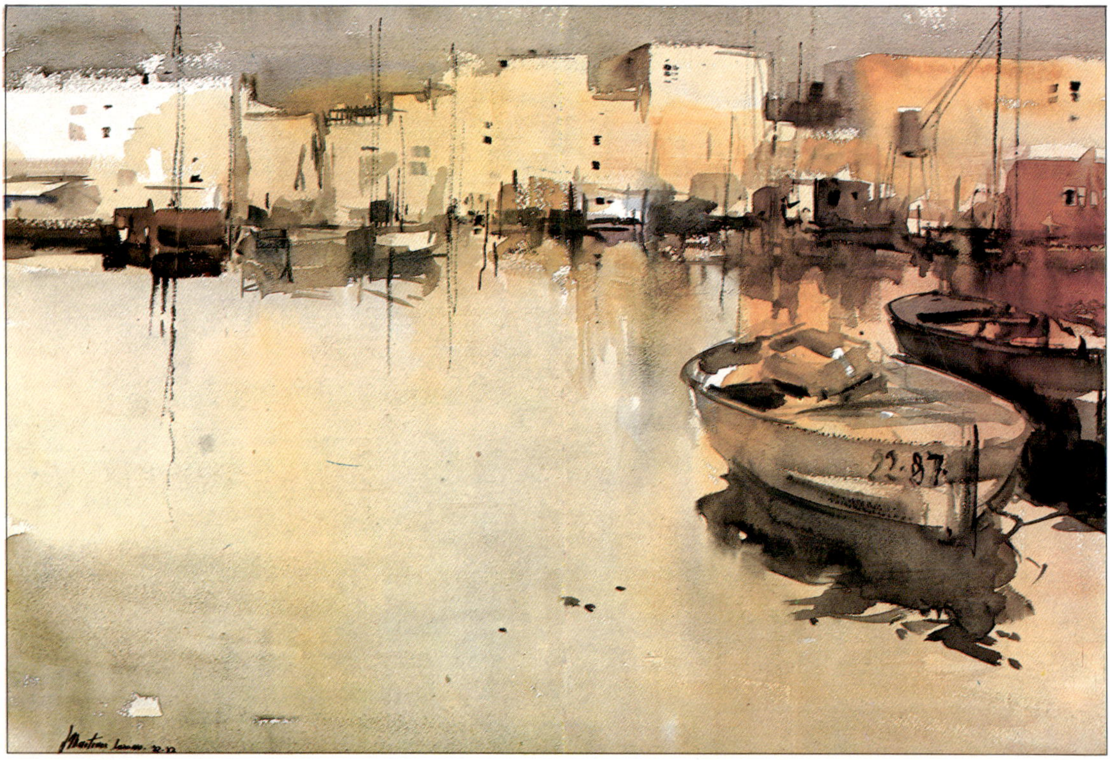

Die Reflexe

ine Besonderheit der Malerei von Seestücken, die Sie bedenken müssen, bevor ie mit Ihrem Bild beginnen, sind die Reflee. Das Meereswasser verhält sich wie ein piegel und reflektiert alle Formen, die sich larauf befinden. Bewegt sich das Wasser angsam, sind die Spiegelbilder verzerrt ınd weisen unregelmäßige Formen auf. 3ei stillem Wasser werden die Formen geau gespiegelt, aber umgekehrt. In jedem all dürfen Sie nicht vergessen, daß die piegelungen denselben Fluchtpunkt wie lie Originalformen besitzen, wobei die inien schräger, also stärker geneigt dortin konvergieren. Das wird noch verstärkt, venn sich der gespiegelte Körper im Vorlergrund befindet.
chließlich sei daran erinnert, daß senkechte Körper – zum Beispiel der Hauptnast eines Schiffes – senkrecht in derselen Länge gespiegelt werden. Schräge Körper sind dagegen verlängert zu sehen, wenn sie sich zum Betrachter neigen, während sie nach hinten geneigt verkürzt rscheinen.

250

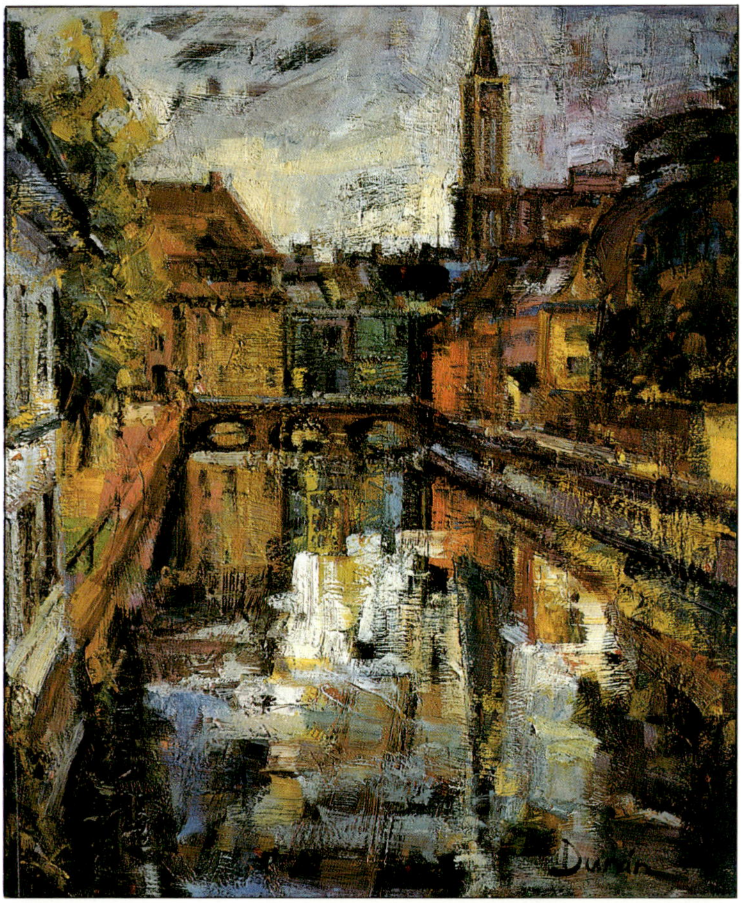

251

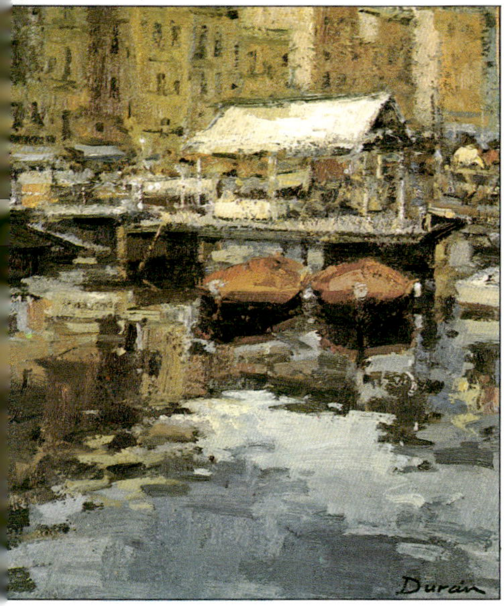

252

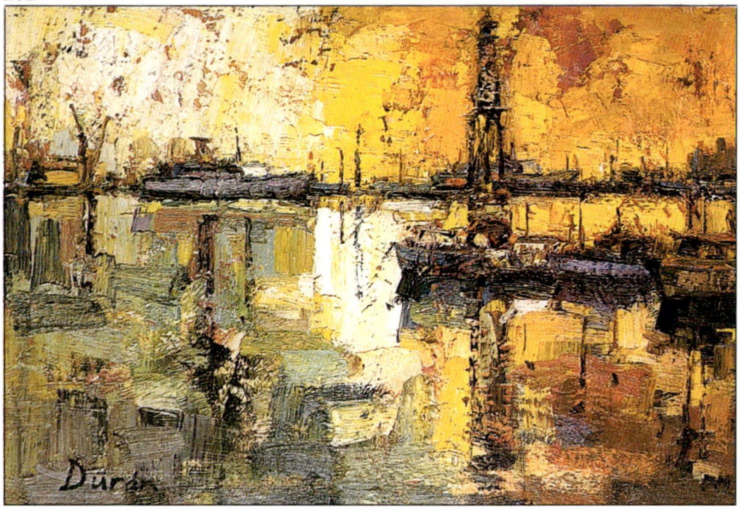

Abb. 250: Die Malerin Marta Durán hat diese Hafenszene in ihrem kraftvollen Stil interpretiert. Sie hat die Farben pastos aufgetragen und überlagert, bis die Wirkung reflektierender Formen im Wasser erreicht war.

Abb. 251 und 252: In diesen beiden Bildern ging es Marta Durán mehr um die farbliche Einheit als um die Präzision der Details. Alle Elemente sind in das mit zahlreichen Reflexen und Licht angefüllte Ganze integriert.

Wie mehrmals angedeutet, will dieses Buch nur in die künstlerische Praxis einführen. Der Fortschritt, den Sie anschließend machen, hängt ausschließlich von Ihnen, Ihrem Interesse und Ihrem ständigen Üben ab. Eines habe ich im Verlauf dieses Buches immer wieder gesagt: Malen lernt man durch malen. Auch nicht die Ratschläge des größten Genies der Malerei können Ihnen allein dazu verhelfen, gut zu malen.

Im folgenden abschließenden Kapitel habe ich einige Anregungen und Hinweise zusammengefaßt, deren einziges Ziel es ist, Ihre Praxis mit diversen Aktivitäten zu erweitern und zu bereichern. Die Ratschläge reichen vom täglichen Skizzieren bis zum Eintritt in eine Kunstakademie oder einem sonstigen künstlerischen Ausbildungsinstitut. Es liegt mir fern, ein Schema für eine künstlerische Lehre zu erstellen. Ich erlaube mir nur, aufzuzeigen, was Sie tun können, um weiterzukommen, falls Sie es möchten, und ich erinnere an jene Inschrift Goyas in einer seiner letzten Radierungen: *Ich lerne noch immer*.

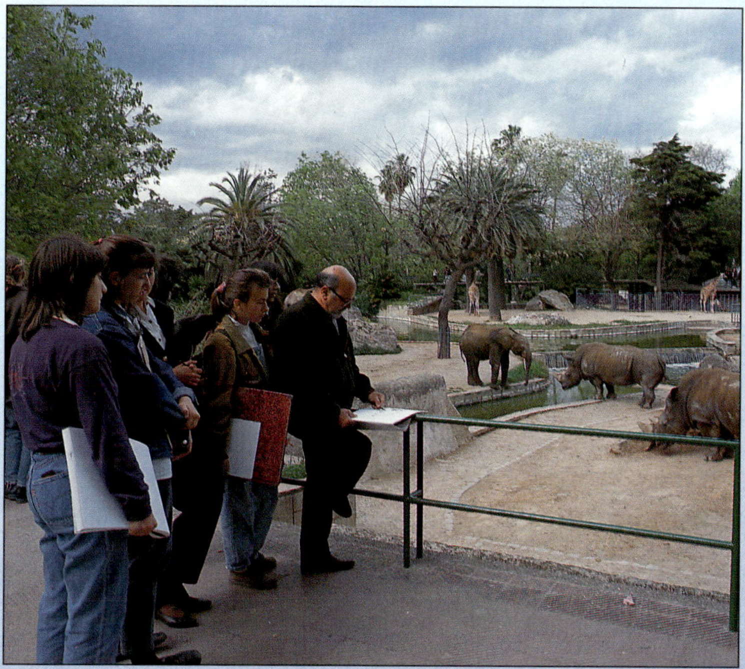

253

WO MAN LERNT

Hochschulen, Fachhochschulen und Akademien

In allen wichtigen Städten gibt es staatliche, städtische oder private Einrichtungen, die eine künstlerische Ausbildung ermöglichen oder in denen Kurse abgehalten werden, die der breiten Öffentlichkeit zugänglich sind. Wer die Absicht hat, einer dieser Einrichtungen beizutreten, sollte sich vorab eingehend über die Voraussetzungen und die Zulassungsbedingungen informieren. Zur allgemeinen Orientierung seien hier einige Institutionen aufgeführt, zwischen denen Sie wählen können.

An erster Stelle stehen die Kunsthochschulen und Kunstakademien, die über mehrere Jahre eine theoretische und praktische Ausbildung bieten. Ihr Abschluß ist ein akademischer Titel oder das Staatsexamen, das zum Eintritt in den Schuldienst berechtigt. Auch eine Promotion ist möglich. Die Regelstudienzeit beträgt zur Zeit zehn Semester.

Voraussetzung für die Zulassung zur Kunsthochschule ist in der Regel das Abitur oder eine gleichwertige Ausbildung sowie der Nachweis besonderer künstlerischer Fähigkeiten. Lehrfächer sind die Freie Kunst – Malerei, Bildhauerei und Grafik–, Architektur und Raumgestaltung, die angewandte Kunst und die Kunstpädagogik. Fachhochschulen für Kunst und Kunstgewerbe bilden praxisorientiert aus und eignen sich insbesondere für den künftigen Grafiker und Illustrator. Hier wird der Student nicht nur mit den jeweiligen Kunstrichtungen vertraut gemacht, er erfährt auch etwas über die technischen Voraussetzungen der Reproduktion etc. Den Fachhochschulen nachgeordnet sind die Werkkunstschulen. Hierbei handelt es sich um Berufsfachschulen, die aus den Kunstgewerbeschulen hervorgegangen sind. Voraussetzung für Ihren Besuch ist die Gesellenprüfung, im Ausnahmefall auch eine besondere Begabung. Darüber hinaus gibt es zahlreiche private Akademien und Schulen, die zum Teil von bekannten Künstlern geleitet werden und häufig ihre eigene Lehrmethode entwickelt haben.

Abb. 253 (vorige Seite): Der Künstler und Lehrer Vicenç Ballestar, der einige Seiten dieses Buches mitgestaltet hat, fertigt mit seinen Schülern Skizzen im zoologischen Garten an.

Abb. 254 bis 256: Volkshochschulen stehen allen Interessenten offen, die sich mit dem Zeichnen und Malen befassen möchten. Die Arbeit wird von anerkannten Fachleuten geleitet.

255

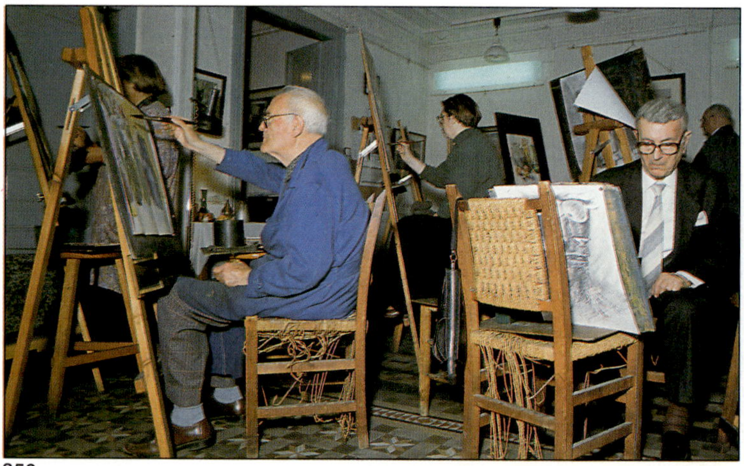

254

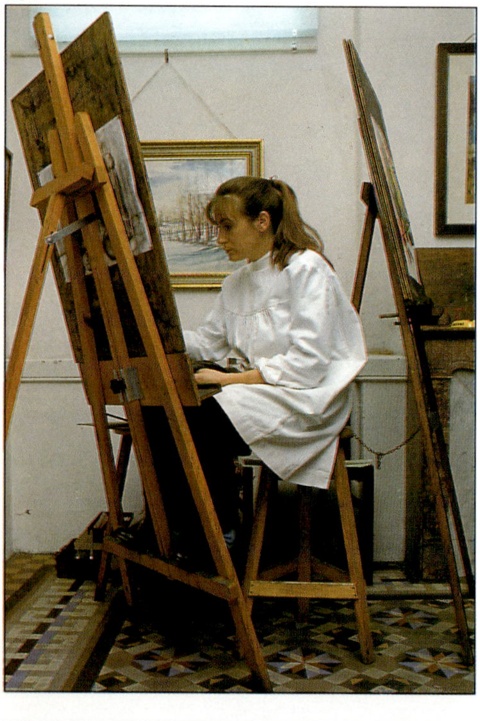

256

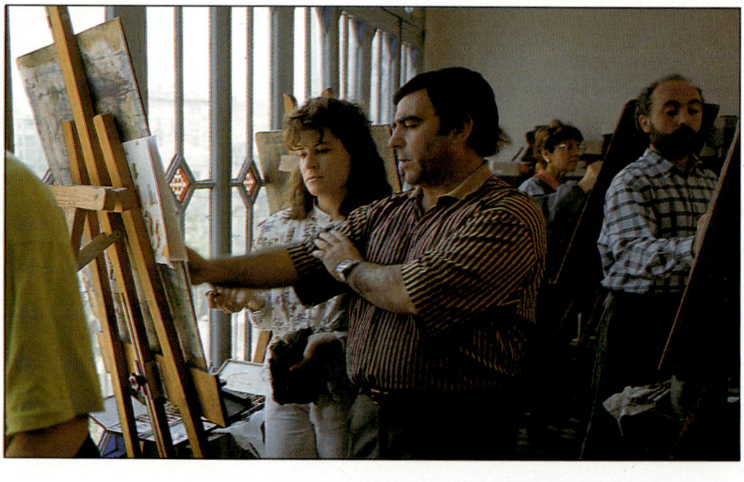

Kunstvereine und Volkshochschulen

Viele Städte und Landesverbände richten Sommerakademien ein, an denen häufig auch Künstler und Künstlerinnen aus dem Ausland ihr Spezialgebiet lehren. Die Dauer der Kurse reicht von einer Woche bis zu mehr als einem Monat. Über die Voraussetzungen sollte man sich rechtzeitig informieren. Manche Kurse dienen der Weiterbildung von Profis, andere wenden sich auch an den interessierten Hobbykünstler. Sowohl dem Anfänger als auch dem fortgeschrittenen Hobbykünstler stehen die Kurse der Kunstvereine und Volkshochschulen offen. Sie werden von Fachleuten geleitet und befassen sich jeweils mit einer Spezialtechnik. Praktisch immer angeboten werden die Aquarell- und die Ölmalerei sowie verschiedene Zeichentechniken. Die Kurse an den Volkshochschulen haben den Vorteil, auch abends stattzufinden und relativ preiswert zu sein. Die Staffeleien werden gestellt; die Studenten brauchen nur das benötigte Material mitzubringen.

Abb. 257: In allen Kunsthochschulen und Fachakademien ist Zeichnen nach der Natur ein Pflichtfach. Die Abbildung zeigt eine Sitzung im Aktzeichnen nach einem weiblichen Modell.

257

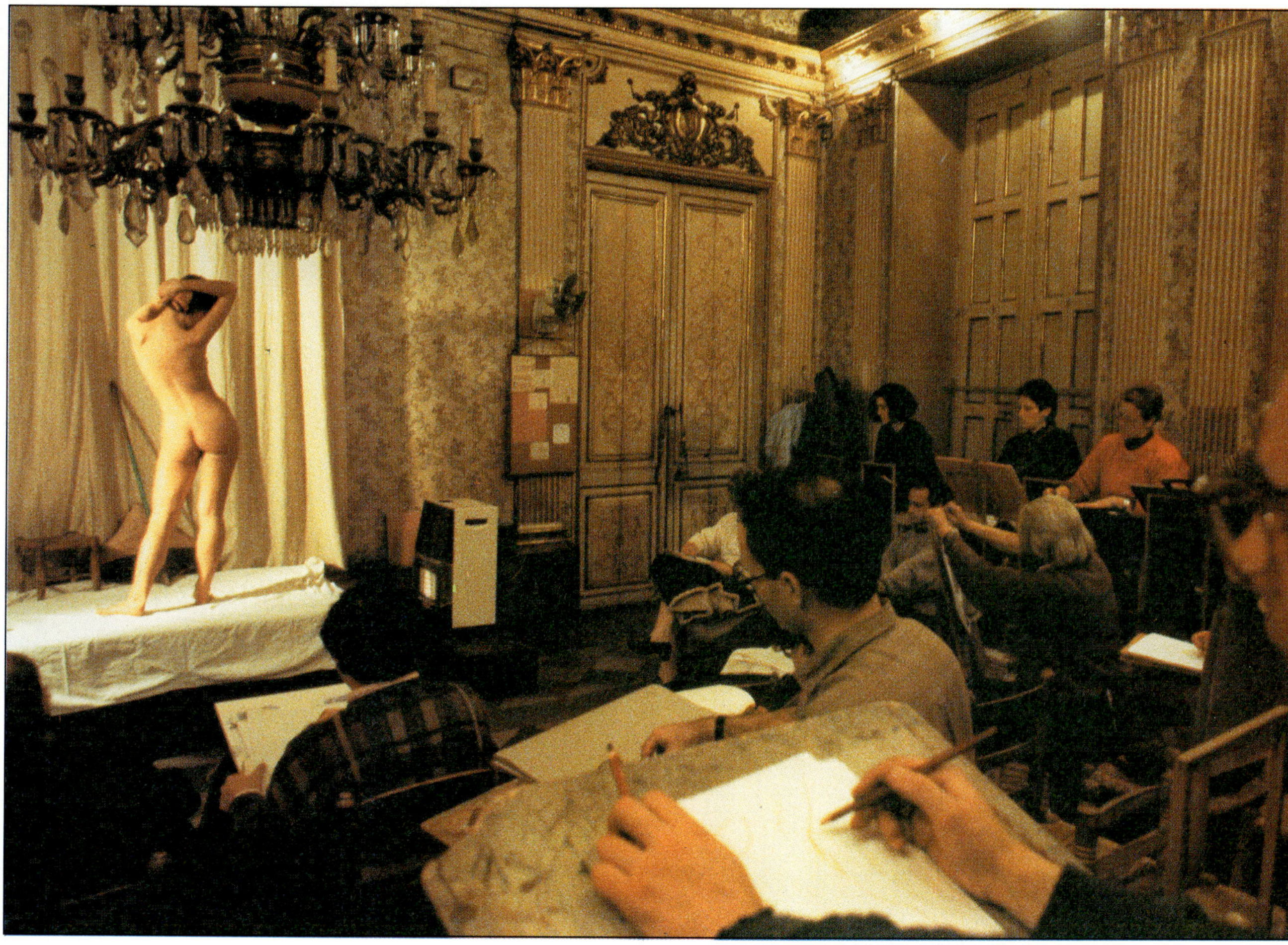

Besuch von Ausstellungen und Museen

258

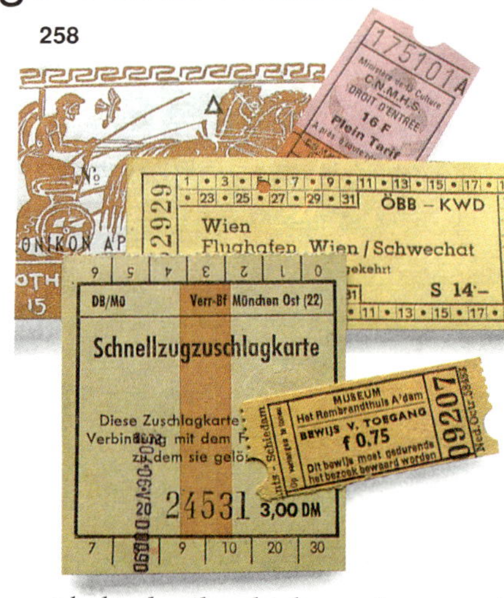

Abb. 258: Ein Besuch der bekannten Museen bietet eine hervorragende Gelegenheit, sich mit der künstlerischen Vergangenheit vertraut zu machen und von den großen Meistern zu lernen.

Wenn ich nach Madrid, Paris, Florenz oder London reise, kann mich nichts von einem Besuch des Prado, des Louvre, der Uffizien oder der National Gallery abhalten. Jedesmal, wenn ich in eines dieser Museen zurückkehre, stelle ich fest, daß die Bilder unendlich viele Aspekte aufweisen, immer noch etwas Neues für mich ergeben, mich weiterhin belehren und mich bereichern. Es langt nicht, einfach zu malen und zu zeichnen, obwohl das die Grundlage ist. Man benötigt auch eine künstlerische Bildung, und die bedeutet nichts anderes, als sich an den großen Meistern zu orientieren, sonst tappt man blindlings herum.

Die Probleme des Malers sind stets die gleichen: Immer geht es um die Farbe, die Zeichnung und die Komposition. Die Unterschiede zwischen den Künstlern machen sich bei der Lösung dieser Probleme bemerkbar. Jede Epoche hat ihre Präferenzen, und obwohl es absurd wäre, heute zum Beispiel wie ein Renaissancemaler arbeiten zu wollen, finden wir in den Werken jener Zeit noch sehr nützliche Anstöße und Anregungen für unser eigenes Schaffen. Ich kann Ihnen versichern, daß sich nur wenige Freuden in der Seele des Malers mit jener vergleichen lassen, die er empfindet, wenn er ein Werk oder einen Künstler *entdeckt*, der ihm bisher entgangen ist und in dem er eine Quelle der Inspiration für die persönliche Arbeit erkennt. So etwas erlebt man in Museen und Ausstellungen.

259

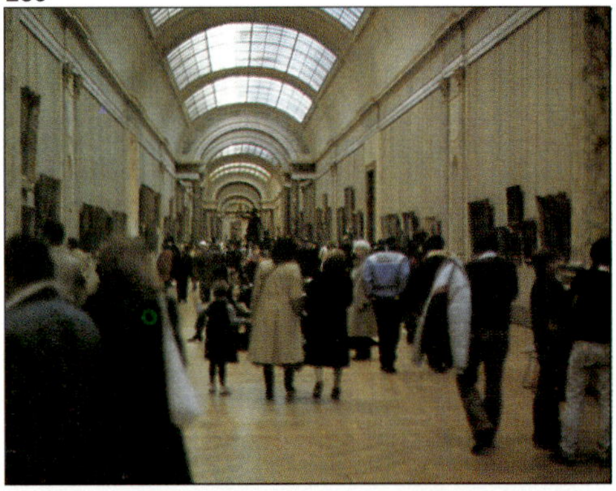

Abb. 259: Die Säle des Louvre in Paris zeigen das Beste der französischen Malerei und hervorragende Beispiele für die italienische Malerei.

260

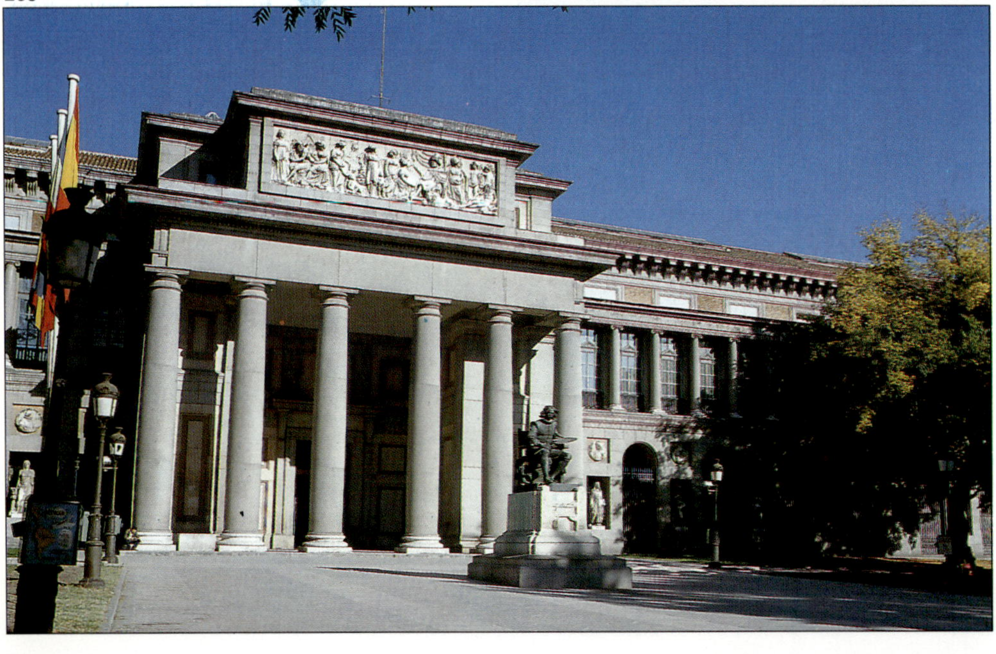

Abb. 260: Der Prado in Madrid besitzt die beste Sammlung des spanischen und flämischen Barock sowie hervorragende Beispiele für die spanische und mitteleuropäische Renaissance.

Falls Sie in einer kleinen Stadt leben, in der es weder Museen noch Kunstausstellungen gibt, rate ich Ihnen, von Zeit zu Zeit an einen Ort zu fahren, wo derartige Einrichtungen vorhanden sind. Nutzen Sie jede Gelegenheit, Museen und Ausstellungen zu besuchen, und kaufen Sie einige jener Kunstpostkarten, die in allen bedeutenden Museen angeboten werden. Sie sind preiswert und in der Regel von guter Druckqualität. Doch selbst in den meisten kleineren Städten finden sich kommerzielle Galerien, in denen mehr oder weniger bekannte Maler ausstellen. Da es sich um Zeitgenossen handelt, können deren Arbeiten Ihnen vermutlich ebenso oder noch besser als die Meisterwerke in den bedeutenden Museen weiterhelfen. Wahrscheinlich teilen diese Künstler Ihre Empfindungen und Ihre Auffassung von der Malerei. Deshalb sollte man sich deren Lösungen ebenfalls ansehen.
Ein Gang durch eine Galerie oder ein Museum bietet sowohl Gelegenheit zum Lernen als auch die Möglichkeit, sich der eigenen künstlerischen Stellung bewußt zu werden.

261

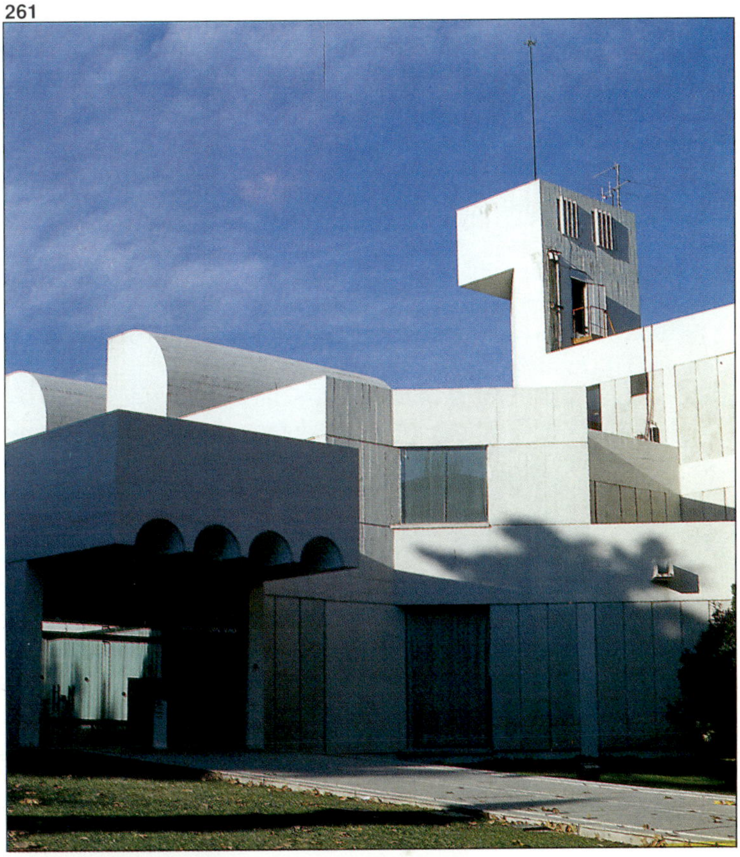

262

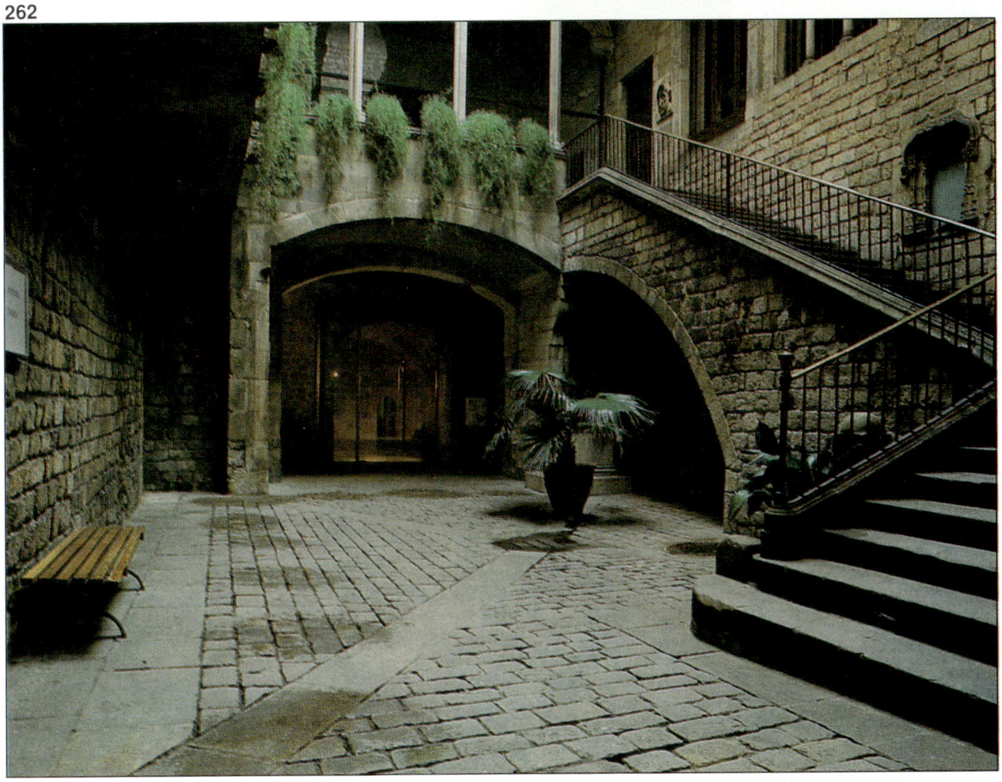

Abb. 261: Die Miró-Stiftung in Barcelona umfaßt zahlreiche Meisterwerke des berühmten surrealistischen Malers. Außerdem veranstaltet sie Ausstellungen zeitgenössischer Kunst (Foto: Josep Cabanas).

Abb. 262: Das Picasso-Museum in Barcelona befindet sich in einem herrlichen gotischen Palast der Altstadt und umfaßt Werke aus allen Epochen des Künstlers (Foto: Sigfrid).

Kopieren von Bildern berühmter Maler

Alle großen Meister der Malerei haben in ihrer Lehrzeit die Werke anderer Maler kopiert. Selbst als anerkannter Künstler stellte Rubens weiterhin Kopien von Tizian her, in denen er den eigenen Stil in bewundernswerter Weise mit dem seines großen Vorgängers verband und die ebenfalls als Kunstwerke erster Güte gelten. Paul Cézanne ging mehrmals in den Louvre, um dort Gestalten nach den Klassikern zu zeichnen, ohne etwas von seiner künstlerischen Originalität zu verlieren. Auch heutzutage findet man noch zahlreiche Kopisten in den Sälen der bedeutendsten Museen der Welt. Ich selbst bin ebenfalls mehr als einmal dorthin gegangen und kann Ihnen versichern, daß es sich um eine wirklich bereichernde Erfahrung handelt. In den meisten Museen darf man nach Einholen einer Genehmigung seine Staffelei vor den Bildern aufstellen. Auch Sie können eine solche Genehmigung erbitten und ein Bild kopieren, das Ihnen besonders gefällt. Ich rate Ihnen, bevor Sie sich zu solch einem Schritt entschließen, zunächst ein paar Kopien nach Reproduktionen im Atelier anzufertigen und erst ins Museum zu gehen, nachdem Sie das entsprechende Werk ausgiebig studiert haben.

Sollten derartige Arbeitsbedingungen Sie einschüchtern oder Ihnen wenig zusagen, schlage ich vor, daß Sie bei Ihren Besuchen immer einen kleinen Zeichenblock mit sich führen und Skizzen und Farbstudien von jenen Bildern anfertigen, die Ihre stärkste Aufmerksamkeit erregen. Schon bald werden Sie feststellen, wie sehr allein das Skizzieren Ihr Verständnis für das jeweilige Werk vertieft.

Man kann sich schwer vorstellen, wieviel Bilder aus jeder dieser Skizzen der großen Maler entstanden sind, die man nicht ohne Grund als Meister bezeichnet.

263

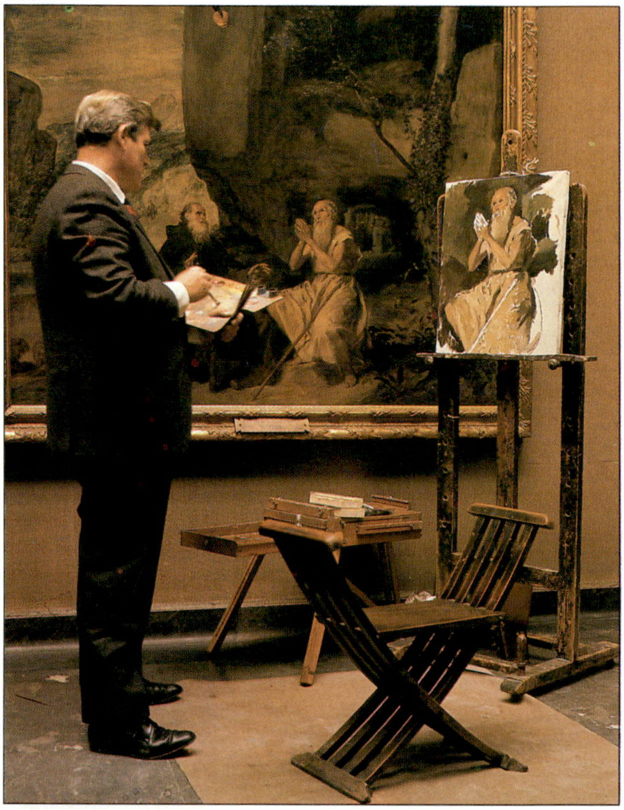

264

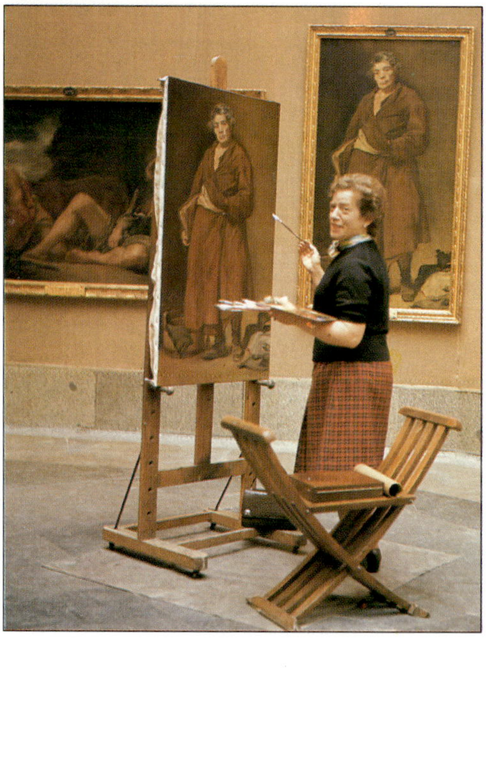

Abb. 263: José M. Parramón im Prado beim Kopieren einer Gestalt aus Velazquez' Gemälde: *Der hl. Paulus und der hl. Antonius in der Wüste.*

Abb. 264: Alle Museen erlauben Künstlern, die ausgestellten Werke zu kopieren. Allerdings müssen die Maße der Kopie vom Original abweichen.

Kopieren berühmter Bilder

265

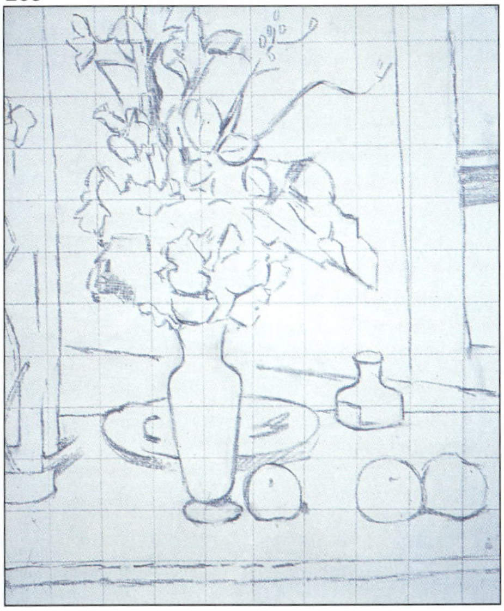

266

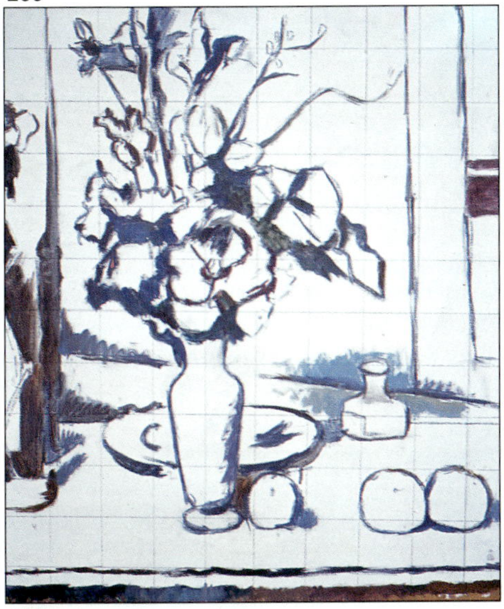

Abb. 265 bis 269: Beim Kopieren eines Originals werden die Elemente zunächst mit Hilfe eines Rasters proportional korrekt auf die Leinwand übertragen (Abb. 265). Nach der Anlage der Umrisse werden die Farbe sowie die Wirkung von Licht und Schatten und das Volumen angepaßt. In diesem Fall handelt es sich um Cézannes Stilleben *Die blaue Vase.*

267

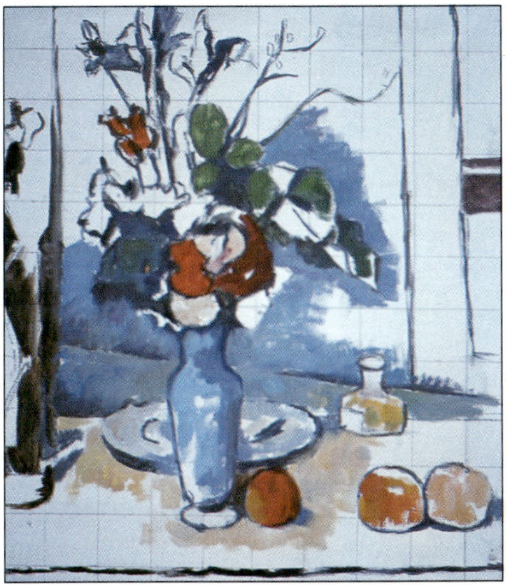

269

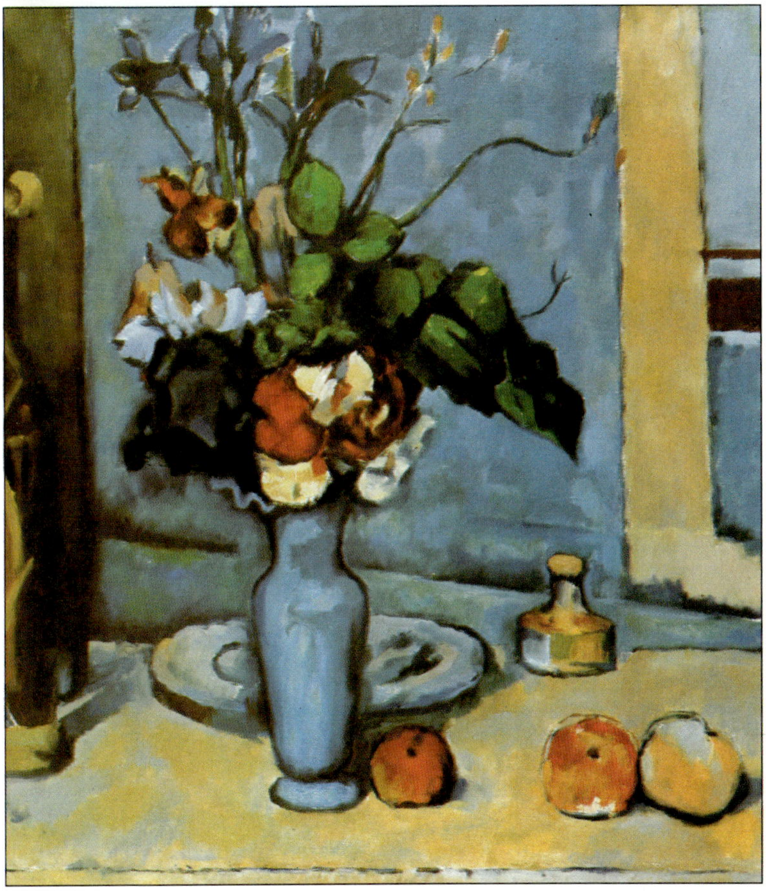

268

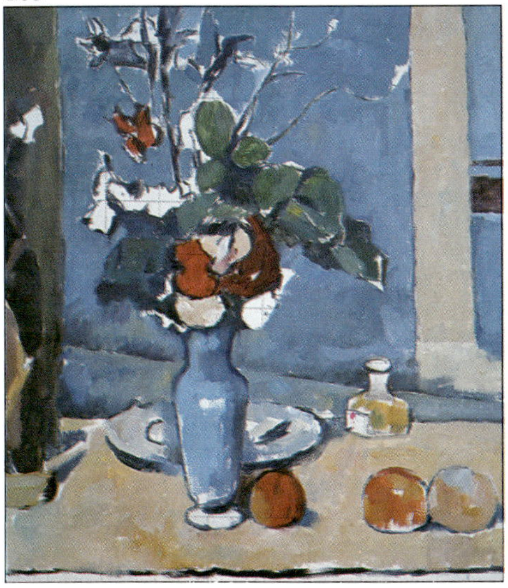

Betrachten von Reproduktionen in Büchern

Dank der gedruckten Reproduktionen hat der Künstler unserer Tage Zugang zu einer gewaltigen Anzahl visueller Informationen. In der Vergangenheit konnten die Maler die Arbeiten ihrer ausländischen Kollegen höchstens anhand von Radierungen kennenlernen, deren Ähnlichkeit mit dem Original natürlich von der Sachkenntnis des Grafikers abhing. Und selbst dann war die Anzahl der Werke, die sie studieren konnten, unendlich viel kleiner als jene, die jedem Maler und Hobbykünstler heutzutage zugänglich sind.

Das ist zweifellos ein gewaltiger Vorteil, auch wenn ein Übermaß an Informationen den Elan des Künstlers am Ende hemmen könnte. Deshalb muß man auswählen. Es gibt ausgezeichnete Kunstbücher, in denen diese Auswahl bereits von Fachleuten vorgenommen worden ist. Die Reproduktion der Kunstwerke erreicht eine erstaunliche Qualität im Vergleich zum Original, weshalb die Bücher allerdings ziemlich teuer sind. Aber solche Bände sind für den Maler kein Luxus, sondern echte Arbeitsmittel und beinahe ebenso notwendig wie das Material zum Malen. Mit Hilfe dieser Kunstbände kann der Künstler seine Bildung vervollkommnen. Dabei sollte er keine Stilrichtung ausschließen, sondern jede als Anregung und Vorschlag für die eigene Arbeit betrachten. Aber Reproduktionen allein reichen nicht aus. Wie bereits erwähnt, muß man darüber hinaus Museen und Kunstausstellungen besuchen, um die Originalwerke zu sehen – ein Anblick, den keine Fotografie ersetzen kann. Ich wiederhole ausdrücklich: Die künstlerische Bildung ist *unverzichtbar*, damit sich alles, was in Ihnen steckt, maximal entwickelt.

Abb. 270 und 271: Reproduktionen berühmter Kunstwerke aller Stilepochen kann man sich heutzutage leicht beschaffen. Im Handel sind zahlreiche Kunstbücher mit farbigen Abbildungen von ausgezeichneter Qualität.

270

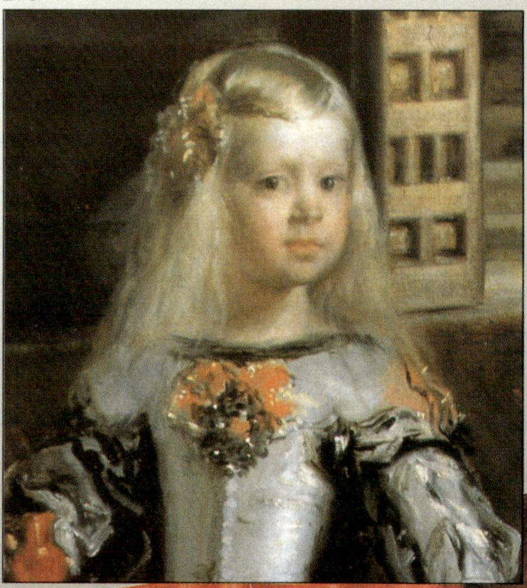

271

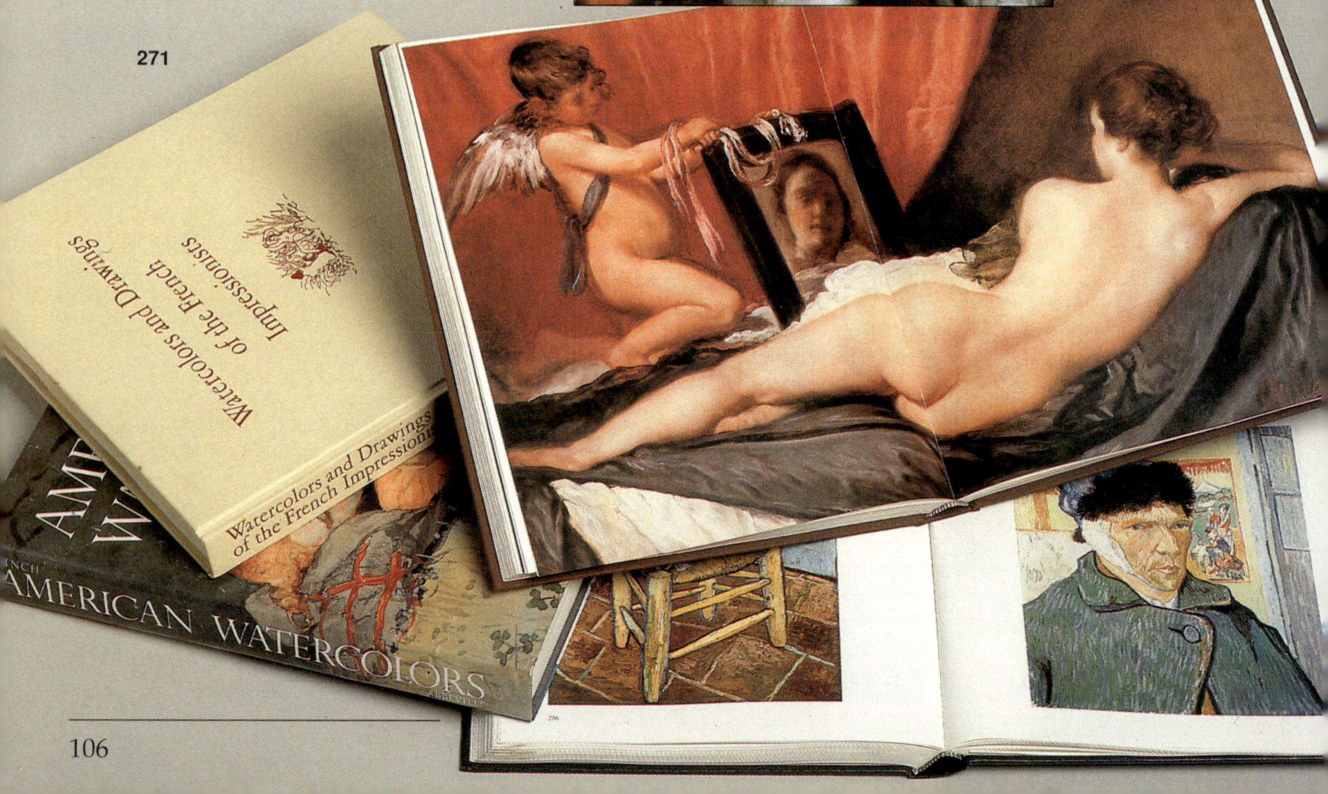

Tägliches Zeichnen und Malen. Skizzen

Alle Ratschläge und Hinweise, die wir Ihnen im Laufe dieses Buches gegeben haben, lassen sich in folgendem Satz zusammenfassen: Üben Sie ständig, denn die Praxis ist alles. Auch wenn Sie nicht so emsig malen können, wie Sie vielleicht möchten, sollten Sie zumindest immer Stift und Papier zur Hand haben. Im Grunde benötigen Sie nicht viel mehr, um zu studieren, zu lernen und die Kunst der Zeichnung und der Malerei zu vervollkommnen. Ein Zeichenblock, etwa vom Format dieses Buches, und ein weicher Bleistift – 4B oder weicher – reichen völlig aus.
Auch die Suche nach einem Motiv macht keine Schwierigkeiten: Die Hinweise auf den vorigen Seiten über die Bildgattungen gelten ebenfalls für den Zeichner, der Skizzen anfertigen möchte. Motive gibt es überall: Gestalten, Köpfe, Tiere, Früchte, Blumen, Gegenstände aller Art, Stilleben, Landschaften, Bäume, Schiffe etc. Waren Sie schon einmal morgens im Zoo, um Tiere zu skizzieren? Es ist faszinierend und stellt die Fähigkeit zur Synthese, den raschen Strich und das visuelle Gedächtnis auf die Probe. Ein Vergnügen, das ausschließlich dem Künstler vorbehalten ist.

Abb. 272 bis 275: Einige Beispiele für rasche Skizzen in unterschiedlichen Techniken von José M. Parramón und Vicenç Ballestar: Aquarell (Abb. 272), Zeichenkohle (Abb. 273 und 274) sowie Bleistift (Abb. 275).

273

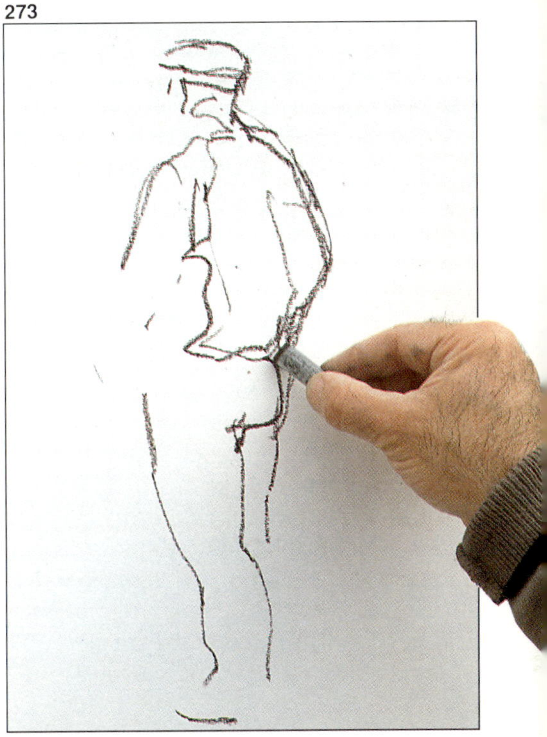

274

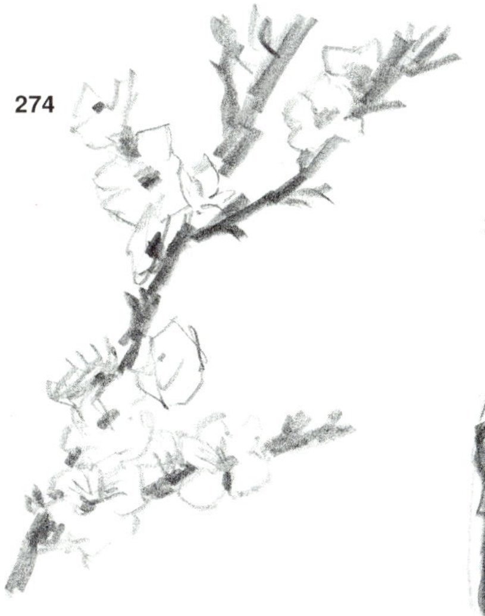

272

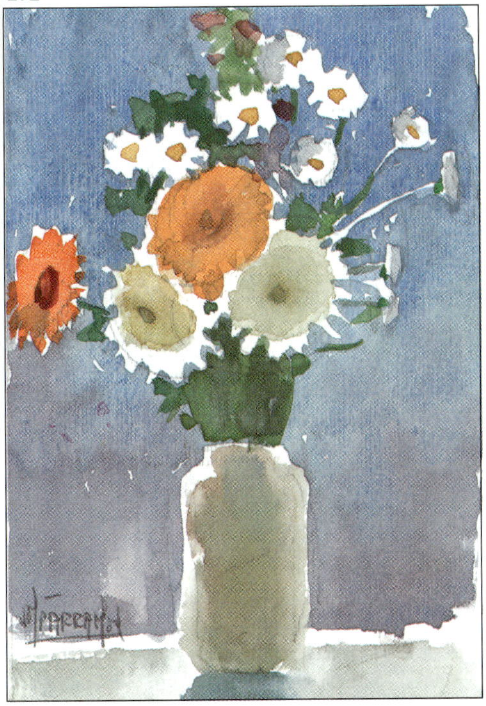

275

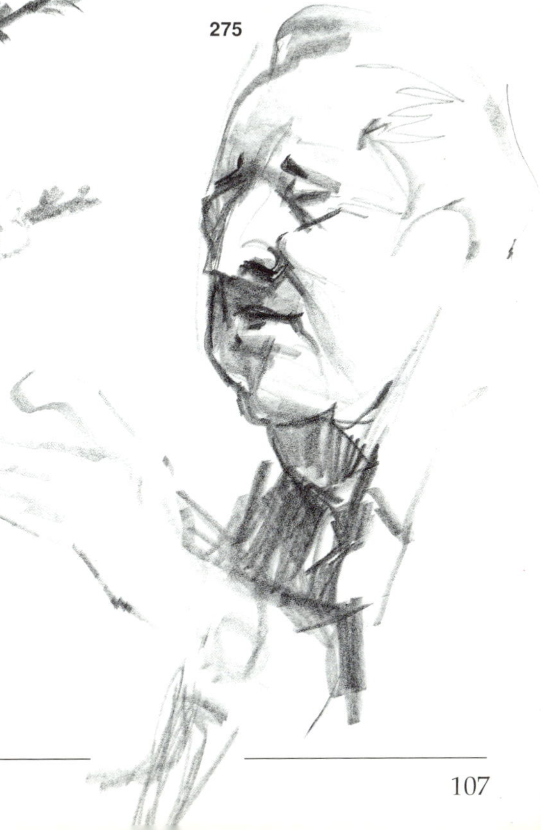

Tägliches Zeichnen und Malen. Skizzen

Skizzieren ist nicht nur ein Vergnügen, es ist die beste Übung, um die künstlerischen Fähigkeiten zu vervollkommnen. Außerdem stellen diese Skizzen, die wir natürlich sammeln, eine unerschöpfliche Quelle von Ideen für alle möglichen Bilder dar, denn wir können sie immer wieder anders kombinieren. Die Sicherheit und die spontane Grazie der Skizze und deren Natürlichkeit fehlen häufig bei der Arbeit auf der Leinwand, die vorsichtiger und unentschlossener erfolgt. Ein berühmter Pianist erklärte einmal: „Wenn ich einen Tag nicht übe, merke ich es am nächsten Tag. Übe ich zwei Tage nicht, stellen es die Kritiker fest. Nach drei Tagen merkt es das ganze Publikum." Beim Maler ist es ganz ähnlich. Er benötigt die tägliche Praxis. Aufgrund dieser lebenslangen Praxis konnte der alte Renoir behaupten: „Die Malerei fällt mir so leicht wie die Treue."

276

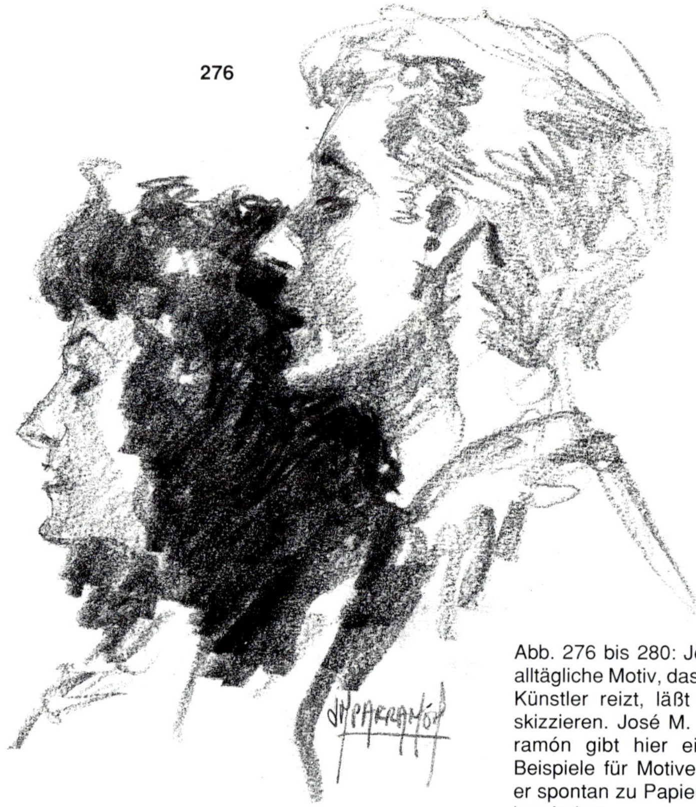

Abb. 276 bis 280: Jedes alltägliche Motiv, das der Künstler reizt, läßt sich skizzieren. José M. Parramón gibt hier einige Beispiele für Motive, die er spontan zu Papier gebracht hat.

277

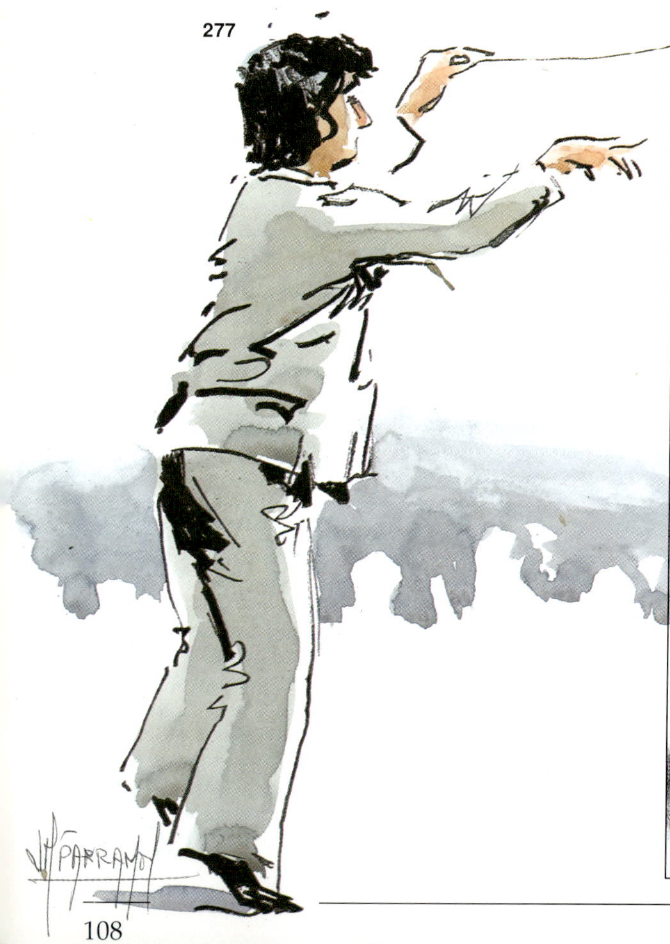

278

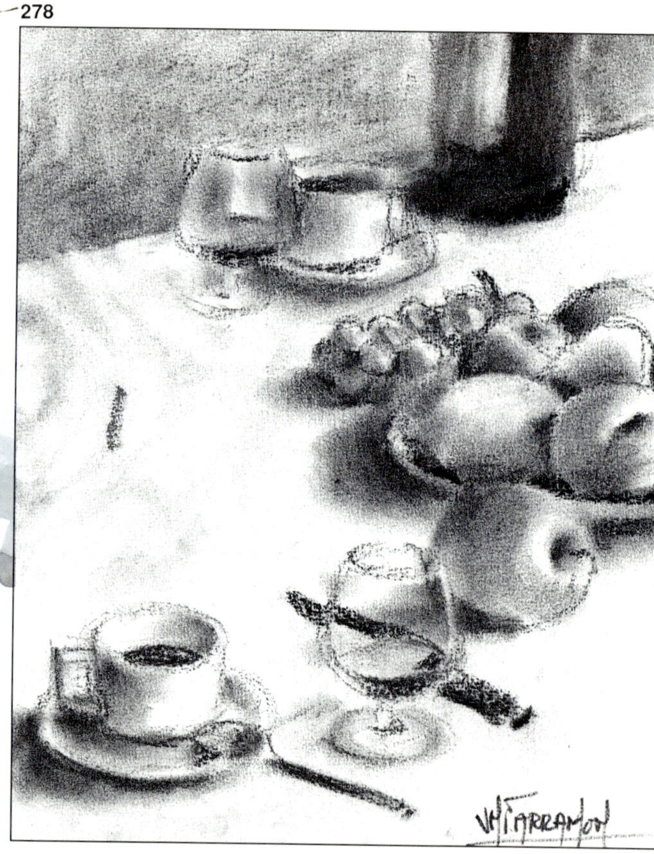

279

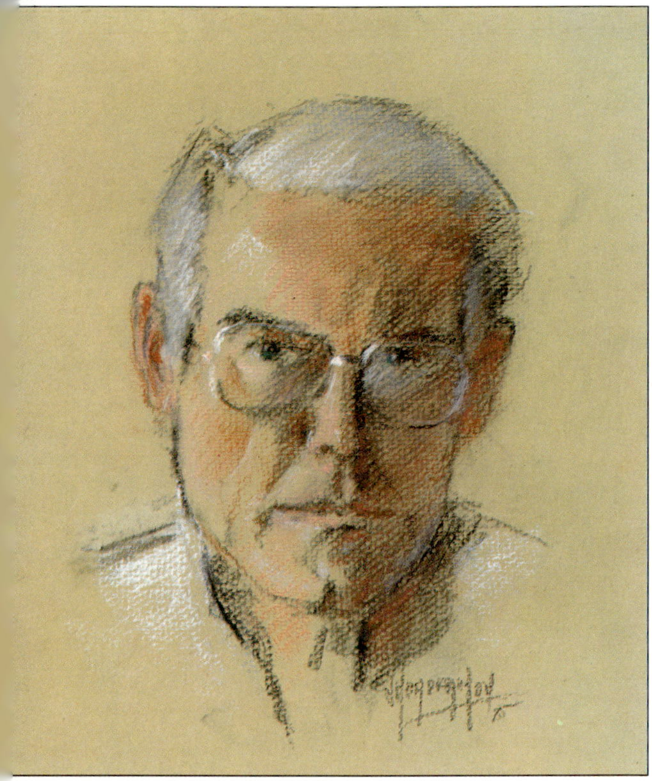

280

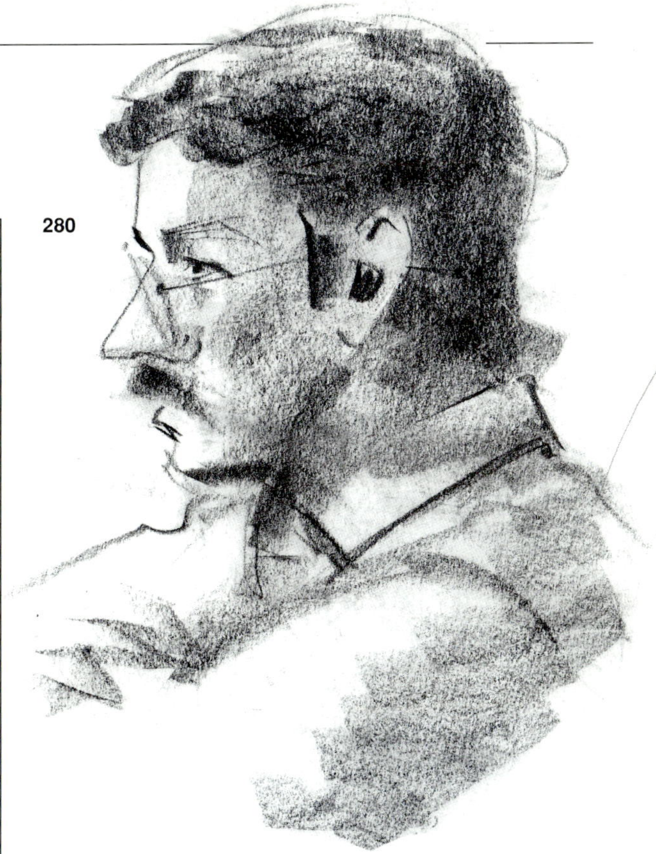

281

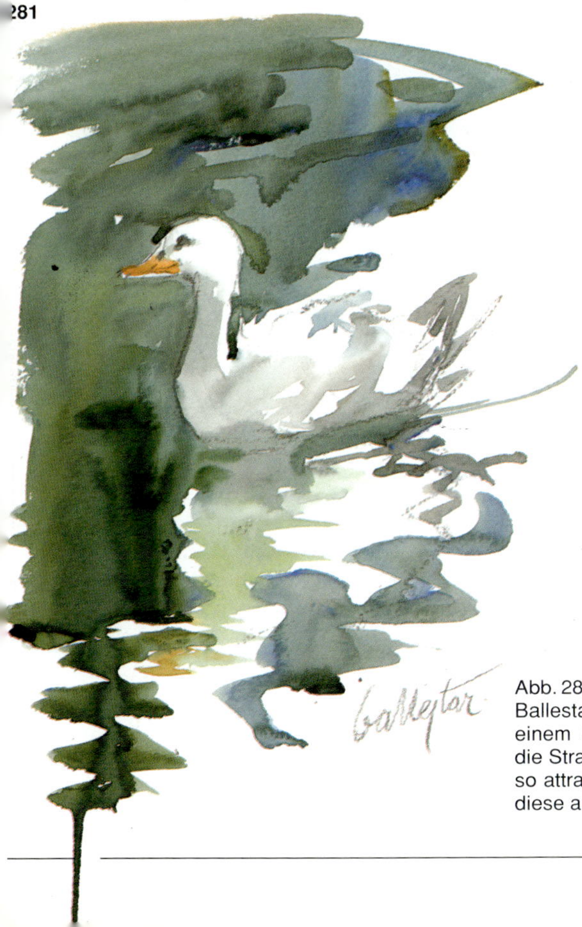

282

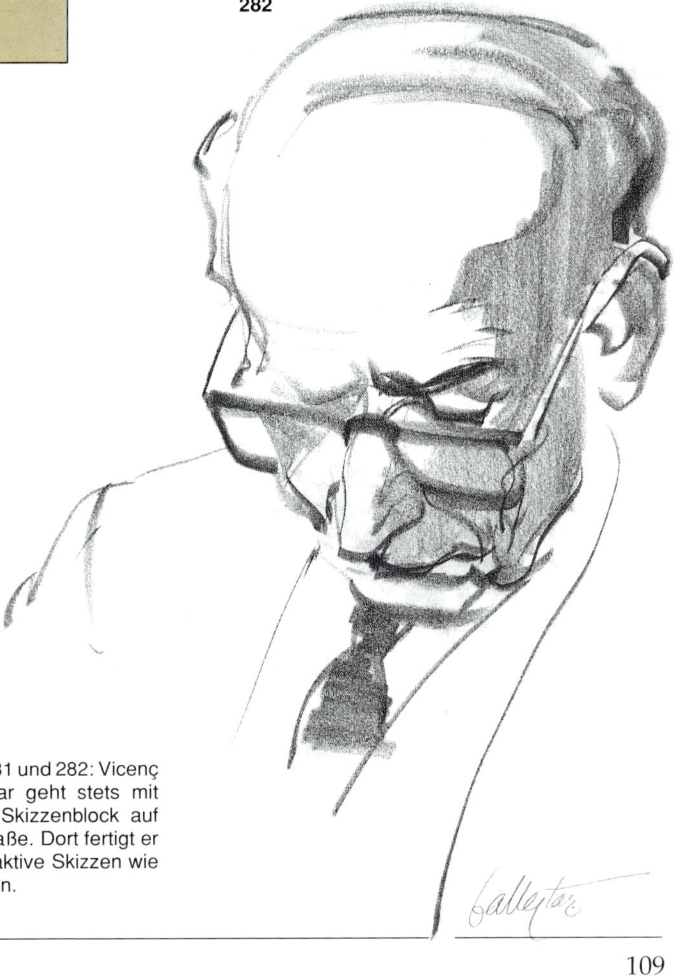

Abb. 281 und 282: Vicenç Ballestar geht stets mit einem Skizzenblock auf die Straße. Dort fertigt er so attraktive Skizzen wie diese an.

Die Fotografie als Hilfsmittel

Künstler haben schon immer den technischen Fortschritt ihrer Zeit für sich genutzt. Es heißt, daß Leonardo da Vinci die Camera obscura – eine einfache Vorläuferin unseres modernen Fotoapparats – für Zeichnungen nach der Natur einsetzte. Heute besitzen wir ausgezeichnete Kameras und brauchen keinerlei Skrupel zu haben, sie bei der Auswahl unseres Motivs und dessen Ausschnitt zu verwenden. Ideal ist eine Spiegelreflexkamera (24 x 36 mm), mit der man den Bildausschnitt studieren und bis zu 36 Aufnahmen anfertigen kann. Ich rate Ihnen, einen Negativfilm zu verwenden, so daß Sie Papierabzüge erhalten, die sich gegebenenfalls vergrößern lassen. Darüber hinaus kann es sehr sinnvoll sein, das Motiv, das wir im Freien malen, zu fotografieren, um die Arbeit im Atelier abzuschließen. Das ist eine beinahe perfekte Methode. Wir nehmen persönlich Kontakt mit dem Motiv auf, schließen das Bild jedoch mit Hilfe der Fotografie aus dem Gedächtnis im Atelier ab. Manche Themen sind sogar zu mühselig, um nach der Natur angefertigt zu werden: etwa ein Straßenkonzert, das spontane Verhalten eines Familienmitglieds, eine bestimmte Tagesstunde an einem speziellen Ort etc.

283

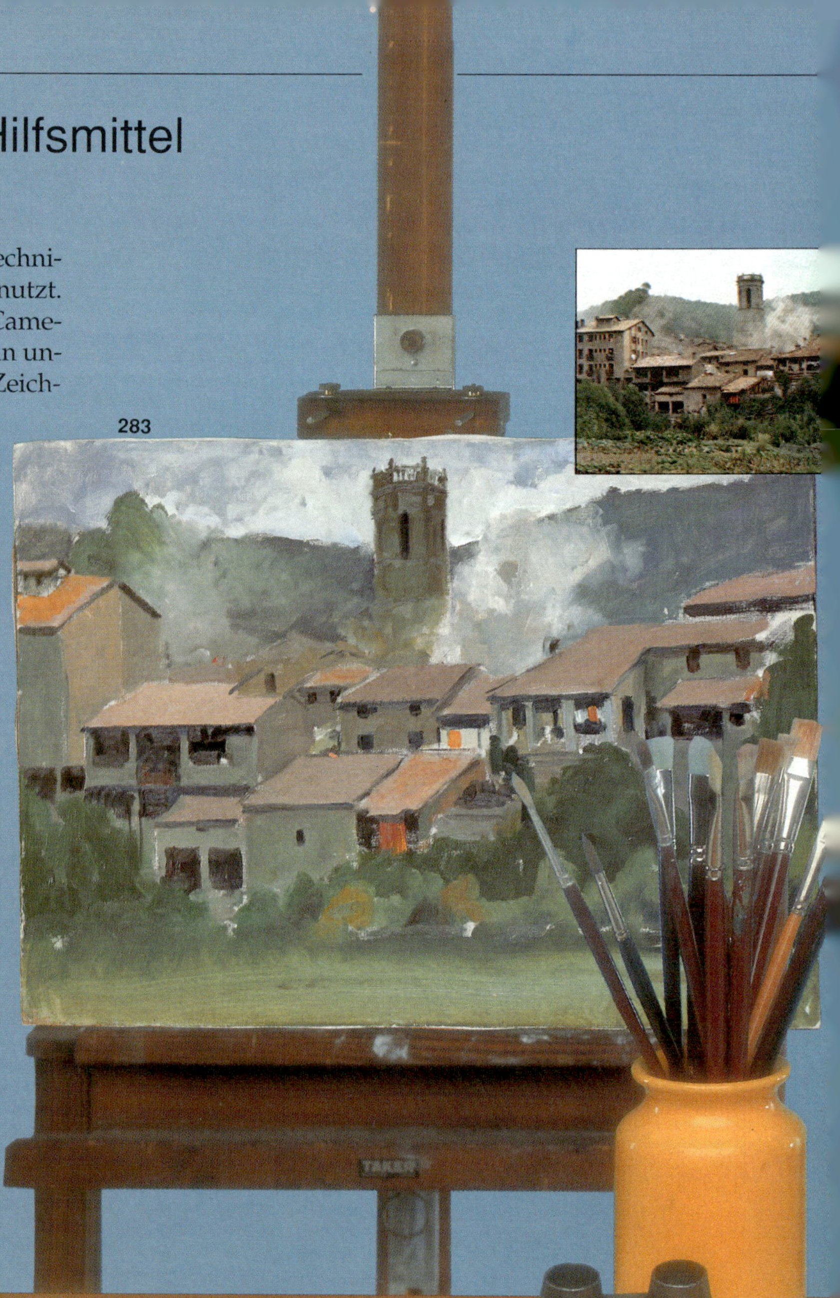

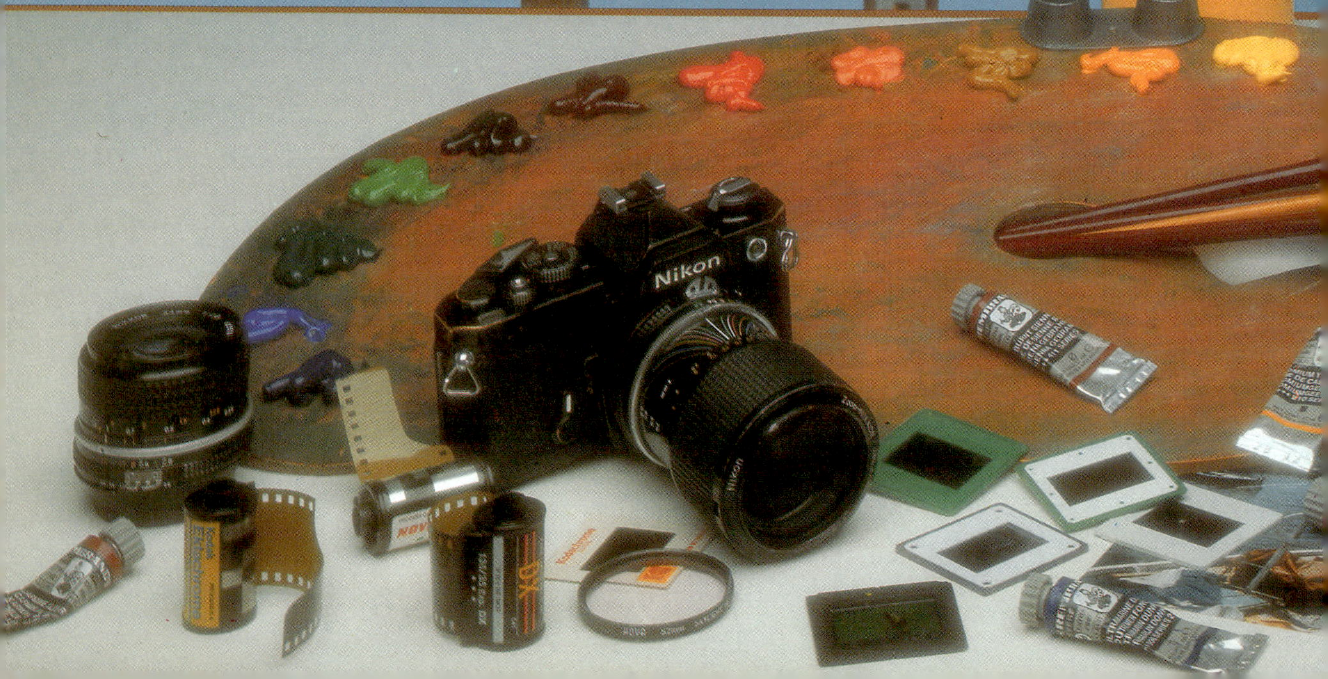

edenken Sie jedoch, daß die beste Fotografie der schönsten Landschaft nichts ützt, wenn Sie sie im Atelier beim Malen icht interpretieren. Beschränken Sie sich arauf, sie zu kopieren, erbringen Sie nur en sinnlosen Beweis für Ihr handwerkliches Geschick. Die Fotografie kann Ihnen iel helfen, aber das Bild malen wir selbst, unserer Technik, aus unserer Erinneung, mit unserem Einfühlungsvermögen.

284

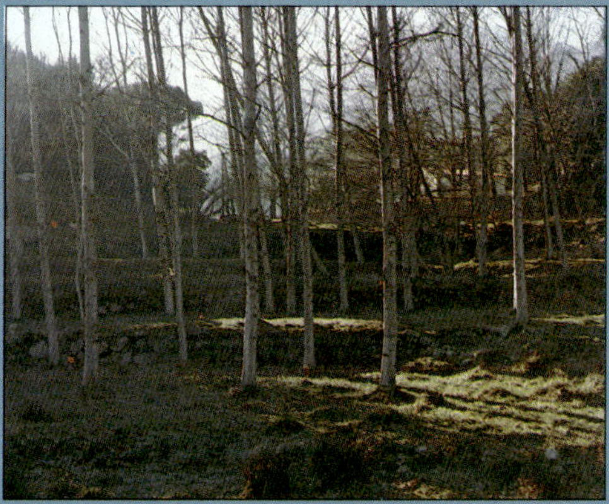

Abb. 284 bis 288: Manche Motive entstehen zu spontan oder sind zu unbequem zu erreichen, um skizziert zu werden. Dann ist die Fotografie eine wertvolle Hilfe, denn sie hält den Augenblick fest, so daß man ihn später im Atelier wiedererstehen lassen kann.

35

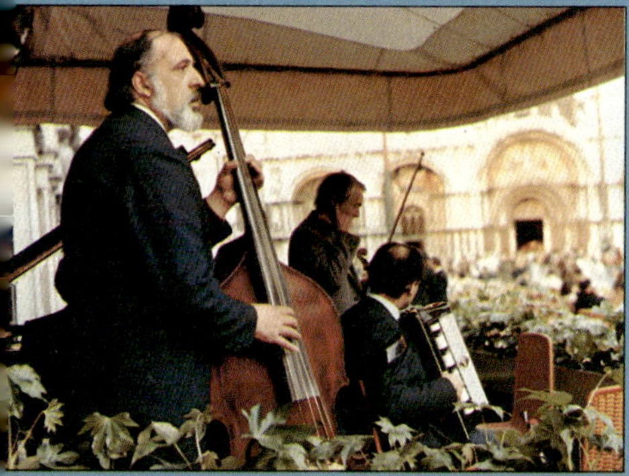

286

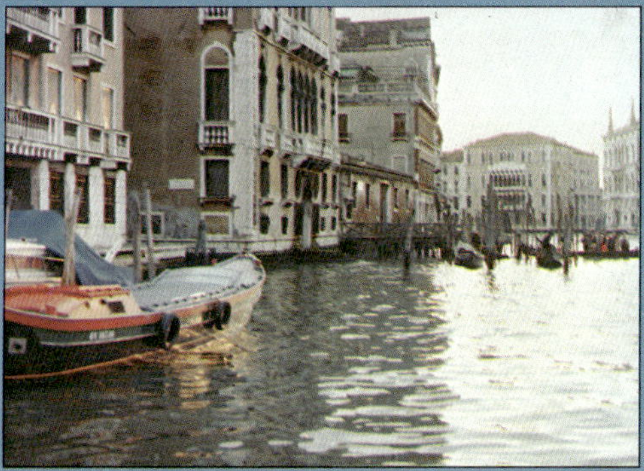

87

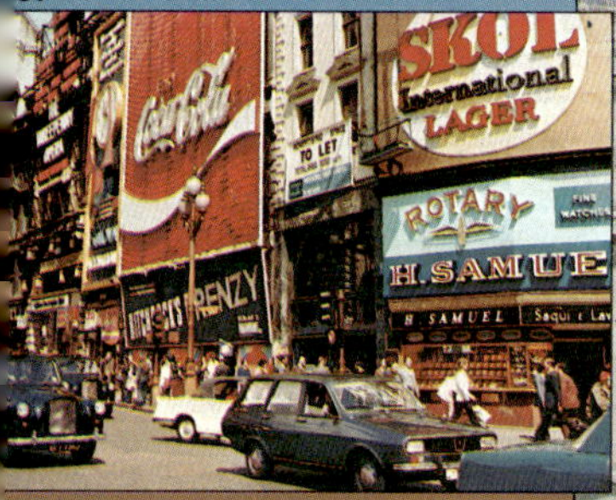

288

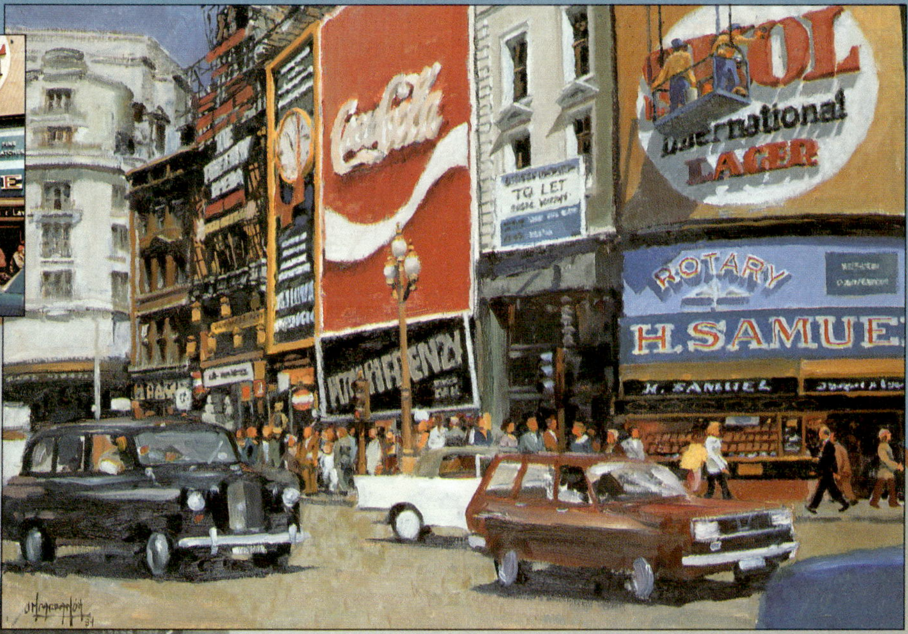

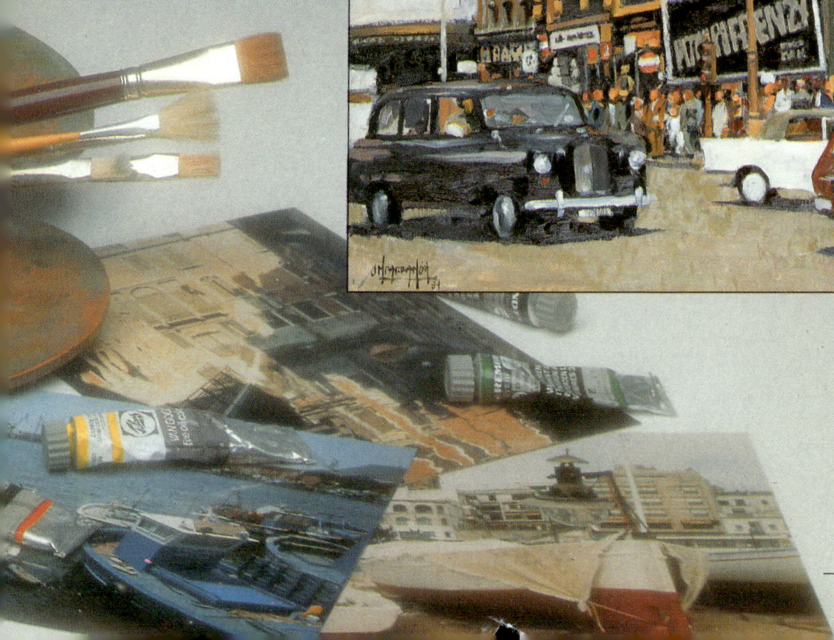

Danksagungen

Parramón Ediciones S.A. dankt der Firma Vicente Piera für die Beratung und die Überlassung des Materials und dem Künstler Vicenç Ballestar für die Anfertigung eines Stillebens, eines Seestücks und einer Landschaft als Aquarell. Desgleichen möchte Parramón Ediciones S.A. folgenden Künstlern für die Überlassung ihrer Werke als Illustration und Lehrbeispiel innerhalb dieses Buches Dank sagen:

Seite 19: Francesc Serra (Abb. 22), Francesc Crespo (Abb. 23);
Seite 22: Joan Sabater (Abb. 35 und 36);
Seite 50 und 53: Teresa Llàcer (Abb. 134 und 141);
Seite 80: Martín Antón (Abb. 211);
Seite 83: Francesc Serra (Abb. 216), J. Queralt (Abb. 217);
Seite 86: Joan Sabater (Abb. 222), Joan Martí (Abb. 224);
Seite 88: Vicenç Ballestar (Abb. 227), Joan Martí (Abb. 228);
Seite 89: Francesc Serra (Abb. 230), Badía Camps (Abb. 231);
Seite 90: Martínez Lozano (Abb. 233);
Seite 91: Joan Condins (Abb. 235 bis 237);
Seite 92: Martínez Lozano (Abb. 238), Roselló (Abb. 239), Vicenç Ballestar (Abb. 240);
Seite 93: Pedro Rondán (Abb. 241), Guillermo Fresquet (Abb. 242), Roselló (Abb. 243);
Seite 94: Teresa Llàcer (Abb. 244);
Seite 96: Martínez Lozano (Abb. 249);
Seite 97: Marta Durán (Abb. 250 bis 252);
Seite 107: Vicenç Ballestar (Abb. 273 und 275);
Seite 109: Vicenç Ballestar (Abb. 281 und 282).